4차 산업혁명
나 혼자 배우는

SAS
Programming

이기석

박영사

들어가면서

SAS를 처음 접하는 초보자를 위해 SAS University Edition을 무료로 다운로드 받는 방법과, SAS 프로그램을 작성하고, 실행하고, 결과를 얻는 기초적인 방법들을 부록 I에 담았다.

SAS Program은 데이터의 과학적 분석을 목표로 만들어진 컴퓨터 소프트웨어 (Software)이며 특히 기업들을 주요 고객으로 삼아 제작된 소프트웨어이다. 우리나라 대부분의 대기업들뿐만 아니라 중견기업, 소기업들도 마케팅, 고객관리, 기업회계, 인력관리, 재고관리, 미래예측 등에 사용하고 있다.

다른 프로그램과 비교하여 SAS가 비교우위에 있다고 생각되는 것은 위에서 언급한 기업경영과 관련된 여러 가지 중요한 업무들을 손쉽게 할 수 있도록 각 업무마다 필요한 프로그램을 모듈(Program Module)로 만들어 놓았다는 것이다. 많은 수의 모듈들이 있기 때문에 기업마다 특수한 경영환경, 업무환경에 맞는 맞춤형 모듈을 사용할 수 있다고 할 수 있다. 그러므로 배워두면 기업이나 연구소 등에서 활용할 수 있는 살아있는 지식이 될 것 같아 집필하게 되었다.

저자가 1989년부터 거의 30년에 가까운 세월 동안 계량경제학을 강의하면서 SAS Program을 활용한 경험과, 학생들의 기대, 반응 등을 반영하여 집필하였다. 본 저서를 집필하게 된 가장 큰 동기는 여러 제자들의 반복된 질문이었다. "졸업하고도 SAS Programming을 계속 배울 수 있어요?"이었다. 이 질문에 대한 저자의 대답은 항상 "No!"였다. 왜냐하면, 계량경제학 이론을 배우면서 배운 이론을 데이터에 바로 적용하는 데 필요한 컴퓨터 프로그래밍도 함께 가르치는 학교나 학원은 거의 없다고 생각되었기 때문이다. 저자의 생각이 틀렸기를 바라지만, 대부분의 계량경제학이나 통계학 교수들이 이론뿐만 아니라 컴퓨터 프로그래밍도 같이 가르치면서 학생들의 이론에 대한 이해도를 향상시키고자 노력하는 것이 결코 쉽지 않다고 생각한다. 여기에는 이유가 있다. 왜냐하면, 프로그래밍 강의를 하고자 하면 바로 마주쳐야 하는 필수 임무가 학생들의 오타를 찾아주는 것이다. 어떤 사람도 대단한 것이라고 여기지 않는 것이다. 거의 모든 교수들은 수학으로 이론을 멋지게 증명하거나, 어려운 이론을 쉽게 설명하는 자신의 능력에 큰 보람과 자부심을 느끼지만, 학생들이 타이핑하다 실수한 것을 눈을 크게 뜨고 프로그램 텍스트 한 자, 한 자를 살펴서 오타를 찾아 내고 수정해 주는 것에서 큰 보람을 느끼지는 않는다. 이런 이유 때문에도 교수들이 직접 컴퓨터 프로그래밍을 강의하지 않는 경우도 많다고 생각된다. 결국 컴퓨터 소프트웨어를 배우는 것은 전적으로 학생들의 몫이 되고 마는 경우가 대부분이다.

컴퓨터 랭귀지(Language)도 랭귀지다. 내 종(Servant)이면서, 미친듯이 빠른 속도로 계산할 줄 아는 컴퓨터에게 일을 시키기 위해서는 내 종이 알아듣는 언어, 즉 컴퓨터 랭귀지를 배워야 한다. 랭귀지이기 때문에 어릴 때 배울수록 잘 배우고 오래 남는다. 랭귀지는 한 달 밤샘해서 "도사"가 될 수 없다. 프로그래밍 전문가가 되기 위해서는 외국어를 배우듯이 끈기와 열정이 있어야 한다. 한 가지 좋은 점은 컴퓨터 프로그래밍을 배우는 과정이 "재미도 쏠쏠하다"는 것이다. 기쁨과 성취감을 느끼게 해주기 때문이다. 저자가 평생 잊지 못하는 일화가 있다. PASCAL이라는 오래된 컴퓨터언어를 미국에서 수강할 때였다. 숙제가 컴퓨터로 원(circle)을 그리는 것이었다. 별로 힘들지 않게 해 낼 수 있다고 생각했다. 그런데 1주일 내내 그 숙제에만 매달렸는 데도 원은 그려지지 않았다. 수십 번 "포기하자"를 반복하다 마침내 프린터가 원을 그리기 시작했을 때, 내 몸은 붕~ 떠서 하늘을 나는 것 같은 무중력의 짜릿함을 느꼈고, "드디어 내가 해내고야 말았다!"라는 "성취감" "자존감"은 30여 년이 지난 지금도 생생한 기억으로 내 뇌리에 각인되어 있다. 컴퓨터 언어를 배우는 데 좋은 점이 또 있다. 컴퓨터 언어들은 서로 많이 닮았다. 그래서 한 언어를 잘 배워 놓으면, 다른 언어도 쉽게 배울 수 있다. 정말 다행이다. 독일어를 잘 하면 중국어도 쉽게 잘 할 수 있었으면 좋겠지만 그건 아닌 것 같다.

컴퓨터 소프트웨어를 배우는 것은 소프트웨어 학습만으로 끝나는 것이 아니다. 그 소프트웨어가 만들어 내는 결과물(Outputs)들이 어떻게 계산되고 어떻게 만들어졌는지를 알아야 진정한 소프트웨어 전문가가 될 수 있다. 그렇기 때문에 이 책에는 각각의 주제와 관련된 계량경제학, 통계학 기초이론에 대한 설명도 포함시켰다. 혼자 배우기 쉽게 하기 위해서 SAS Program 한 줄 한 줄마다 SAS가 무엇을 하라고 하는 명령인지에 대해 자세하고 꼼꼼하게 설명하였고, 그에 관련된 이론들도 이해하기 쉽게 설명하였다.

SAS의 명령 실행 결과는 다른 소프트웨어들보다 훨씬 풍부하다고 생각한다. 오랜 세월동안 진화를 거듭하며 다양하고 수많은 개인과 기업 수요자들의 니즈(needs)를 충족하다 보니 대부분의 사용자가 필요로 하고 기대하는 결과값들(Outputs)보다 더 다양하게 많이 나오니 푸짐해서 좋다. 사실 이것보다 더 중요한 것은 많은 사람, 많은 기업들의 임원이나 CEO들이 최소한 "들어 본" 소프트웨어고, "그거 잘하는 사람 있으면 소개 좀 해줘요"라고 부탁하는 소프트웨어라는 것이다. 그래서 배울 가치가 있다. 4차 산업혁명 시대에 SAS를 배워서 자신의 역량과 가치를 높이고자 하는 학생, 취업준비 청년, 취업한 청년, 일반인들 누구나 SAS University Edition을 무료로 다운로드 받아 BASE SAS, SAS/STAT, SAS/IML 등을 이용할 수 있다. 다운로드 받는 방법은 부록 I을 참고하기 바란다.

우리나라 정부도 컴퓨터 소프트웨어 인재 기르기에 발 벗고 나섰다고 한다. 어느 일간지에 난 최근 기사다. "… 내년, 2019년부터 5년간 5756억 원을 투입해 SW 핵심인재 1만 명을 양성하기로 했다. 26일(2018년 12월 26일) 과학기술정보통신부는 이 같은 내용의 '4차 산업혁명 선도인재 집중양성 계획'을 발표했다. 2022년까지 증강현실·가상현실, 인공지능(AI), 빅데이터, 클라우드 등 4차 산업혁명 관련 분야 인력이 3만여 명 부족할 것으로 예상되는 데 따른 조치. 과기정통부는 4차 산업혁명 분야 인력의 수요·공급의 불균형을 해소하고자 내년 9월을 목표로 비(非)학위 2년 과정의 '이노베이션 아카데미'를 설립하고 5년간 2500명의 SW 인재를 양성하기로 했다. 아울러 미래형 자동차, 무인비행기(드론) 분야의 국내 석·박사급 인재(5년간 2250명)를 해외 유명 대학 및 연구소, 기업 등에 파견하고 현지 전문가들과 공동 프로젝트를 통해 글로벌 경쟁력을 갖출 수 있도록 지원한다."

이 책으로 SAS Programming을 배우고자 하는 여러분들도 정부가 찾고, 대한민국이 찾는 소중한 컴퓨터 소프트웨어 인재가 되길 진심으로 바란다.

Chapter 10 · 불안정 시계열모형 검정(Testing of Nonstationary Time Series Model)

부 록

단순회귀모형을 활용한 데이터 분석

어느 기업의 광고비가 매출액에 미치는 영향을 분석하기 위해 단순회귀모형 (Simple Regression Model)을 활용하기로 하였다고 가정하자. 단순회귀모형이란 종속변수 Y_i를 설명하는 설명변수 X_i가 하나인 회귀모형(Regression Model)을 의미한다. 즉 단순회귀모형은 다음과 같이 표현할 수 있다.

$$Y_i = \alpha + \beta X_i + u_i \tag{1.1}$$

여기서 Y_i는 종속변수(dependent variable)라 하고, 이 예제에서는 기업의 매출액이 되며, X_i는 설명변수(explanatory variable), 또는 독립변수(independent variable), 또는 리그레서(regressor)라 하며, 이 예제에서는 광고비가 된다. α와 β는 우리가 모르는 숫자이며 우리가 궁금해서 추정하고자 하는 트루값(true value), 즉 전지전능한 하느님만 알고 있는 값이고, 종종 트루 계수(true parameter)라고 말한다. u_i는 오차항 또는 그냥 에러텀(error term)이라고 한다. 식 (1.1)에서 우리가 알 수 있는 것들은 샘플(sample)에서 얻는 Y_i값과 X_i값이고, α, β, u_i값들은 모르는 값들이다. 그러므로 식 (1.1)은 우리 인간이 가정한 트루 모형, True Model, 혹은 전지전능한 하느님의 모형이라고 할 수 있고, 우리 인간들의 목적은 Y_i와 X_i의 샘플을 확보하여 모르는 계수 α와 β 값을 과학적인 방법으로 추정(estimate)하는 것이다.

과학적 방법 중 하나가 최소자승법(Ordinary Least-Squares Method, OLS Method)이다. 최소자승법을 쉽게 설명하기 위해서 다음과 같은 2차원 그래프 〈그림 1-1〉이 종종 이용된다.

〈그림 1-1〉은 세로축 Y_i 가로축 X_i에 데이터(data)가 3개, O_1, O_2, O_3 있고, 직선 $\hat{Y}_i = \tilde{a} + \tilde{b} X_i$가 그려져 있으며, $\tilde{a}$는 절편(intercept), $\tilde{b}$는 직선의 기울기(slope)를 나타낸다. 여기서 직선 $\hat{Y}_i = \tilde{a} + \tilde{b} X_i$는 임의로(arbitrarily) 그은 것이다. 최소자승법(OLS Method)을 사용하여 트루 계수(true parameters) α와 β의 추정식을 구하기 위해서 필요한 수학적 표기는 다음과 같다.

$$\min_{\tilde{a}, \tilde{b}} \sum_{i=1}^{N} \tilde{e}_i^2 \tag{1.2}$$

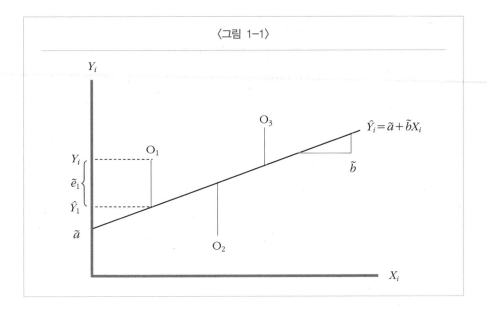

〈그림 1-1〉

여기서 $\min\limits_{\tilde{a}, \tilde{b}}$는 $\tilde{a}$와 $\tilde{b}$를 사용하여 목적함수 $\sum_{i=1}^{N} \tilde{e}_i^2$의 최소화(minimization)를 달성하고자 한다는 것을 뜻하며, 레지주얼(residual) $\tilde{e}_i$의 제곱인 $\tilde{e}_i^2 = (Y_i - \hat{Y}_i)^2$ 이고, 첫 번째 레지주얼인 $\tilde{e}_1 = (Y_1 - \hat{Y}_1)$은 〈그림 1-1〉의 Y_i축에 표시되어 있다.[1] 샘플데이터 개수는 N개라고 가정했다. 위 식 (1.2)를 다시 표현하면,

$$\min_{\tilde{a}, \tilde{b}} \sum_{i=1}^{N} (Y_i - \hat{Y}_i)^2$$

$$= \min_{\tilde{a}, \tilde{b}} \sum_{i=1}^{N} (Y_i - \tilde{a} - \tilde{b}X_i)^2 \tag{1.3}$$

이 된다. 식 (1.3)의 의미를 설명하면, 최소자승법이라는 방법은, 모르는 트루 (true) 파라미터(parameter), α와 β를 추정(estimate)하는 방법으로 레지주얼 제곱($\tilde{e}_i^2$)의 합 $\sum_{i=1}^{N} \tilde{e}_i^2$이 최소가 되도록 하는 $\tilde{a}$와 $\tilde{b}$를 구하고자 하는 것이다. 다시 말하면, 최적의 $\tilde{a}$와 $\tilde{b}$를 찾는다는 것은 X_i와 Y_i 평면에 레지주얼 제곱의 합

---

1 식 (1.1)에서 마지막 변수 u_i는 에러텀(error term)이라 하고 $\tilde{e}_i$는 레지주얼(residual) 또는 SAS에서는 에러(error)라고 한다. u_i는 우리가 모르는 값이고 $\tilde{e}_i$는 우리가 아는 값이다.

이 최소가 되도록 하는 직선을 찾는다는 것이다. 왜냐하면, 직선을 찾는 것이나 그 직선의 절편과 기울기를 찾는 것은 똑같기 때문이다.

위 식 (1.3)을 사용하여 목적함수 $\sum_{i=1}^{N}(Y_i - \tilde{a} - \tilde{b}X_i)^2$ 를 $\tilde{a}$와 $\tilde{b}$에 대해서 1차 미분하고, 1차 미분한 수식이 0이 되도록 하는 2개의 수식을 $\tilde{a}$와 $\tilde{b}$에 대해서 풀면 다음과 같은 식이 얻어진다.[2]

$$b = \frac{\sum_{i=1}^{N} x_i y_i}{\sum_{i=1}^{N} x_i^2} \tag{1.4}$$

단, $x_i = (X_i - \overline{X})$, $y_i = (Y_i - \overline{Y})$이며, $\overline{X}$는 X_i 샘플 N개의 평균값

$$\overline{X} = \frac{1}{N}\sum_{i=1}^{N} X_i$$

이며, $\overline{Y}$는 Y_i 샘플 N개의 평균값

$$\overline{Y} = \frac{1}{N}\sum_{i=1}^{N} Y_i$$

을 나타낸다. 위 식 (1.4)를 최소자승법을 통해 얻은 β의 추정식(estimator)이라고 한다. 여기서 눈여겨 봐야 할 점은 식 (1.4) 이전에는 $\tilde{b}$로 표기하였으나 식 (1.4)에는 b로 표기한 것이다. 그 이유를 이해하는 것이 중요하다. 식 (1.4)의 b는 최소자승법 식 (1.3)의 조건을 만족시키는 것으로 얻은 β의 추정치이지만, $\tilde{b}$는 최소자승법 조건과 상관 없고, 최소자승법으로 β의 추정치를 얻기 이전 임의로(arbitrary) 그린 직선의 기울기를 나타내기 때문이다. 식 (1.4)로 표현된 b를 종종 최소자승법 추정식(Ordinary Least-Squares Estimator), 즉, OLS 추정식이라고 한다. 같은 방식으로 최소자승법 식 (1.3)을 만족시키는 α의 추정식(estimator) a는 다음과 같다.

$$a = \overline{Y} - b\overline{X} \tag{1.5}$$

---

2 최소자승법(OLS)으로 계수추정식(estimator)을 얻는 과정은 기초계량경제학 책을 참고하기 바란다.

OLS 추정식 (1.4)와 (1.5)를 사용하여 다음 식을 얻을 수 있다.

$$Y_i = a + bX_i + e_i \tag{1.6}$$

식 (1.6)은 최소자승법을 사용하여 얻은 식으로 데이터를 통해 얻어진 것이기 때문에 위 식에서 우리가 모르는 것들은 없다. 위 식 (1.1)과 (1.6)과의 차이점을 정확히 이해하는 것이 매우 중요하다. 식 (1.1)에서는 Y_i와 X_i에 대한 샘플데이터를 얻더라도 α, β를 모르고, 또 이들을 모르기 때문에 u_i도 알 수 없다. 이에 비해, 식 (1.6)은 Y_i와 X_i에 대한 샘플데이터를 얻으면 a값과 b값을 위 식 (1.4)와 (1.5)를 이용해서 얻을 수 있고, 그렇기 때문에 레지주얼 (residual) e_i값도 얻을 수 있다. 그러므로 식 (1.6)은 "우리 회귀식(our regression equation)"이고 식 (1.1)은 "하느님 회귀식(God's regression equation)", 즉, 우리가 알고자 하는 "트루 회귀식(true regression equation)"이라고 할 수 있다. 통계학이나 계량경제학을 쉽고 재미있게 배우기 위해서는 우리가 아는 것과 모르는 것, 즉 "우리 식"과 "하느님 식"을 확실히 구별할 줄 알아야 한다.

한 가지 명심해야 할 것은 OLS 추정식 (1.4)와 (1.5)를 얻기 위해 필요했던 가정(Hypothesis)은 하나도 없었다는 것이다.3 계량경제학이나 통계학 이론을 배울 때 어떤 결론이든 간에 그 결론에 도달하기 위해 필요했던 가정을 기억하는 것은 중요하다. 왜냐하면, 어떤 결론이든 결론은 항상 그 결론을 얻기 위해 사용한 가정에 종속적이기 때문이다. 즉, 가정이 달라지면 결론도 달라지기 때문이다.

최소자승법(OLS Method)을 이용한 α와 β의 추정식 (1.5)와 (1.4)를 이용하고 샘플데이터를 활용해서 a값과 b값을 구하면 다음과 같은 직선을 구할 수 있다.

〈그림 1-1〉과 〈그림 1-2〉는 비슷하게 보이지만 직선과 Y_i축에 표기된 값들은 다르다. 우선 〈그림 1-1〉의 직선의 절편 $\tilde{a}$는 임의로 그어진 직선의 절편이지만, 〈그림 1-2〉 직선의 절편 a는 최소자승법을 활용하여 얻어진 절편 값을 의미한다. 직선의 기울기 $\tilde{b}$와 b도 마찬가지다. $\tilde{b}$는 최소자승법을 사용하기 전의 무작위로(randomly) 그은 직선의 기울기이며, b는 최소자승법을 사용하여 얻은 트루

---

3 위에서 샘플 수(데이터 수)가 N개라는 가정을 했지만 이 가정은 편의를 위한 가정이고 OLS 추정식을 구하는 데 아무런 영향을 끼치지 않는(innocuous) 가정이다.

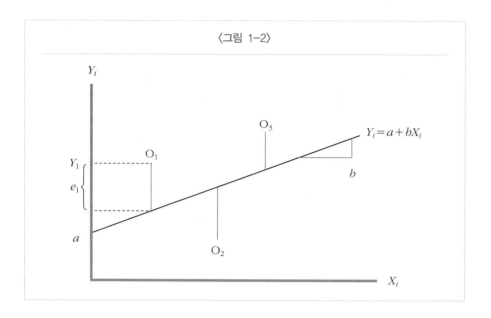

〈그림 1-2〉

(true) 값, β 의 추정치이다.

R^2 도출과 의미, 잠재적 문제점

회귀분석에 항상 등장하는 통계치, 알스퀘어, R^2는 식 (1.6)을 활용하여 쉽게 얻을 수 있다. 모든 컴퓨터 회귀분석 프로그램들이 회귀분석 결과물로 항상 제공하는 R^2값은 식 (1.6)과 같이 아무런 가정 없이 얻을 수 있는 것이기 때문에 아래 '고전적 가정'을 하기 전에 R^2가 무엇인지 간략하게 설명하고, 그 활용도 및 활용상의 문제점 등을 언급하고자 한다.

식 (1.6)을 활용하여 다음과 같이 쓸 수 있다.

$$Y_i = a + bX_i + e_i \tag{1.7}$$

$$\overline{Y} = a + b\overline{X} \tag{1.8}$$

식 (1.8)에서 e_i의 평균값이 없는 이유는 최소자승법으로 구한 직선식 (1.7)을 구하면, 레지주얼 e_i의 합은 0이 되고 그렇기 때문에 평균값도 0이 되기 때문이다. 식 (1.7)에서 식 (1.8)을 빼면 다음과 같다.

$$Y_i - \overline{Y} = b(X_i - \overline{X}) + e_i$$
$$y_i = bx_i + e_i \tag{1.9}$$

식 (1.9)는 소문자로 표기한 변수들로 $y_i = Y_i - \overline{Y}$, $x_i = (X_i - \overline{X})$이다. 즉 소문자 y_i는 대문자 Y_i에서 Y_i의 평균값 $\overline{Y}$를 뺀 값이며, 소문자 x_i는 대문자 X_i에서 X_i의 평균값 $\overline{X}$를 뺀 값이다. 식 (1.9)의 양변을 제곱하고 그 합을 구하면,

$$\sum_{i=1}^{N} y_i^2 = b^2 \sum_{i=1}^{N} x_i^2 + \sum_{i=1}^{N} e_i^2 + 2b \sum_{i=1}^{N} x_i e_i \tag{1.10}$$

식 (1.10)의 마지막 항은 다음과 같이 2개 항으로 나눌 수 있다.

$$\sum_{i=1}^{N} x_i e_i = \sum_{i=1}^{N} X_i e_i - \overline{X} \sum_{i=1}^{N} e_i \tag{1.11}$$

최소자승법에 의해 식 (1.11)의 $\sum_{i=1}^{N} X_i e_i = 0$이 되고, $\sum_{i=1}^{N} e_i = 0$이 된다. 그러므로 식 (1.10)은 다음과 같이 된다.

$$\sum_{i=1}^{N} y_i^2 = b^2 \sum_{i=1}^{N} x_i^2 + \sum_{i=1}^{N} e_i^2 \tag{1.12}$$

식 (1.12)는 종종 다음과 같이 쓰여진다.

Total Sum of Squares(TSS) = Sum of Squares of the Model(SSM) + Sum of Squares of Error(SSE), 즉 TSS는 아래와 같이 SSM과 SSE로 나눌 수 있다.

$$TSS = SSM + SSE$$

R-Square, R^2는 다음과 같이 정의되어 있다.

$$R^2 = \frac{SSM}{TSS} = \frac{b^2 \sum_{i=1}^{N} x_i^2}{\sum_{i=1}^{N} y_i^2} = 1 - \frac{SSE}{TSS} = 1 - \frac{\sum_{i=1}^{N} e_i^2}{\sum_{i=1}^{N} y_i^2} \tag{1.13}$$

식 (1.13)에서 알 수 있는 바와 같이 R^2의 특성은 다음과 같이 요약할 수 있다.
① R^2은 회귀직선의 기울기 제곱인 b^2에 비례한다. 즉, 우리가 얻은 회귀분석

모형의 기울기인 b의 절대치 $|b|$가 크면 R^2이 크고, 반대로 기울기의 절대치 $|b|$가 작으면 R^2도 작다.

② R^2은 회귀모형의 설명변수 수에 비례한다. 즉, 설명변수의 수가 증가하면 SSE인 $\sum_{i=1}^{N} e_i^2$이 감소하여 R^2이 증가하고, 그 반대도 성립한다.

R^2의 특성 ①은 R^2은 회귀분석모형의 타당성이나 질(quality)과는 거의 상관이 없다는 것을 보여준다. R^2이 회귀직선의 기울기의 절대 크기에 비례하므로 회귀분석모형을 정하자마자 R^2은 결정되는 것이다. 예를 들어, 일일 주식수익률을 연구하기 위해 종속변수 Y_i를 일별주식수익률로 했다면 Y_i는 0을 중심으로 오르락 내리락 하는 변수일 것이다. 종속변수가 이런 경우 어떤 설명변수를 사용한다고 하더라도 기울기 절대치는 클 수가 없고 0에 가까운 값이 될 것이다. 그러므로 이런 회귀모형의 경우 R^2값은 0.01이나 0.02 정도에 지나지 않는 경우가 많다. 그러나 R^2이 작다고 회귀모형이 잘못 선정되었다거나, 그 회귀모형의 가치도 떨어진다고 할 수는 없는 것이다. 그럼에도 불구하고 우리나라 일부 계량경제학 교과서들은 R^2을 결정계수(coefficient of determination), $\overline{R}^2$를 조정된 결정계수(adjusted coefficient of determination)라 하여, 이 결정계수들이 회귀모형의 적합도를 평가하는 것이라고 주장한다. 이러한 주장을 하는 교과서들에는 식 (1.12)에서 알 수 있듯이 회귀모형의 기울기 $|b|$값이 R^2값을 결정한다는 사실은 누락하고 있다. 요약하면, R^2의 크기를 가지고 회귀모형의 질(Quality)을 논하면 안 된다.

R^2의 특성 ②는 종속변수가 무엇이냐에 상관없이 무조건 설명변수를 많이 사용하면 R^2이 증가한다는 것이다. 예를 들어, 종속변수가 우리나라의 쌀 생산량이고, 설명변수는 우리나라의 연간 강수량이라는 회귀모형이 있다고 가정하자. 이런 모형에 아프리카 콩고의 연간 강수량과 같이 종속변수와 전혀 상관이 없을 것 같은 설명변수를 추가해도 거의 대부분 R^2값은 증가하게 된다. 아주 작은 증가일지는 몰라도 절대로 떨어지지는 않는다. 왜냐하면, 설명변수를 추가하면, 에러 제곱의 합인 SSE는 감소하거나 아주 예외적일 경우 설명변수를 추가하지 않았을 때와 같게 된다.

종속변수와의 상관관계나 그럴듯한 이유와 상관없는 설명변수라 하더라도 그 수가 증가하면 따라서 증가하는 R^2의 약점을 개선하기 위해 어저스티드(Adjusted) $\overline{R}^2$이 사용되기도 한다. 즉,

$$\overline{R}^2 = 1 - \frac{SSE/(N-k)}{TSS/(N-1)} \qquad (1.14)$$

여기서 N은 샘플 수, k는 계수(parameter) 수이다. 설명변수가 증가하면 계수도 증가하므로 계수 수 k도 증가한다. k가 증가하면, 식 (1.14)의 두 번째 항 분자가 증가할 수 있다. 왜냐하면, 설명변수 하나가 추가되었는데도 불구하고 그 변수의 종속변수 설명력이 떨어지면 레지주얼 제곱의 합인 SSE가 별로 감소하지 않는 상태에서 $(N-k)$가 감소하기 때문에 $\overline{R}^2$은 감소할 수 있다. 즉, $\overline{R}^2$은 R^2과 달리 새로운 설명변수를 추가하였을 때 감소할 수 있다. 이 점이 $\overline{R}^2$이 R^2과 다른 점이다.

1.2 SAS의 PROC REG으로 얻을 수 있는 결과값들

위에서 언급한 바와 같이 최소자승법으로 얻어진 a와 b의 값들은 SAS 프로그램을 이용하여 쉽게 얻을 수 있다. 하지만 회귀분석을 위한 SAS 프로그램을 돌리면 a와 b값들뿐만 아니라 이 값들의 "표준에러(Standard Error)", "티 값(t Value)", "피 값(p Value, Pr > |t|, Probability Value)" 등도 함께 계산되어 결과물(Outputs)로 제공된다. 그러므로 "표준에러", "티 값", "피 값"들이 어떻게 계산되고, 그 의미와 용도가 무엇인지를 파악하는 것이 a값과 b값만을 얻기 위한 SAS 프로그래밍보다 우선되어야 한다고 생각한다. 이 3개의 값을 구하기 위해서는 "고전적 가정(Classical Assumptions)"이 필요하다. 사실 이 고전적 가정은 상당히 중요하다. 왜냐하면 최소자승법을 이용하여 계수들(Parameters)을 추정하고, 이들의 표준편차, 티 값, 피 값을 계산하여 알려주는 모든 컴퓨터 프로그램들은 하느님의 회귀모형, 식 (1.1)이 고전적 가정 3가지를 모두 만족시킨다는 가정하에 이런 값들을 계산하기 때문이다. 다시 말하면, 만약 식 (1.1)이 고전적 가정을

만족시키지 못한다면, 컴퓨터가 계산해서 제공하는 결과값들은 틀린 값들이라는 것이다. 그러므로 고전적 가정 3가지를 잘 이해하는 것은 중요하다.

고전적 가정(Classical Assumptions)

1. 설명변수 X_i, $i = 1, 2, \cdots, N$은 확률변수(Random Variable)가 아니다.
2. 모든 i에 대해서 $E(u_i) = 0$이다.
3. $E(u_i u_j) = 0$ 만약 $i \neq j$
   $\qquad\qquad = \sigma^2$ 만약 $i = j$

첫 번째 고전적 가정은 설명변수(Explanatory Variable, 독립변수, Independent Variable, 또는 Regressor)의 통계학적 특성을 규정하는 것으로 모든 설명변수들은 확률변수(Random Variable)가 아니라는 것을 가정하고 있다. 두 번째 가정은 에러텀(Error Term)인 u_i의 기대값(Expected Value)이 0이라는 것이다. 여기서 기대값은 확률을 이용한 가중평균(Probability Weighted Average)이라고 이해하면 된다.[4]

위 고전적 가정 1과 2가 성립되면

$$E(b) = \beta \tag{1.15}$$

즉, 최소자승법을 사용하여 구한 β의 추정식 b의 기대값은 하느님값 β와 같다는 것으로, 어떤 추정식(Estimator)의 기대값이 하느님 값(True Value)과 같게 되는 경우 "이 추정식(Estimator)은 비편향(Unbiased)되었다"고 한다.

위 고전적 가정 1, 2, 3이 모두 만족되면 b의 분산(Variance), $Var(b)$는,

---

4 기대값에 대한 설명은 제일 간단한 확률변수를 예로 하여 설명하면 이해하기 쉽다. 동전 던지기를 하여 Z라는 확률변수를 만들었다고 가정하자. 동전을 던져서 앞면이 나오면 $+1$, 뒷면이 나오면 -1이라고 하고, 앞면과 뒷면이 나올 확률은 동일하게 1/2이라고 하자. 그러면 이 확률변수의 기대값 $E(Z)$는 다음과 같다. $E(Z) = (+1) \times (1/2) + (-1) \times (1/2) = 0$이다. 즉, $E(Z)$는 $+1$과 -1의 가중평균이며 이때 사용하는 가중치는 각각의 값이 나올 확률들이다.

$$Var(b) = \frac{\sigma^2}{\sum_{i=1}^{N} x_i^2} \tag{1.16}$$

이 되고 b의 표준에러(standard error), s.e.(b)는

$$\text{s.e.(b)} = \sqrt{(Var(b))} = \sqrt{\frac{\sigma^2}{\sum_{i=1}^{N} x_i^2}} \tag{1.17}$$

이 된다. 여기서 σ^2는 고전적 가정 3의 $E(u_i^2) = \sigma^2$이다. 위 식 (1.17)은 모르는 트루 계수 σ^2 때문에 실제 계산할 수는 없다. 그래서 모르는 σ^2 대신 σ^2의 추정치 s^2으로 치환하면

$$\widetilde{s.e.}(b) = \sqrt{\frac{s^2}{\sum_{i=1}^{N} x_i^2}} \tag{1.18}$$

여기서

$$s^2 = \frac{1}{N-2} \sum_{i=1}^{N} e_i^2 \tag{1.19}$$

즉, s^2은 레지주얼(e_i)들을 제곱해서(e_i^2) 모두 합한 뒤 $(N-2)$로 나눈 값이다.[5] 식 (1.18)은 SAS의 회귀모형 추정 코드(code) PROC REG을 실행하면 회귀모형 분석 결과 outputs에 "Standard Error"라고 해서 계산해주는 값이다. 사실 엄밀히 말하면 "Standard Error"는 위 식 (1.17)이 맞고 (1.18)은 "Standard Error"의 "추정식"이 되어야 한다(그래서 식 (1.18)에서는 s.e.(b)가 아닌 $\widetilde{s.e.}(b)$로 표기했다). 식 (1.19)의 s^2은 트루 계수(true parameter) σ^2의 추정식(estimator)을 나타낸다.

위 식 (1.18)의 "표준에러의 추정식" $\widetilde{s.e.}(b)$는 최소자승법으로 회귀모형을 추정해주는 모든 컴퓨터 프로그램들이 "Standard Error"라고 명명해서 컴퓨터 결과로 표기해 주는 값이다.

---

5 N개를 더했는데 N으로 나누지 않고 $(N-2)$로 나눈 이유는 s^2을 비편향(unbiased)되게 만들기 위함이다. N과 $(N-2)$의 차이가 크지 않기 때문에 중요한 것은 아니다.

b의 t 값, t Value,는 b를 위 $\widehat{s.e.}(b)$로 나눈 값, 즉,

$$t(b) = \frac{b}{\sqrt{\dfrac{s^2}{\sum_{i=1}^{N} x_i^2}}} \tag{1.20}$$

이다. 최소자승법으로 회귀모형을 추정해 주는 모든 컴퓨터 프로그램들은 위 식 (1.20)을 계산하여 b의 t 값, 즉, t Value,로 결과물(outputs)에 표기한다. 이름을 t Value라고 붙인 이유는 하느님의 에러 텀 u_i가 정규분포를 따르면 위 t 값이 자유도(Degrees of Freedom, DF)가 $(N-2)$인 t 분포(t Distribution)를 따르기 때문이다.[6] 위 $t(b)$가 t 분포를 갖기 위해 필요한 조건은 위에 언급한 고전적 가정 1,2,3과 아래 "정규분포 가정"이다.

정규분포 가정(Normal Distribution Assumption)

하느님 회귀모형 (1.1)의 에러 텀(error term) u_i는 정규분포를 갖고 있으며 평균(Mean)은 0이고, 분산(Variance)은 σ^2이라고 가정한다. 즉,

$$u_i \sim N(0, \ \sigma^2) \tag{1.21}$$

고전적 가정 1,2,3과 위 정규분포 가정, 식 (1.21)이 다 맞는다면 b의 t-값, 식 (1.20)은 자유도 $(N-2)$인 t 분포를 따른다. 최소자승법으로 회귀모형을 추정해 주는 모든 컴퓨터 프로그램들은 위 식 (1.18)를 계산하여 "b의 t 값(t Value)"으로 회귀모형 추정 결과물(regression model estimation outputs)에 표기한다. 여기서 명심할 것은 위 식 (1.20)이 t 값으로 t 분포를 따르기 위해서는 하느님의 회귀식 (1.1)이 고전적 가정 1,2,3과 정규분포 가정 식 (1.21)을 모두 만족해야 한다는 것이다. 이 4가지 가정 중 하나라고 만족되지 못하는 것이 있다면, t 분포는 사용할 수 없다.

---

6 t-분포는 표준정규분포와 매우 흡사하다. 0을 중심으로 좌우 대칭이며 자유도가 클수록 표준정규분포에 가깝게 된다. 일반적으로 샘플이 30개 이상일 경우 95% 신뢰구간을 위한 critical value는 1.98을 사용한다. 이 값은 표준정규분포의 95% 신뢰구간을 위한 critical value 1.96과 유사한 값이라는 것을 알 수 있다.

t 값(*t* Value)의 용도

다음 식의 *t* 값을 고려해 보자.

$$t(b, \beta) = \frac{b - \beta}{\sqrt{\dfrac{s^2}{\sum_{i=1}^{N} x_i^2}}} \tag{1.22}$$

위 식 (1.22)는 식 (1.20)과 같으나 단지 분자에 트루 값(true value) β가 마이너스 부호와 함께 첨가되었다. β는 확률변수가 아닌 우리가 모르는 어떤 특정 값이기 때문에 $-\beta$가 분자에 첨가되어도 *t* 분포가 다른 분포로 바뀌는 것은 아니다.

실제 *t* 분포를 갖는 위 식 (1.20)은 중요한 가설검정을 위해 많이 사용되는 식이다. 즉, 하느님의 β 값이 0이라는 가설(hypothesis)을 검정하기 위해 사용되는 *t* 값이다. β 값이 0이라는 가설은 다음과 같이 표기한다.

$$H_0: \beta_0 = 0 \tag{1.23}$$

여기서 H_0는 귀무가설(null hypothesis)을 뜻하며, β_0는 우리가 가설로 설정한 β 값임을 뜻한다. 즉, 우리가 가설로 내세운 하느님 값 β가 0이라는 것이다.[7] 이 귀무가설은 모든 회귀분석에서 매우 중요하다. 왜냐하면 식 (1.1)에서 볼 수 있듯이 만약 β가 0이라면, 설명변수가 종속변수를 설명하는 설명력이 0이라는 것이다. 회귀모형에서 β의 뜻은 설명변수가 1만큼 증가할 때 종속변수가 변화하는 양을 나타내는 것이다. 그러므로 만약 β가 0이라면 설명변수가 1만큼 증가할 때 종속변수의 변화량은 0이라는 것이다. 즉, 이런 경우, 회귀모형으로 설정한 모형에 아무런 의미가 없기 때문에 모형 자체가 잘못되었다는 것이다. 그러므로 β가 0이냐 아니냐는 매우 중요한 문제이며, 이것을 판단하기 위한 가설 (1.23)을 검정하는 것 또한 매우 중요하다.

회귀모형을 추정할 때마다 귀무가설 (1.23)을 검정(Test)하는 것은 항상 중요

---

7 귀무가설을 $\beta = 0$으로 쓰지 않고 $\beta_0 = 0$으로 표기하는 이유는 $\beta = 0$으로 표기하면 "내가 하느님인데 β는 0이다"라고 표현하는 것이 되기 때문이다.

하기 때문에 회귀모형을 추정하는 대부분의 컴퓨터 프로그램들은 가설 (1.23)을 검정할 수 있도록 b의 t값, 식 (1.20)의 $t(b)$를 계산해서 4개의 결과값들, 즉, 추정치(Estimate), Standard Error, t Value, Pr > |t|, 중 하나로 표기해 준다. t 값 $t(b)$가 t 분포를 따르기 때문에

$$\text{Prob}[-1.98 < t(b) < 1.98] = 0.95 \tag{1.24}$$

이라고 표기할 수 있다.[8] 위 (1.24)는 귀무가설 H_0: $\beta_0 = 0$ 을 검정하기 위한 95% 신뢰구간이기 때문에 만약 샘플자료를 통하여 계산한 $t(b)$ 값이 -1.98보다 크고, 1.98보다는 작다면 귀무가설 $\beta_0 = 0$은 기각할 수 없고, 반대로 |$t(b)$| > 1.98이면 귀무가설을 기각한다. 즉, 가설검정은 다음과 같이 하면 된다.

$\beta_0 = 0$ 검정

① 만약 |$t(b)$| < 1.98이면, 귀무가설 $\beta_0 = 0$ 기각 못함

② 만약 |$t(b)$| > 1.98이면, 귀무가설 $\beta_0 = 0$ 기각

위 $\beta_0 = 0$ 가설의 손쉬운 검정을 위해 SAS의 PROC REG 결과물(outputs)에는 "t Value"라는 이름 밑에 $t(b)$ 값이 표기되어 있다. 그러므로 |$t(b)$| 값이 1.98보다 큰지 작은지를 파악하면 가설검정은 완료된다.[9]

SAS의 회귀분석 명령어인 PROC REG을 실행하면 나오는 중요한 결과물 4가지, 추정치(Estimate), 표준에러(Standard Error), t 값(t Value), p 값(Pr > | t |), 중 앞의 3가지에 대한 설명은 마쳤고, 마지막 p 값에 대한 설명만 남았다. p 값은 t 값과 동전의 앞뒤 면과 같다. 즉, 만약 |$t(b)$| 값이 1.98이라면, p 값은 확률변수(random variable)인 $t(b)$의 절대값인 |$t(b)$|가 1.98보다 클 확률, 즉 0.05를 나타낸다. 그러므로 |$t(b)$|를 이용하거나 p 값을 이용하거나 똑같으며, 똑같은 결론에 도달하게 된다. 단지 p 값을 이용하는 것이 더 편할 때가 있다. 즉,

---

8 여기서 Prob[⋯]는 괄호 안의 확률(probability) 값을 나타내며 샘플데이터 수가 충분하여 95% 신뢰구간 임계치가 1.98이라고 가정했다.
9 아래 SAS outputs을 참조.

샘플 수가 적어 95% 신뢰구간의 임계치(critical value)가 1.98이 아닌 다른 값이 될 수 있다. 이런 경우 t 분포표의 자유도(Degrees of Freedom, DF)에 따른 임계치를 확인해야 하는 불편이 있지만, 만약 p 값을 이용하면 SAS와 같은 컴퓨터 소프트웨어가 정확한 임계치를 파악하여 자동으로 정확한 확률값을 계산해 주기 때문에 자유도에 따른 임계치를 확인해야 하는 불편은 없다.

β 보다 그 중요성은 떨어지지만 절편 계수인 α 에 대한 귀무가설

$$H_0: \alpha_0 = 0$$

에 대한 검정도 $\beta_0 = 0$ 가설을 검정하기 위해 거쳤던 절차와 같은 절차를 밟아 t 값을 구하고, t 분포를 사용하여 검정할 수 있다. 먼저 α 의 최소자승법 추정 식 (1.5)를 이용하고, 트루모형 (1.1)이 고전적 가정 1과 2를 만족시킨다고 가정하면, a 의 기대값(Expected Value) $E(a)$ 는

$$E(a) = \alpha$$

가 된다. 즉, b 와 마찬가지로 a 도 비편향(unbiased)이라는 특성이 있다. 하느님 모형(True Model)이 고전적 가정 1,2,3 모두를 만족시키면 a 의 분산, $Var(a)$ 는

$$Var(a) = \left(\frac{1}{N} + \frac{\overline{X}^2}{\sum_{i=1}^{N} x_i^2} \right) \sigma^2 \tag{1.25}$$

이 된다. 그러므로 a 의 표준에러(standard error), $s.e.(a)$ 는 다음과 같다.

$$s.e.(a) = \sqrt{a\text{의 분산}} = \sqrt{\left(\frac{1}{N} + \frac{\overline{X}^2}{\sum_{i=1}^{N} x_i^2} \right) \sigma^2} \tag{1.26}$$

위 식 (1.26)을 이용하여 a 의 t 값, $t(a)$ 를 구하면

$$t(a) = \frac{a}{\sqrt{\left(\frac{1}{N} + \frac{\overline{X}^2}{\sum_{i=1}^{N} x_i^2} \right) s^2}} \tag{1.27}$$

위 식 (1.27)의 분자를 $a - \alpha$ 로 바꾸면

$$t(a, \alpha) = \frac{a - \alpha}{\sqrt{\left(\dfrac{1}{N} + \dfrac{\overline{X}^2}{\sum_{i=1}^{N} x_i^2}\right) s^2}} \tag{1.28}$$

하느님의 회귀모형 (1.1)이 고전적 가정 1,2,3과 u_i가 정규분포를 갖는다는 가정을 모두 만족시킨다면, 위 식 (1.27)과 (1.28)은 자유도가 $(N-2)$인 t 분포를 갖는다.

위에서 설명한 귀무가설 $H_0 : \beta_0 = 0$ 검정에서와 마찬가지로 위 식 (1.28)의 α 값이 0이라는 귀무가설 $H_0 : \alpha_0 = 0$ 을 검정하기 위해서는 $t(a)$의 t 분포를 이용하여 아래와 같은 확률 구간을 활용하면 된다. 즉,

$$\text{Prob}[-1.98 < t(a) < 1.98] = 0.95 \tag{1.29}$$

위 식 (1.29)가 $t(a)$의 95% 신뢰구간을 나타내는 것이기 때문에 만약 $|t(a)|$ <1.98이면 귀무가설 $\alpha_0 = 0$을 기각할 수 없고, 반대로 $|t(a)| > 1.98$이면 귀무가설을 기각한다. 위에서 설명한 것과 마찬가지로 만약 p 값을 귀무가설 검정에 사용한다면, $|t(a)| < 1.98$과 같은 의미인, $\Pr > |t|$ 값이 0.05보다 크면 귀무가설을 기각하지 못하고, $|t(a)| > 1.98$과 같은 의미인, $\Pr > |t|$ 값이 0.05보다 작으면 귀무가설을 기각해야 한다. 귀무가설을 기각하지 못한다는 결과를 가지고 하느님 값 α가 0이라고 단정지을 수는 없지만, α가 0이라는 가설을 기각할 수는 없다는 과학적 결과라고 해석해야 한다.

귀무가설을 검정(Hypothesis Testing)할 때 Type I 에러(error)와 Type II 에러를 피할 수 없다는 사실도 유념해야 한다. Type I 에러는, "맞는 귀무가설을 기각하는" 에러이고, Type II 에러는 "틀리는 귀무가설을 기각하지 못하는" 에러를 말한다. 95% 신뢰구간을 사용하여 가설검정을 할 경우 Type I 에러를 범할 확률은 5%가 된다. 즉 $1.00 - 0.95 = 0.05$이다. Type II 에러를 범할 확률은 귀무가설 값이 얼마나 트루(true) 값에 가까우냐에 따라 달라진다. 당연히 귀무가설 값이 트루 값에 가까울수록 Type II 에러 확률은 높아질 것이다. Type I 에러 확률은 샘플데이터 개수에 상관없이 가설검정을 위해 설정한 신뢰구간에 의해 결정되지만, Type II 에러 확률은 샘플데이터 개수가 증가하면 감소하게 된다.

하느님의 회귀모형 식 (1.1)의 트루(True) 절편 계수 α(alpha) 값을 1.0, 기울기 계수 β(beta) 값을 0.1로 하여 컴퓨터가 가상의 자료 200개를 만들도록 코딩(coding)하고, 이 얻어진 200개의 샘플데이터로 단순회귀모형의 계수들을 추정해 보도록 하는 SAS 프로그램은 아래와 같다.

SAS Program 1_1; 단순회귀모형으로 가상데이터 분석

/* Data generation and Least Squares estimation of a Simple Regression Model (1.1) */

```
(1)   DATA fun;
(2)        seed1 = 12;
(3)        seed2 = 14;
(4)        alpha = 1.0;
(5)        beta = 0.1;

(6)        DO i = 1 TO 200;
(7)             j = i;
(8)             x = j + RANNOR(seed1);
(9)             u = 2*RANNOR(seed2);
(10)            y = alpha + beta*x + u;
(11)            OUTPUT;
(12)       END;
(13)  RUN;

(14)  PROC GPLOT DATA=fun;
(15)       PLOT y * x;
(16)       SYMBOL V=STAR  I=JOIN  C=BLACK;
(17)  RUN;
```

```
(18)  PROC REG DATA=fun;
(19)      MODEL y = x;
(20)  RUN;
```

SAS Program 1_1 설명

모든 컴퓨터 프로그램들은 사용자가 프로그램 코딩(program coding)을 할 때 프로그램에 자신의 기억을 돕고 프로그램의 이해를 돕기 위해 "코멘트(comment)"를 할 수 있도록 하였다. SAS도 코멘트 할 수 있도록 하였는데 기호 /*가 코멘트 시작을 뜻하고 */가 코멘트 끝남을 뜻한다. 위의 SAS Program 1_1에도 처음 시작에 코멘트를 넣어 /* Data generation and Least Squares estimation of a Simple Regression Model (1.1) */은 아래 적은 SAS 코딩이 무엇을 하는 것인지에 대해 설명한 코멘트다. 코멘트 작성 시 주의하여야 할 것은 코멘트 시작과 끝을 알리는 기호 다음에는 꼭 스페이스 하나 이상을 넣어야 하는 것이다. 즉, /*SAS Program 1_1*/이 아니라 /* SAS Program 1_1 */이어야 한다.

(1) 줄에 대문자 DATA가 있고 소문자 fun이 있으며 마지막으로 세미콜론(semicolon) ;이 있다. SAS 코딩에 대문자와 소문자는 아무 상관 없고, SAS가 구별하지도 않는다. 코딩 모두 대문자로 하건 소문자로 하건 상관 없다. 여기서 대문자와 소문자로 구별한 것은 SAS 프로그램 자체의 명령어와 우리가, 즉 프로그래머가 자체적으로 결정하여 표기하는 여러 가지 이름들이다. 즉, SAS가 정한 고유 이름은 대문자로, SAS를 사용하는 사람이 붙인 이름은 소문자로 구별하여 이해하기 쉽게 하였다. 그러므로 DATA는 바꿀 수 없지만, fun은 다른 이름으로 얼마던지 바꿀 수 있다. 예를 들어 fun 대신에 cat이나 Grace나, William이나, coffee로 바꿀 수 있다. SAS 프로그램에는 항상 DATA가 맨 처음 등장한다. 데이터 스텝(data step)은 DATA에서 시작하여 아래 (13)번째 가로줄의 RUN;으로 끝난다. 이 데이터 스텝에서 만들어지는 모든 데이터들은 fun이라는 이름의 데이터 바구니(data basket)에 담겨진다. 그러므로 하나의 데이터 스텝은 하나의 데이터 바구니를 만들고 그곳에 '만들어진' 또는 '불러들인' 데이터들을 넣는 단계를 지칭한다고 해도 된다. 이 데이터 바구니 안에 들어있는 데이터들을 사용해야

할 때 이 바구니 이름인 fun을 사용해야 한다. 아래 PROC GPLOT DATA=fun;이라는 코딩에 데이터 바구니 이름 fun이 사용된 것을 알 수 있다. SAS 프로그램은 하나의 명령이 끝날 때마다 세미콜론 ;을 사용한다.

★ 세미콜론 ; SAS 프로그램은 하나의 명령이 끝날 때마다 세미콜론 ;을 사용해야 한다. 즉 세미콜론은 명령과 명령 사이를 구별해 주는 기호이다. 그러므로 하나의 명령이 끝난 후에 아래 가로 줄로 내려가서 다음 명령을 코딩하지 않고 같은 가로 줄 바로 오른쪽에 다음 명령을 코딩해도 괜찮다. 하지만 오른쪽에 코딩을 계속하면 코딩을 읽고 인식하는 데 불편하기 때문에 가로줄 하나마다 한 명령씩만 표기하는 것이 일반적 관습이고, 나중에 코딩 에러를 찾는 디버깅(debugging) 단계에서도 크게 도움이 된다.

(2) 줄은 '…는 … 다'라는 '정의를 내리는' 코딩이다. 모든 컴퓨터 프로그램에 있는 '='의 의미는 '…는 … 다'라고 정의하는 것이다. seed1 = 12;의 의미는 아래 SAS 코딩에 seed1이 나올 때마다 그 값을 12로 하라는 코딩이다.

★ 인덴테이션(Indentation): (2)번째 가로줄은 (1)번째 가로줄보다 더 오른쪽에서 시작한다. 이렇게 컴퓨터 프로그램 코딩을 할 때 시작 줄을 오른쪽으로 스페이스 바(space bar) 4~5개나, 탭(tab) 1~2개 정도 밀어 넣어 코딩하는 것을 '인덴테이션'이라고 한다. 인덴테이션의 목적은 프로그램 코딩 흐름을 쉽게 인식할 수 있도록 하기 위해서이며, 코딩 에러 수정, 즉 디버깅(debugging)을 쉽게 하기 위해 하는 것이다. 위 프로그램을 보면 두 번째 가로줄부터 그 아래 모든 가로줄들은 첫 번째 줄 DATA의 D가 위치해 있는 컬럼(column)보다 모두 오른쪽에 위치하고 있다. D가 위치해 있는 컬럼에 다시 명령어가 나타나는 가로줄은 (13) 번 가로줄의 RUN;이다. 이 RUN;은 이름이 fun인 데이터 바구니 만드는 과정의 끝을 나타내는 명령어이기 때문에 데이터 바구니 만드는 시작점을 나타내는 DATA의 D와 같은 컬럼에 있어야 하는 것이 상식적이고 합리적이다. 프로그래밍 프로들은 하나 같이 인덴테이션을 꼭 하고 있으니 독자 여러분들도 코딩할 때 인덴테이션을 꼭 하기 바란다.

(3) 줄에는 (2)와 똑같은 '…는 … 다'이다. 'seed2의 값은 14다'이다.

(4) 줄도 (3) 줄과 똑같이 해석하면 된다.

(5) 줄도 (3) 줄과 똑같이 해석하면 된다.

(6) 줄에 DO가 있는데 대부분의 컴퓨터 프로그램에 있는 명령어다. 종종 두 룹(DO Loop)이라고 한다. SAS의 DO Loop 문법(syntax)은 DO 오른쪽에 i나 j 또는 k와 같이 자연 수 1, 2, 3, 4, … 등을 지칭할 때 사용하는 알파벳 중 한 글자가 나오고, 그 다음에는 이퀄싸인(equal sign) =이 나오고, 그 다음에는 시작 점을 나타내는 숫자 1 또는 다른 숫자, 그리고 TO가 나오고, 그 다음은 끝 지점 을 나타내는 숫자가 나온 후 세미콜론 ;으로 DO Loop의 시작 명령을 마치면 된 다. (6)번 DO에서 (12)번째 가로줄 END;까지를 두 룹(DO Loop)이라고 한다. SAS가 아닌 프로그램에도 DO Loop은 다 있다.

★ DO Loop: SAS의 DO Loop은 DO 명령에서 시작하여 END;에서 끝난다. Loop이라는 단어가 의미하듯 DO에서부터 END;까지 있는 코딩들을 DO 가로 줄에서 지정하는 횟수만큼 반복적으로 계산하도록 하는 것이다. 예를 들어, 위 프로그램에서는 DO i = 1 TO 200;이기 때문에 (6)번째 가로줄부터 (12)번째 END; 사이에 있는 모든 명령들은 200번 반복적으로 계산되어지는 것이다. DO Loop은 DO i = 1 TO 201 BY 10; 같이 BY를 써서 표기할 수도 있다. DO Loop 을 돌 때마다 1씩 증가하는 것이 아니라 10씩 증가하게 하고자 한다면 BY 10을 더하면 된다.

(7) 줄의 j = i;는 i 변수와 똑같은 변수 j를 만드는 것인데 언뜻 보기에 i 변수를 그대로 사용하면 하나 더 만들 필요가 없을 것 같은데 왜 만들었는지 이해 가 잘 안 될 수 있다. 여기서 i는 DO loop에 전적으로 사용된 변수라고 한다면, 헷갈리지 않게 하기 위하여 j 변수를 하나 더 만들어 DO Loop이 아닌 다른 용 도로 사용하기 위함이다. 이렇게 용도별로 다른 변수를 사용하면 코딩 에러를 범 할 확률을 줄일 수 있다.

(8) 줄에서는 하느님의 모델 (1.1)의 설명변수 X_i값을 부여하고 있다. x = j + RANNOR(seed1);은 자연수(natural number, index number) j에 표준정규분포 에서 무작위로 추출한 수(standard normally distributed random number) RANNOR (seed1)을 더하여 X_i값을 만들었다. RANNOR(seed1)은 RANdom이면서 standard NORmally distributed 된 숫자를 생산해 내는 함수, function,을 나타낸다. 컴퓨 터 프로그램에서 어떤 영어가 나오고 괄호 (…)가 나오면 그 프로그램에서 만든 고유한 함수, 즉 function을 나타낸다. 여기서 RANNOR(seed1)도 SAS에서 만든

고유한 기능을 수행하는 함수(function)이다.

★ SAS의 무작위 숫자 생산 기법(the random number generator of SAS): 대부분 프로그램들의 무작위(random) 숫자를 생산해 내는 장치들은 SAS 장치처럼 괄호와 그 안에 seed1과 같은 숫자를 기입하도록 되어 있지 않다. 예를 들어 그냥 RANNOR이면 되도록 되어 있다. 하지만 SAS에서는 괄호와 괄호 속에 어떤 숫자를 기입하도록 하여 다른 프로그램에 없는 기능을 추가하였다. 컴퓨터에서 생산(generate)하는 무작위 숫자는 컴퓨터 메인 프로세서(main processor)에 있는 디지털 컴퓨터 시계(digital computer clock)의 숫자를 활용하여 만들어진다. 그리고 컴퓨터의 디지털 시계는 매우 빨리 변화하는 숫자로 시간을 표시하고 컴퓨터마다 모두 다른 숫자로 표기되고 있다. 따라서 만약 SAS와 달리 RANNOR만으로 무작위 숫자를 생산해 낸다면 컴퓨터 마다 생산된 숫자는 모두 다르게 된다. 이럴 경우 컴퓨터를 가지고 강의하는 교수에게는 짜증스러운 결과가 나오게 된다. 왜냐하면 수십 명의 학생들이 컴퓨터로 얻은 가상의 샘플자료, 회귀분석 값, 얻은 그래프 등이 조금씩이나마 모두 다르기 때문이다. 그러나 SAS를 이용할 경우 만약 RANNOR(seed1)의 seed1이 모두 같다면, 수십 명이 아니라 수백 명의 학생들이 얻은 샘플데이터, 회귀분석 값, 그래프 등이 똑같게 된다. 그러므로 강단에 서서 가르치는 교수에게는 SAS로 만들어진 샘플 데이터를 사용하면 훨씬 편하게 결과를 설명할 수 있다. 여기서 seed1 값에 큰 의미는 없다. 단지 그 값이 짝수(even number)이기를 추천한다. RANNOR(seed1)의 경우 seed1이 짝수이면 홀수였을 때보다 생산된 데이터가 더 빨리 표준정규분포에 접근한다고 한다.

(9) 줄은 하느님의 에러인 u_i를 생산하기 위한 코딩이다. 생산방법은 u = 2*RANNOR(seed2);로 RANNOR(seed2)에 2를 곱한 것이다. RANNOR(seed2)로 생산된 표준정규분포를 갖는 확률변수에 2를 곱하였기 때문에 트루 에러 u_i는 평균이 0이고 분산(variance)이 4인 확률변수가 된다.

(10) 줄은 y = alpha + beta*x + u;로 하느님 값 Y_i 데이터를 생산하는 과정이다. 윗줄에 alpha = 1.0; beta = 0.1;로 정의하였으므로 하느님 모델 (1.1)은 다음과 같다.

$$Y_i = 1.0 + 0.1X_i + u_i \tag{1.30}$$

(11) 줄은 OUTPUT;으로 두룹(DO Loop)의 끝 바로 윗줄에 있다. 이 명령어의 역할은 중요하다. (6)번째 줄 DO i = 1 TO 200;에 의하여 (7)번째 줄부터 (11)번째 줄까지 SAS가 200번 실행하게 된다. 200번 실행하면서 종속변수 Y_i값 200개, 설명변수 X_i값 200개, u_i값 등이 200개 생산된다. 만약 (11)번째 줄의 OUTPUT;가 없었다면 각 변수들 값 200개들 가운데 맨 마지막 200번째에 계산된 각각의 값 하나씩만 데이터 fun 바구니에 담겨져 있을 것이다. 즉, OUTPUT이 없었다면 DO Loop을 200번 돌릴 필요가 없어진다는 것이다. 그러므로 샘플데이터를 컴퓨터로 생산하는 경우 DO Loop을 사용하게 되는데 이 경우 DO Loop이 끝나기 전에 OUTPUT;을 꼭 첨가하여야 한다.

(12) 줄 END;는 DO Loop 이 공식적으로 끝났다는 명령어다. 여기서 한 가지 눈에 띄는 것은 DO Loop의 시작점인 (6)번째 줄 DO의 D가 위치해 있는 컬럼과 (12)번째 줄 END;의 E가 위치해 있는 컬럼이 같다는 것이다. 그 사이에 있는 가로줄들은 모두 오른쪽으로 인덴테이션 되어 있다. 이렇게 인덴테이션을 사용함으로써 DO Loop의 시작점과 끝점이 확연하게 드러나서, 프로그램의 흐름을 쉽게 파악할 수 있고, 에러 수정 시에도 큰 도움이 된다.

(13) 줄 RUN;은 DATA 스텝이 종료되었음을 알려준다. 즉, 아래에서 해야 할 데이터 분석을 위해 필요한 데이터의 모든 준비가 완료되었다는 사인이다.

(14) 줄 PROC GPLOT DATA=fun;의 PROC은 PROCedure의 축약이고 GPLOT은 PLOT 하는 명령어인데 PLOT과는 달리 플로팅(plotting) 옵션(option)을 사용할 수 있는 명령어이며, DATA=fun은 fun이라는 데이터 바구니에 있는 데이터들을 사용하라는 명령어이다.

(15) 줄 PLOT은 PROC GPLOT의 문법(syntax)으로 PROC GPLOT 다음에 꼭 나와야 하는 단어이다. y*x는 플로팅할 때 Y축과 X축에 들어가는 데이터를 지정해 주는 것이다. 즉, * 표시 왼쪽 편에 있는 자료 y가 Y축(vertical axis)에, 오른쪽 편에 있는 자료 x가 X축(horizontal axis)에 들어 간다는 것이다.

(16) 줄에 있는 SYMBOL V=STAR I=JOIN C=BLUE;는 플로팅(plotting) 할 때 사용하는 심볼(symbol)과 모양, 컬러 등을 지정해 주는 명령어다. 즉, 샘플데이터

값은 * 로(symbol) 표시하고, Value = STAR, 샘플데이터와 셈플데이터 사이는 연결하고, Interpolation = JOIN, 색깔은 검은색, Color = BLACK으로 하라는 명령어이다.

(17) 줄에 있는 RUN;은 PROC GPLOT의 끝이라는 명령어다.

(18) 줄에 있는 PROC REG DATA=fun;은 PROCedure REGression이며, DATA=fun;은 위에서 설명한 것과 같다. 즉 (18)번째 줄이 최소자승법을 사용한 회귀분석에 필요한 첫 번째 명령어다.

(19) 줄에 있는 MODEL y = x;는 하느님 모형 $Y_i = \alpha + \beta X_i + u_i$를 나타낸다. 즉, MODEL y = x;만 있어도 절편계수(intercept) α 값도 자동으로 추정하며, 설명변수 X_i의 계수(parameter) β 값도 추정해 준다. 물론 위에서 언급한 R^2, 표준에러(standard error), t 값, p 값 등도 계산해 준다.

(20) 줄 RUN;은 PROC REG를 종료한다는 명령어이다.

SAS Program 1_1 결과 설명(200개 샘플)

위 SAS 프로그램 (14)~(17)줄에 있는 PROC GPLOT의 결과물은 다음 〈그림 1-3〉 PROC GPLOT 결과이다. Y축에 Y_i값, X축에 X_i 값을 표기하였다.

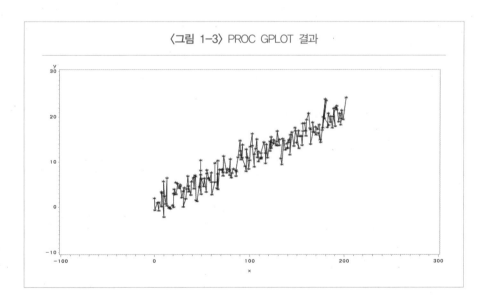

〈그림 1-3〉 PROC GPLOT 결과

PROC REG의 결과 설명

SAS 시스템
The REG Procedure
Model: MODEL1
Dependent Variable: y

Number of Observations Read	200
Number of Observations Used	200

Analysis of Variance					
Source	DF	Sum of Squares	Mean Square	F Value	Pr > F
Model	1	6899.18515	6899.18515	1731.14	<.0001
Error	198	789.09597	3.98533		
Corrected Total	199	7688.28112			

Root MSE	1.99633	R-Square	0.8974
Dependent Mean	10.87773	Adj R-Sq	0.8968
Coeff Var	18.35244		

Parameter Estimate					
Variable	DF	Parameter Estimate	Standard Error	t Value	Pr > |t|
Intercept	1	0.64562	0.28356	2.28	0.0239
X	1	0.10178	0.00245	41.61	<.0001

가장 위에 있는 The REG Procedure는 SAS가 Regression을 수행한 결과라는 것을 의미하며, Dependent Variable: y가 종속변수 이름을 밝혀주고 있다. SAS 가 읽은 샘플데이터는 총 200개이며 회귀분석에 사용된 샘플데이터도 총 200개 임을 알리고 있다.

Analysis of Variance 테이블에 Source, DF, Sum of Squares, Mean Square, F Value, Pr > F가 각 컬럼에 있다. DF는 Degrees of Freedom의 약자이며 Model 의 DF는 1로 표기되어 있다. 왜냐하면 모형의 계수(parameter)는 총 2개이지만 절편계수는 여기서 빼기 때문에 1이 된다. 즉, 위 식 (1.9)에서와 같이 소문자 y_i

와 소문자 x_i로 모형을 변형했을 경우 절편은 사라지고 기울기 b 하나만 남기 때문이다. Error의 DF는 198개가 된다. 왜냐하면 직선을 구성하는 데 필요한 2개의 샘플이 필요하기 때문에 200개 샘플에서 2개를 빼서 198개가 된다. Corrected Total은 위 1과 198을 더해서 얻어진다.

Sum of Squares of the Model(SSM)은 위 식 (1.12)의 오른쪽 첫째 항 $b^2 \sum_{i=1}^{200} x_i^2 = 6899.185$이고, Sum of Squares of Error (SSE)는 위 식 (1.12)의 오른쪽 두 번째 항 $\sum_{i=1}^{200} e_i^2 = 789.096$이다. Mean Square 값들은 Sum of Squares 값들을 DF로 나눈 값들이다. 즉 Sum of Squares/DF 값들이다. 여기서 Mean Square Error(MSE)는 종종 s^2로 표기되며, σ^2의 추정치(estimate)로 사용된다. F Value는 아래 Parameter Estimate 테이블에 있는 t Value의 제곱이다. 즉, F Value $= (t \quad \text{Value})^2 = (41.61)^2 = 1731.392$로 계산상의 오차가 약간 있다.[10] $\Pr > F$ 값은 아래 Parameter Estimate 테이블의 Pr > | t |와 같기 때문에 아래에 설명하고자 한다. Analysis of Variance 테이블 아래에 있는 Root MSE는 $s = \sqrt{s^2}$ 를 의미하며, s^2은 식 (1.19)에 설명되어 있다. R-Square는 식 (1.13)에 표기되어 있고, Adj R-Sq는 식 (1.14)에 설명되어 있다.

Parameter Estimate 테이블에는 6개의 컬럼이 있고, 3개의 가로줄이 있다. 첫 번째 컬럼에는 Variable이 있고, Intercept와 x 설명변수 이름이 있다. Intercept 와 x 변수 모두 각각 하나의 계수를 갖기 때문에 DF(degrees of freedom)는 각각 1이 된다. Parameter Estimate 컬럼에 Intercept α의 추정값 $a = \overline{Y} - b\overline{X} = 0.64562$가 기록되어 있고, 그 오른쪽에 a의 Standard Error $= \sqrt{\left(\frac{1}{N} + \frac{\overline{X}^2}{\sum_{i=1}^{N} x_i^2}\right) s^2}$ $= 0.28356$이 계산되어 있다. t Value는 Parameter Estimate을 Standard Error로 나눈 값으로 t Value $= \dfrac{a}{\sqrt{\left(\frac{1}{N} + \frac{\overline{X}^2}{\sum_{i=1}^{N} x_i^2}\right) s^2}} = 2.28$이다. t Value와 같은 잣대이지만 약간 다른 각도에서 바라본 통계치가 p Value 즉, Pr > | t |이며, 값은 0.0239이다. Pr > | t |의 의미는 다음과 같다. 귀무가설 $a_0 = 0$이 옳은 가설이라

---

10 t Value의 제곱이 F Value가 되고 분자의 자유도 DF는 1이 되고 분모의 DF는 Error의 자유도인 198이 된다.

고 가정하자. 귀무가설 $a_0 = 0$이 맞는데 $|t|$ 값이 2.28이나 이보다 큰 값이 나올 확률은 0.0239라는 것이다. 거의 대부분의 연구자들이 사용하는 95% 신뢰구간, 즉 5% significance level을 사용하는 가설검정이고 샘플 사이즈가 충분하다면, 임계치(critical value)로 1.98을 사용한다. 즉, p Value 0.05를 임계치로 사용하는 것이다. t Value가 임계치 1.98보다 큰 2.28이고, p Value로 보면 임계치 0.05보다 작은 0.0238이기 때문에 귀무가설 $a_0 = 0$은 기각된다. 즉, 트루(true) 파라미터(parameter)에 대한 가설검정은 t Value로 하거나, p Value로 할 수 있으며, 결과는 똑같게 된다. 단, t Value를 사용할 경우, 샘플 수에 관련된 분포의 자유도(degrees of freedom)을 알아야 검정에 적용할 임계치(critical value)를 알 수 있다. 그러나 만약 p Value를 사용하여 검정한다면 이러한 불편 없이 p Value가 0.05보다 큰지 작은지만 보면 된다. 만약 크면 귀무가설을 기각할 수 없고, 작으면 기각하면 된다.

Parameter Estimate의 마지막 가로줄에 X 설명변수의 계수는 β이기 때문에 추정치 b에 관한 것이다. 추정된 $b = \dfrac{\sum_{i=1}^{N} x_i y_i}{\sum_{i=1}^{N} x_i^2} = 0.10178$로 트루(true) 값 0.1에 매우 근접한 값이라고 할 수 있다. 트루 값 $\alpha = 1.0$과 α의 추정치 $a = 0.64562$와는 0.35538의 상당한 차이가 존재하는 반면, 트루 값 $\beta = 0.1$과 추정치 $b = 0.10178$의 차이는 0.00178 밖에 되지 않는다는 것을 유의할 필요가 있다. 위 테이블을 보면 t Value에서도 a와 b 사이에 큰 차이가 있음을 알 수 있다.

이런 트루 값과 추정값 사이의 차이, t Value의 차이는 a의 분산 $Var(a) = \left(\dfrac{1}{N} + \dfrac{\overline{X}^2}{\sum_{i=1}^{N} x_i^2} \right) \sigma^2$과 b의 분산 $Var(b) = \dfrac{\sigma^2}{\sum_{i=1}^{N} x_i^2}$의 크기 차이에서 발생하고 있다. 그 차이는 $Var(a)$의 $\dfrac{1}{N}$과 분자에 있는 $\overline{X}^2$ 때문이다. $\dfrac{1}{N}$도 분산을 크게 하는 요소 중의 하나지만, $\overline{X}^2$은 X_i값에 따라 크게 다르겠지만 이 값은 샘플데이터 숫자가 증가해도 전혀 감소하지 않고 분자에 남아 있기 때문에 샘플 수가 증가해도 $Var(a)$의 감소속도가 늦어, a 값이 트루 값 α에 접근하는 속도는 b가 β에 접근하는 속도보다 상당히 늦을 것이라는 것을 알 수 있다. 우리 예제의 경우 X_i값이 자연수 1, 2, 3, ⋯ 200으로 증가하는 수를 포함하고 있기 때문에 $\overline{X}^2$

값은 클 수밖에 없다. 이것이 $Var(a)$를 크게 만드는 범인임에 틀림없다.

$Var(b)$ 식에서 알 수 있듯이, 이 값은 $Var(a)$와는 다르게 샘플 수가 증가하면 분모가 제곱의 속도로 증가하기 때문에 $Var(b)$는 제곱의 속도로 감소한다고 할 수 있다. 즉, 샘플 수가 증가할 때 추정치 b가 트루 값 β에 접근하는 속도는 매우 빠를 것이라는 것이다.

$$b\text{의 t Value,}\quad t(b) = \frac{b}{\sqrt{\dfrac{s^2}{\sum_{i=1}^{N}x_i^2}}} = 41.61$$

은 매우 큰 값이다. 임계치 1.98과 비교하면 아주 큰 값임에 틀림없다. 그러므로 p Value는 매우 작은 값이 될 것이다. SAS의 결과물을 표기할 때 '최소 값'을 SAS 옵션(option)을 사용하여 더 작은 수로 변경하지 않으면 디폴트(default) 최소값은 0.0001이 된다. t Value 41.61의 p Value는 최소값 0.0001보다 더 작은 값이라 직접 그 값을 표기하지 않고 최소값 0.0001보다 더 작다는 것으로만 표기한 것이다.

SAS를 이용하여 회귀분석을 할 경우 위 Parameter Estimate 테이블 이외에 다른 결과물들도 있으나 Parameter Estimate 테이블에 있는 여러 값들이 가장 많이 활용되는 것들이다. 특히, 설명변수의 기울기, 여기서는 β, 추정치에 관한 통계값들, 즉 Parameter Estimate, Standard Error, t Value, Pr > | t | 등이 가장 빈번하게 이용되는 값들이다.

1.4 샘플 수가 증가하였을 때 회귀분석 결과의 변화

단순회귀모형 (1.1)의 샘플이 SAS를 이용하여 얻어진 가상 데이터이기 때문에 이 모형을 이용하여 샘플 수가 증가하였을 경우 계수추정치 관련 통계값들이 어떻게 변화하고, 트루 값과의 격차는 어떻게 변화하는지를 보는 것도 중요하다. 회귀분석의 중요한 목적은 계량경제학 이론과 샘플데이터를 활용하여 모르는 하느님 파라미터(parameter) 값을 추정하는 것이다. 이론에 의하면, 샘플데이터만 많이 있으면 하느님 값에 근접하는 추정치를 얻을 수 있다고 한다. 만약 샘플데이터가 무한히(infinitely) 많으면, 추정치는 하느님 값과 똑같아진다. 이러한 이론적 결과가 있기 때문에 우리가 샘플데이터를 구하고 회귀분석을 하여 하느님 계수들을 추정하는 노력의 가치가 충분히 있는 것이다. 과연 그 이론이 비교적 작은 샘플 수인 200개와 500개 사이에도 적용되는지를 보기 위해 먼저 샘플 200개로 추정한 값들을 샘플 500개로 추정한 값들과 비교하고자 한다.

SAS Program 1_2

/* 본 프로그램은 위 Program 1_1과 모든 코딩이 똑같으나 (6) 줄은 DO i = 1 TO 500으로 바꿨음. 즉, 샘플데이터 수를 200개에서 500개로 증가시켰음 */

(6)   DO i = 1 TO 500; /* line (6) of Program 1_1 is changed */

SAS Program 1_2: PROC REG 결과 일부(500개 샘플)

Root MSE	2.02982	R-Square	0.9807
Dependent Mean	25.99002	Adj R-Sq	0.9807
Coeff Var	7.80999		

Parameter Estimate					
Variable	DF	Parameter Estimate	Standard Error	t Value	Pr > | t |
Intercept	1	0.91161	0.18183	5.01	<.0001
X	1	0.10010	0.00063	159.18	<.0001

SAS가 500개의 가상자료를 만들어서 단순회귀분석 모형 식 (1.1)을 추정하도록 하였을 때 위와 같은 결과물을 얻었다. 위 결과물은 SAS Program 1_1과 같으나 가로줄 (6)번 DO loop의 횟수가 200이 아닌 500이다. 그러므로 샘플데이터를 500개로 증가시켜서 얻은 결과물이다. 이 결과물에 대해서 설명하는 것보다 샘플데이터 200개로 얻은 결과물과 비교 설명하는 것이 이해를 돕는 데 더

효과적이다. 왜냐하면 이번 과제의 초점은 샘플수가 200에서 500으로 증가하면 SAS 결과물에 어떤 변화가 일어나는지를 파악하고 판단하는 것이기 때문이다.

〈표 1-1〉 샘플 수 200개와 500개일 때 PROC REG 결과 비교

	① R-Square		② Adj. R-Sq.	
샘플 200개	0.8974		0.8968	
샘플 500개	0.9807		0.9807	
Intercept	③ Parameter Estimate	④ Standard Error	⑤ t Value	⑥ Pr > | t |
샘플 200개	0.64562	0.28356	2.28	0.0239
샘플 500개	0.91161	0.18183	5.01	<.0001
X variable	⑦ Parameter Estimate	⑧ Standard Error	⑨ t Value	⑩ Pr > | t |
샘플 200개	0.10178	0.00245	41.61	<.0001
샘플 500개	0.10010	0.00062887	159.18	<.0001

위 〈표 1-1〉에 샘플 200개를 사용해서 얻은 결과값들과 샘플 500개를 사용해서 얻은 결과값들을 비교하기 쉽게 정리하였다.

① R-Square를 보면 샘플 200개일 때 0.8974였던 것이 샘플을 500개로 증가시키면 0.9807로 증가하는 것을 알 수 있다. R-Square가 거의 1.0에 가까이 증가하고 있다. 이 이유는 샘플 수가 증가하면서 Total Sum of Squares(TSS)도 증가하는데, 이 증가분의 대부분이 Sum of Squares of the Model(SSM)에 의한 것이고 Sum of Squares of Error(SSE) 증가분은 상대적으로 작기 때문이다.

② Adj. R-Sq.의 증가도 R-square의 증가와 같다.

③ 절편(Intercept)의 계수추정치는 샘플이 500으로 증가하면서 크게 개선되는 것을 알 수 있다. 하느님 값 α는 1.0인데, 샘플이 200개일 때 추정치는 0.64562로 트루 값과 상당한 격차가 있으나, 샘플이 500개일 때 추정치는 0.91161로 1.0에 근접해 추정치가 크게 개선되고 있는 것을 알 수 있다.

④, ⑤, ⑥ 샘플 200개일 때와 500개일 때의 값들을 비교하면, Standard Error는 상당히 작아지며, t Value는 2배 이상 증가한다. Pr > | t |는 상당히 감소하고 있는 것을 알 수 있다. 즉, 추정값들의 신뢰도가 크게 개선되고 있다고 할 수 있다.

⑦ $\beta = 0.1$의 추정치 b 값들을 보면, 샘플이 200개일 때는 0.10178이었으나, 샘플이 500개로 증가하면서 추정치는 0.10010이 되어 트루 값 0.1에 훨씬 더 가까워지는 것을 알 수 있다. 통계학이론이나 계량경제학이론에서 설명하는 계수 추정치의 컨시스턴시(consistency)의 일부를 보여주고 있다고 할 수 있다. 즉, 샘플 수가 증가하면 할수록 계수 추정치는 트루 값에 접근한다는 이론이다.

⑧, ⑨, ⑩을 보면 샘플 수가 증가하면서 Standard Error는 상당 폭 감소하기 때문에 t Value는 4배 가까이 증가한다. 이에 따라 p Value, Pr > | t |, 값도 크게 감소할 것이나 샘플 200개에서 얻은 p Value 값이 이미 0.0001보다 작기 때문에 샘플 500개로 얻은 p Value 값도 똑같이 표기된 것이다.

1.5 지연 효과 회귀모형(Lagged Effects Regression Model)

회귀모형에서 설명변수가 종속변수에 영향을 미치는 시기가 동시기(contemporaneous)일 수도 있지만 지연되어 나타나는 경우도 많이 있다. 예를 들어, 이번 달에 TV 광고를 통하여 제품 광고를 많이 할 경우 그 광고 효과는 몇 달 후에나 나타나는 경우가 많고, 그런 지연 효과가 있는 것이 합리적이고 당연하다. 그러므로 월별자료인 경우 회귀분석모형에 종속변수와 같은 달의 설명변수를 사용하는 것보다 몇 달 전의 설명변수를 사용하면 t Value가 증가하게 되는 경우가 종종 있다. 이럴 경우 몇 달 전의 설명변수가 가장 큰 영향을 미치는지를 알아보기 위해서 설명변수의 과거값들을 여러 개 사용하여 회귀 분석해 보고 그 중에서 가장 큰 t Value를 갖는 과거값을 하나의 설명변수로 결정하면 된다. 즉, 이것을 회귀모형으로 설명하면,

$$Y_t = \alpha + \beta_0 X_t + u_t \tag{1.31}$$

$$Y_t = \alpha + \beta_1 X_{t-1} + u_t \tag{1.32}$$

$$Y_t = \alpha + \beta_2 X_{t-2} + u_t \tag{1.33}$$

$$Y_t = \alpha + \beta_3 X_{t-3} + u_t \tag{1.34}$$

$$Y_t = \alpha + \beta_4 X_{t-4} + u_t \tag{1.35}$$

$$Y_t = \alpha + \beta_5 X_{t-5} + u_t \qquad\qquad (1.36)$$

$$Y_t = \alpha + \beta_6 X_{t-6} + u_t \qquad\qquad (1.37)$$

이 된다.

위 식 (1.31)은 t기의 종속변수 Y_t 값에 같은 t기의 설명변수 X_t를 사용한 것이고, 식 (1.32)부터 (1.37)까지는 설명변수를 종속변수와 같은 t기 값을 사용한 것이 아니라 한 달 전 값, 두 달 전 값, …, 여섯 달 전 값들을 차례로 사용한 회귀식들이다. 이렇게 회귀분석한 후 기울기 β_0, …, β_6들의 최소자승법 추정치 b_0, …, b_6들의 |t Value| 크기를 비교하여 가장 큰 |t Value|를 제공하는 설명변수의 지연 값(lag number)를 찾으면 설명변수의 변화가 시차상으로 얼마나 있다가 종속변수에 가장 큰 영향을 미치는지를 알 수 있다.

기업의 마케팅 비용을 집행할 경우 얼마나 있다가 그 마케팅 비용의 효과가 나타나는지를 알고자 할 경우나, 정부에서 정부정책을 집행한 후 얼마나 기다려야 그 정책의 효과가 크게 나타나기 시작하는지, 한국은행 총재가 이자율을 올리거나 내릴 경우 얼마나 있다 그 효과가 가장 크게 나타나는지 등에 관한 관심은 항상 있게 마련이다. 이런 경우 위 모형을 사용하여 '정책효과 지연 현상(lagging effects of policy instruments)'에 대한 과학적인 근거를 마련할 수 있을 것이다.

한국의 전산업생산지수(The Production Index for All Industries of Korea, kip)를 이용하여 전산업생산증가율(The Growth Rate of Industrial Production of Korea, kipg)을 종속변수로, 한국의 3년 만기 국고채 이자율의 1차 차분 변수를 설명변수로 한 회귀모형을 이용하였다. 전산업생산지수는 농림어업은 제외된 것으로, 계절조정 되었으며, 월별자료로 2015 = 100을 기준으로 작성되었다. 샘플 기간은 2000년 1월~2018년 8월까지이다. 설명변수 3개월 이자율은 3년만기 국고채 시장금리이며, 월별자료로 1995년 5월~2018년 8월까지이다. 회귀분석에는 이 이자율을 1차 차분하여 설명변수로 사용하였다. 총 데이터 수는 223개이다.

외부에서 데이터를 다운로드 받아 SAS에서 사용할 수 있도록 하는 자세한 방법은 부록 Ⅱ를 참고하기 바란다.

종속변수 Y_t = kipg 한국의 산업생산 월별 성장률 × 1200, 즉, 월별 산업생산 성장률을 연간성장률(annual industrial production growth) %로 전환한 값이며,

설명변수 $X_t = \text{dint3}$는 국고채 3개월 이자율을 1차 차분한(1st differencing) 값이다. $X_{t-1} = \text{dint31}$은 X_t의 1개월 전 값, ⋯, $X_{t-6} = \text{dint36}$는 6개월 전 값 등이다.

식 (1.31)부터 식 (1.37)까지 최소자승법(Least-Squares Method)을 사용하여 회귀분석하기 위해 필요한 SAS 프로그램 코딩은 다음과 같다.

SAS Program 1_3

```
/* 한국 전산업생산지수 성장률을 3년만기 국고채 이자율에 회귀분석 */
/* Regression of kipg on dint3 and its lags */

(1)    DATA kip;
(2)         INFILE 'C:\data\kip.prn';
(3)         INPUT mon kip;
(4)         logkip = LOG(kip);
(5)         kipg = DIF(logkip)*1200;
(6)         IF mon < 200001 THEN DELETE;
(7)         num = _N_;
(8)    RUN;

(9)    DATA int3;
(10)        INFILE 'C:\data\market int. nat. bond 3 yr';
(11)        INPUT mon int3;
(12)        dint3 = DIF(int3);
(13)        dint31 = LAG(int3);
(14)        dint32 = LAG2(int3);
(15)        dint33 = LAG3(int3);
(16)        dint34 = LAG4(int3);
(17)        dint35 = LAG5(int3);
(18)        dint36 = LAG6(int3);
(19)        IF mon < 200001 THEN DELETE;
(20)   RUN;
(21)   DATA all;
```

```
(22)        MERGE kip int3;
(23)        BY mon;
     RUN;
(24)  PROC PRINT DATA=all;
(25)        VAR mon kipg int3 dint3 dint33 dint36;
     RUN;
(26) PROC UNIVARIATE DATA=all;
(27)        VAR kipg;
     RUN;
(28)  PROC REG DATA = all;
(29)        MODEL kipg = dint3;
(30)        MODEL kipg = dint31;
(31)        MODEL kipg = dint32;
(32)        MODEL kipg = dint33;
(33)        MODEL kipg = dint34;
(34)        MODEL kipg = dint35;
(33)        MODEL kipg = dint36;
     RUN;
```

SAS Program 1_3 설명

(1) 줄은 위에서 설명한 대로 대문자 DATA는 SAS의 고유 명령어이기 때문에 대문자로 표기하였다. DATA는 데이터 바구니(data basket)를 만드는 스텝(step)을 시작한다는 명령어이며, 이어 나오는 kip가 데이터 바구니 이름이 된다. 데이터 바구니는 꽃바구니를 생각하면 이해하기 쉽다. 꽃바구니에 여러 가지 꽃들을 넣듯이 데이터 바구니에도 여러 가지 데이터들을 넣는다. 그리고 그럴듯한 이름을 붙이면 어떤 데이터들이 들어 있는지 알기 쉽다. 꽃바구니가 여러 개일 경우 꽃바구니마다 이름을 붙여놓으면 꽃바구니를 사고자 하는 고객과 대화하기 편하듯이 SAS 프로그램에도 데이터 바구니에 이름을 붙이고 그 이름을 사용하여 특정 데이터 바구니를 지정하도록 되어 있다. 데이터 바구니 kip에는 한국 산업생산 지수(Korea Industrial Production)에 대한 데이터가 담겨있어서 kip라는 이름

을 사용하였다.

(2) 줄, INFILE은 SAS로 분석하고자 하는 데이터가 데이터 파일(data file)에 저장되어 있을 경우 SAS 프로그램으로 불러들이는 명령어이다. 이 명령어 다음에는 어떤 데이터파일을 불러들여야 하는지 싱글(single) 따옴표(')를 열고, 데이터파일이 있는 드라이브(drive), 디렉토리(directory), 파일 이름(file name)을 기입하고 다시 싱글 따옴표로 닫아야 한다. 즉, 예를 들면 'C:\data\kip.prn'으로 표기해야 한다. C:\는 C 드라이브를 뜻하며, \data는 data라는 디렉토리(directory)를 지칭하며, \kip.prn은 데이터파일 이름이 kip이고 그 파일 형식은 prn으로 되어있다는 것이다. 접미사(suffix) .prn은 가장 기본적인 파일 형태인 텍스트파일 형태라는 것을 의미한다. 간혹 에스키파일(ASCII file)이라고도 한다. SAS는 prn 파일과 excel 파일 모두 불러들여 분석이 가능하다. 단 Excel 데이터 파일을 사용할 때는 약간 더 많은 명령이 필요하다. 한국 데이터들은 '한국은행 경제통계시스템' 사이트에서 다운로드하였다.

(3) 줄, INPUT 명령은 데이터파일을 열고 세로로 되어 있는 자료마다 이름을 부여하라는 명령이다. 즉, kip 데이터파일을 열고 첫 번째 세로줄(column) 데이터에 mon이라는 이름을 부여하고, 두 번째 세로줄 데이터에는 kip라는 이름을 부여하라는 명령이다. 데이터파일 kip에는 두 개의 세로줄로 된 데이터만 있어서 데이터파일에 들어있는 데이터 모두 이름을 부여했지만, 세 개 이상의 세로줄이 있다면, 나머지 세로줄들의 데이터는 무시된다.

(4) 줄, logkip = LOG(kip);는 위에서 읽은 kip의 자연로그(natural logarithm) 값을 계산하고 그 이름을 logkip라고 하라는 명령이다. 즉, 윗줄에서 읽은 산업생산지수 kip를 자연로그 값으로 전환하고, 전환된 값의 이름을 logkip라고 하라는 것이다. 어떤 컴퓨터 프로그램이던지, 영어가 나오고 괄호 (….)가 나오면 그것은 그 컴퓨터프로그램이 지정한 기능을 하는 함수가 된다. 즉, LOG(….)는 괄호 속 (….) 변수에 자연로그를 씌워 자연로그 값을 구하는 함수이다. 즉, LOG(3.141592)≒1.0이 된다. 10을 베이스(base)로 하는 로그함수는 LOG10(….)이다. LOG10(10) = 1, LOG10(100) = 2, LOG10(1000) = 3이 된다.

(5) 줄, kipg = DIF(logkip)*1200;는 위에서 구한 logkip를 1차 차분하고 그 값에 1200을 곱하여 얻은 결과값의 이름을 kipg라고 하라는 명령어다. 여기서

DIF(⋯.)는 괄호 안의 (⋯.) 변수를 1차 차분(DIFferencing) 하는 함수이다. 예를 들면, 아래와 같은 계산을 하는 함수이다.

	logkip	DIF(logkip)
1	1.522	.
2	1.524	0.002
3	1.522	−0.002
4	1.523	0.001

위 테이블에서 $DIF(logkip) = logkip_t - logkip_{t-1}$, 즉, 이번 달 logkip 값에서 전달의 logkip 값을 뺀 값이다. 첫 번째 DIF(logkip) 값은 첫 번째 달 logkip 값인 1.522에서 그 전달의 값을 빼야 하지만 그 전달 값이 없으므로 SAS는 점(period) " . "으로 표기한다. 즉, 변수 값이 미싱(missing observation)이라는 것이다. 두 번째 달의 DIF(logkip) 값은 $1.524 - 1.522 = 0.002$가 되고, 세 번째 DIF(logkip) 값은 $1.522 - 1.524 = -0.002$이 된다. 여기서 DIF(logkip) 값은 kip 값에 log를 취한 다음에 1차 차분을 하여 얻은 값이 된다. 이 값은 한국산업생산지수 kip의 한 달 성장률을 나타낸다. 즉, $\frac{kip_t - kip_{t-1}}{kip_{t-1}}$을 나타낸다. 어떤 변수에 자연(natural) log를 취한 후 1차 차분하는 이유는 그 변수 값의 성장률을 구하기 위해서다. 즉,

$$\frac{kip_t - kip_{t-1}}{kip_{t-1}} \cong \log(kip_t) - \log(kip_{t-1})$$

DIF(logkip)에 1200을 곱한 이유는 월별 성장률을 연간 성장률로 바꾸고, %로 바꾸기 위해서이다.

(6) 줄, IF mon < 200001 THEN DELETE; 이 명령문은 IF 명령으로 SAS의 IF 명령은 THEN이 나오고 DELETE와 같은 특정 명령, 또는 DO가 따라 나온다. 만약 mon < 200001이 만족되면 THEN 다음의 명령을 수행하라는 조건부 명령이다. 여기서 mon은 달(month)을 나타내는 변수이고, 200001은 2000년 1월 (01)을 나타낸다. IF 다음에 DO 명령이 나오는 경우는 다음 프로그램에서 소개한다.

DELETE는 데이터를 삭제하라는 것이다. 즉, 2000년 1월 이전 데이터는 모두 삭제하라는 명령이다. 한국의 산업생산지수는 2000년 1월부터 시작한다. 그러므로 2000년 1월 이전 데이터는 삭제하라는 명령은 아무 의미가 없다고 할 수 있다. 그럼에도 불구하고 확실히 하기 위해 사용한 명령이라고 할 수 있다.

(7) 줄, num = _N_; 여기서 _N_은 자연수를 만들어 내는 함수(function) 역할을 하는 것이라서 num = 1, 2, 3, 4, 5, ⋯, N이 만들어진다. N은 샘플데이터의 총 개수이다. 샘플 개수만큼 자연수를 만드는 이유는 샘플데이터를 그래프로 그리거나 테이블로 만들 때 자연수 시리즈가 필요한 경우가 있기 때문이다. 예를 들어, 한국산업생산의 연간성장률 kipg를 그래프로 나타내고자 할 경우 X축은 자연수 1, 2, 3을 이용하는 경우가 많다. 그러므로 num = 1, 2, 3, ⋯ N을 만들어야 하는 이유가 있다.

(8), (9), (10), (11), (12)는 위에서 설명한 것들이다.

(13)~(18) 줄, dint31 = LAG(int3);에서부터 dint36 = LAG6(int3);까지는 LAG(⋯.)함수를 사용한 명령이다. 래깅(lagging) 함수는 과거 값을 사용하는 함수이다. 예를 들면 다음과 같다.

Int3	LAG(int3)	LAG2(int3)	LAG3(int3)	LA6(int3)
14.81	.			
14.58	14.81	.	.	.
14.09	14.58	14.81	.	.
13.13	14.09	14.58	14.81	.
12.82	13.13	14.09	14.58	.
12.10	12.82	13.13	14.09	.
11.92	12.10	12.82	13.13	14.81
11.63	11.92	12.10	12.82	14.58

위 테이블에서 알 수 있는 바와 같이 LAG(⋯.) 함수는 한 달 전 값을 의미하며 LAG2(⋯.)는 두 달 전 값, LAG3(⋯.)는 세 달 전 값, LAG6(⋯.)은 여섯 달 전 값을 구하는 함수이다.

(19) 줄, 위 (6)에서 설명한 것과 같다. 단, int3 이자율 변수 데이터는 1995년

5월부터 시작하기 때문에 이 줄의 DELETE 명령은 실제 적용되어 2000년 1월 이전 데이터는 삭제되고 있다.

(22) 줄, MERGE는 두 개 이상의 데이터 바구니를 하나로 만드는 데이터 바구니 통합 명령이다. 여기서는 kip 데이터 바구니와 int3 데이터 바구니를 합치는 명령이고, 합쳐진 데이터 바구니의 이름은 all이라고 했다. 데이터 바구니 합치는 작업은 두 개의 데이터 바구니에 따로 따로 입력되어 있던 데이터를 함께 사용해야 하는 명령이 있으면 데이터 바구니 합치는 작업을 먼저 해야 한다. 아래 줄 (24)에 PROC REG 명령이 있는데 이 명령에서 kip와 int3 데이터 바구니에 각각 있던 변수를 모두 사용해야 하기 때문에 이 두 바구니를 합친 all 바구니를 DATA=all로 지정했다.

(23) 줄, BY mon;은 두 데이터 바구니를 합쳐서 하나로 만들 경우 데이터들을 정렬해야 하는데 어떤 변수에 맞춰 정렬해야 하는지를 지정하는 명령이다. 여기서는 변수 mon(month, 월)을 기준으로 데이터를 정렬하라는 명령이다.

(24) 줄, PROC PRINT DATA=all;은 데이터 바구니 all에 있는 변수들 중에서 일부, 또는 전부를 프린트하라는 명령이다. 구체적으로 어떤 변수들을 프린트하느냐는 다음 줄 (25)에서 지정하고 있다. 변수들을 프린트하라는 명령은 debugging (잘못된 프로그램 수정) 하는데 종종 활용된다. 어떤 경우에는 변수가 없다든지, 변수를 찾을 수 없다든지, 데이터에 오류가 있다든지 등의 오류메시지가 나올 경우, 실제 그 변수들을 프린트해보면 어디가 문제인지를 쉽게 찾아낼 수 있다. SAS에서의 프로그램 오류수정은 LOG 화면을 보면서 해야 한다. SAS는 User Friendly이기 때문에 프로그램상의 오류들은 LOG 화면에 빨간 색으로 표기해주어 오류들을 대부분 손쉽게 수정할 수 있는 장점이 있다. LOG 화면을 통하여도 오류를 수정할 수 없다면, (24) 줄과 (25) 줄과 같이 변수값들을 프린트 하면 종종 오류의 존재를 확인할 수 있고, 오류를 수정할 수 있다.

(25) 줄은 VAR 다음에 어떤 변수들을 프린트하느냐를 지정해 주고 있다. 변수 mon, kipg, int3, dint3, dint33, dint36 등의 변수들을 프린트 하라는 명령이다.

(26) 줄, PROC UNIVARIATE DATA=all;은 변수 데이터를 자세하게 분석하는 명령의 시작이다. 평균, 표준편차, 분산, 왜도(Skewness), 첨도(Kurtosis), 평균의

표준오차(Standard Error) 등 많은 통계치들을 제공해 주기 때문에 회귀분석하기 전에 1차적인 데이터분석 결과를 얻을 수 있는 명령이다.

(27) 줄, Var kipg는 kipg 변수에 대한 데이터를 자세하게 분석하라는 명령이다. 만약 kipg와 다른 변수, 예를 들어 dint3 데이터도 자세하게 분석하고자 한다면 Var kipg dint3;로 명령하면 된다. PROC PRINT와 같이 자세한 데이터 분석이 필요한 변수들의 이름들을 컴마(,) 없이 스페이스만 넣고 오른쪽으로 나열하면 된다.

(28) 줄, PROC REG DATA = all;은 회귀분석(PROCedure REGression) 하는 명령어다. PROC GPLOT에서와 같이 PROC은 작업명령을 뜻하는 명령어이고, REG는 회귀분석(regression)을 의미한다. DATA=all은 본 명령을 수행하는 데 필요한 데이터는 데이터 바구니 all에 있다는 표기이다.

(29)~(35) 줄, PROC REG DATA = all; 다음에는 MODEL이 따라와야 한다. 줄 (29) 줄에서 (35) 줄까지에서 알 수 있는 바와 같이 하나의 PROC REG에 따라오는 MODEL 명령은 여러 개가 될 수 있다. 7개 모두 회귀분석의 모형이 약간씩 다를 뿐 동일하게 최소자승법을 사용한 회귀분석을 하라는 명령이다. MODEL 명령은 **종속변수 = 설명변수;** 식으로 표기해야 한다. 수학적 표기에 사용되는 절편 계수 α 나 기울기 계수 β 는 언급할 필요가 없다. MODEL "종속변수의 이름 = 설명변수의 이름;"으로 표기하면 된다. 절편계수는 자동적으로 추정되어 "Intercept"라는 이름으로 추정치 등이 결과물에 표기되며, 기울기는 설명변수의 이름으로, 여기서는 int3, int31, int32, …, int36 등으로, Estimate, Standard Error, t Value, p > | t | 등이 결과물에 표기된다. 만약 절편(Intercept)이 0인 회귀모형을 추정할 때는 MODEL Y = X / NOINT;와 같이 MODEL 끝에 "/"를 한 후 "NOINT" 옵션을 사용하면 된다.

종속변수인 kipg는 우리나라의 월별 전산업생산성장률을 나타내고 있으며, 연간 % 성장률로 나타내기 위해 DATA step에서 월간성장률 = DIF(logip)에 1200을 곱하여 얻은 것이다. 즉, kipg = DIF(logip)*1200;이다. 설명변수 dint3는 "국고채 3개월 이자율"인 int3를 1차 차분, 즉 dint3 = DIF(int3); 한 것이다. 국고채 3개월 이자율을 1차 차분한 이유는 국고채 3개월 이자율은 육안으로도 선명한 우하향하는 트렌드가 있는 데이터라서 불안정성(nonstationarity)이 의심되는 데이터이고, 실제로 이 데이터를 1차 차분하지 않고 그대로 회귀분석에 사용하면 통계적으로 유의한 결과가 전혀 나오지 않기 때문이다. 설명변수에 불안정성이 있다는 것은 회귀분석에 큰 장애를 초래하지는 않지만 현재값과 6개의 과거값 모두에서 통계적유의성이 전혀 없기 때문에 1차 차분한 변수를 설명변수로 사용하였다.

SAS Program 1_3 결과 설명

우선 회귀분석을 위한 자료는 '한국은행경제통계시스템'에서 얻었다. 전산업생산지수(농림어업 제외) 계절조정, 월별자료, 2015 = 100, 2000년 1월~2018년 8월, 국고채 3년만기 시장금리, 월별자료, 1995년 5월~2018년 8월이다. 회귀분석에 사용된 총 데이터 수는 223개이다.

단순회귀모형에 사용된 두 자료는 다음과 같다. 종속변수는 월별 전산업생산지수에서 도출된 전산업생산지수의 연간 성장률(%)이고, 설명변수는 월별 국고채 3년만기 연간이자율(%)의 1차 차분한 값과 6개의 래그(lag, 과거 값) 값들이다. 현재 (t기)의 전산업생산지수 성장률, Y_t에 과거 설명변수, 즉 과거 이자율을 사용하는 이유는 이자율이 변화할 때 전산업생산지수가 즉각 반응하여 증가하거나 감소하는 경우는 드물고, 이번 달의 이자율 변화가 앞으로 어떤 변화로 이어질지에 대한 경제주체들의 심사숙고를 거쳐 어떤 대응이 적절한지 결정하고 나서 반응할 것이다. 즉, 이자율이 상승했을 경우 다음 달이나 그 다음 달에도 같은 상승추세를 이어갈 것인지, 아니면 이번 달 상승으로 마감할 것인지에 대한 면밀한 검토가 이어질 것이다. 미래 전망에 대한 분석이 완료되기 위해서는 시간이 걸리고, 분석 완료 후, 직접 대응에 들어간다고 하더라도 그 결과가 수치로 나오기까지는 시간이 또 걸린다. 그러므로 이자율이 변화하였을 때 전산업생산지수의 변화는 몇 개월 후가 될 것이다. 그렇다면, 정확히 몇 개월 후에 전산업생산지수가 변화하느냐의 질문에 답하기 위해서는 위와 같은 설명변수의 래그 값을 여러 개 사용하는 것이 필요하다.

SAS Program 1_3 (24) 줄에 있는 PROC UNIVARIATE DATA=all;과 (25) 즐 VAR kipg; 명령에 의해 도출된 결과는 다음과 같다.

UNIVARIATE 프로시저
변수: kipg

적률

N	223	가중합	223
평균	3.43401043	관측값 합	765.784325
표준 편차	15.8045448	분산	249.783635
왜도	0.11287733	첨도	1.88623466
제곱합	58081.6784	수정 제곱합	55451.967
변동계수	460.235783	평균의 표준 오차	1.0583506

위 UNIVARIATE 프로시저에 있는 통계치들에 대해 설명하고자 한다. N은 총 데이터 수를 나타내며, 여기서는 223개이다. 평균(Average)은 종속변수 Y_t, kipg 의 평균을 뜻한다. 즉, $\overline{Y} = \sum_{t=1}^{n} Y_t / n = 3.43401043$을 나타낸다. 관측값 합은 $\sum_{t=1}^{n} Y_t$을 나타내며, $\overline{Y} \times 223 = 765.784325$. 표준편차(Standard Deviation)는 $\sqrt{분산}$으로 $\sqrt{249.783635} = 15.8045448$

왜도(Skewness)에 대한 정의는 여러가지가 있지만, 다음의 정의가 보편적으로 사용되고 있다고 할 수 있다.

$$왜도(\text{Skewness}) = \frac{\sum_{t=1}^{N}(Y_t - \overline{Y})^3 / N}{S^3} \tag{1.38}$$

여기서 S는

$$S = \sqrt{\sum_{t=1}^{N}(Y_t - \overline{Y})^2 / N} \tag{1.39}$$

이다. 왜도(Skewness)는 좌우대칭(Asymmetry) 정도를 나타내는 통계치로, 표준 정규분포(Standard Normal Probability Density Function, Standard Normal pdf)의 왜도는 0이다. 즉, pdf가 중앙을 중심으로 좌, 우로 완벽한 대칭을 이루면 왜도 는 0이 된다. kipg 데이터는 왜도가 0.11287733으로 완벽한 대칭은 아니다.

첨도(Kurtosis)의 정의는 다음과 같다.

$$첨도(\text{Kurtosis}) = \frac{\sum_{t=1}^{N}(Y_t - \overline{Y})^4 / N}{S^4} \tag{1.40}$$

첨도는 데이터의 평균을 중심으로 데이터 값이 아주 큰 양수이거나 아주 큰 음수로 표현되는 outlier들이 얼마나 많은지를 나타내는 통계치이다. 표준정규분포의 첨도는 3이다. 만약 아웃라이어(outlier)들이 많아 pdf의 꼬리쪽, tail,에 상대적으로 많은 데이터가 있으면, 즉, 꼬리가 두꺼우면, fat tail, 첨도가 3 이상이 되고, 반대면 3 이하가 된다. 첨도가 3 이상인 경우를 Leptokurtic이라 하고, 3 이하인 경우를 Platykurtic이라고 한다. 첨도가 1.88623이라서 Platykurtic이며 꼬리쪽이 표준정규분포보다 더 얇다고 할 수 있다. 즉 thin tail pdf에 해당한다.

다음에 나오는 PROC UNIVARIATE 결과들은 위 결과들과 거의 동일하다. 단 중위수(Median)만 추가되었다. 중위수는 Y_t 값 kipg를 크기 순서대로 나열한 다음 전체의 중간에 위치한 값, 즉 112번째 값을 말한다. 전체 데이터가 223이므로, 112번째가 중간값이 될 것이다.

기본 통계 측도

위치측도		변이측도	
평균	3.434010	표준 편차	15.80454
중위수	3.305787	분산	249.78364
최빈값	0.000000	범위	112.56073
		사분위수 범위	18.61202

아래 결과들 중에서 가장 중요한 것은 귀무가설 "트루 평균은 0이다"의 검정이다. 즉 귀무가설 트루 평균 $\mu = 0$에 대한 검정이다. 이 검정은 다음과 같은 모형과 가정이 필요하다. 종속변수 Y_t는 다음과 같이 표현할 수 있다고 가정한다.

$$Y_t = \mu + \epsilon_t \tag{1.41}$$

여기서 μ는 Y_t의 트루 평균값(true mean)이고, 확률변수(random variable) ϵ_t는 $E(\epsilon_t) = 0$이고, $E(\epsilon_i \epsilon_j) = 0$ for $i \neq j$, $E(\epsilon_i \epsilon_j) = \sigma^2$ for $i = j$를 만족시킨다고 가정한다. 즉, ϵ_t는 고전적 가정 2번과 3번을 만족시킨다고 가정하는 것이다. 마지막으로 ϵ_t가 평균은 0, 분산은 σ^2인 정규분포를 갖고 있다고 하면, 다음과 같이 표기할 수 있다.

$$Y_t \frown N(\mu, \sigma^2) \tag{1.42}$$

$$\overline{Y} \frown N(\mu, \sigma^2/N) \tag{1.43}$$

$$Z = \frac{\overline{Y} - \mu}{\sqrt{\sigma^2/N}} \frown N(0, 1) \tag{1.44}$$

표준정규분포를 갖는 확률변수 Z를 이용하여 귀무가설 $\mu_0 = 0$를 검정할 수 없다. 왜냐하면, σ^2는 모르는 트루 계수이기 때문이다. 그러므로 모르는 σ^2 대신에 식 (1.38)에 있는 S의 제곱, 즉 S^2을 식 (1.43)에 넣으면, 스튜던트(Student) t 확률분포를 갖는 검정통계치(test statistic)는 다음과 같이 구할 수 있다.

$$t = \frac{\overline{Y} - \mu}{\sqrt{S^2/N}} \frown t_{(N-1)} \tag{1.45}$$

여기서 분모 $\sqrt{S^2/N}$은 $\overline{Y}$의 표준오차(standard error)이다. 그러므로, 귀무가설 $\mu_0 = 0$을 검정하기 위해서는 검정통계치 $t = \overline{Y}/\sqrt{S^2/N}$을 구하여 $|t|$ 값이 1.98보다 작으면 귀무가설을 기각할 수 없고, 반대로 1.98보다 크면 귀무가설은 기각된다.

위 PROC UNIVARIATE 결과에서 $\overline{Y} = 3.434010$이고, 평균의 표준 오차, $\sqrt{S^2/N} = 1.0583506$이므로 t 검정량(t test statistic) $= 3.244665$이 되어, 아래 PROC UNIVARIATE 결과로 나온 "스튜던트의 t, t" 3.244681이 된다. 이 t 값의 Pr > $|t|$ 값이 0.0014로 0.05보다 상당히 작기 때문에 귀무가설 $\mu_0 = 0$는 기각되어야 한다. 여기서 "스튜던트의 t, t"는 Student t 분포를 갖는 검정통계치 t를 말한다.

위치모수 검정: Mu0=0

검정		통계량		p 값
스튜던트의 t	t	3.244681	Pr > |t|	0.0014
부호	M	15.5	Pr >= |M|	0.0396
부호 순위	S	2877	Pr >= |S|	0.0013

위 "위치모수 검정: Mu0＝0"는 귀무가설: $\mu_0=0$을 의미하며, "스튜던트의 t, t" 값은 위 검정통계량 t와 같다. p 값, 즉 가설검정의 확률값이 0.0014로 0.05 보다 작기 때문에 귀무가설: $\mu_0=0$, 즉 트루(true) 평균(mean)은 0이다를 기각한 다. 부호 M 검정(Sign Test)과 부호 순위 S 검정에 대한 배경 이론은 본서가 지 향하는 수학적 수준과 부합하지 않아 설명하지 않는다. 다만, 관심있는 독자는 Base SAS Procedures Guide: Statistical Procedures의 The UNIVARIATE Procedure: Tests for Location을 참조하기 바란다.

분위수(정의 5)

레벨	분위수
100% 최댓값	57.93689
99%	47.51214
95%	30.18028
90%	21.59228
75% Q3	11.82276
50% 중위수	3.30579
25% Q1	−6.78927
10%	−12.65390
5%	−20.09616
1%	−47.82539
0% 최솟값	−54.62384

위 분위수(정의 5)는 Y_t 값을 작은 것부터 큰 것으로 줄을 세워서 얻은 통계치 이다. 가장 작은 Y_t 값을 0%, 최솟값으로 하고, 가장 큰 Y_t 값을 100% 최댓값 으로 하여 228개 데이터를 크기별로 100 등분하여 크기 잣대로 99%에 해당하는 값, 95%에 해당하는 값 등을 보여주고 있다. 국민들의 소득을 5개 분위로 나누 어 1분위가 소득기준 0~20%, 2분위가 소득기준 20~40%, 5분위는 소득기준 80~100%까지로 분류한다. 이 소득분위와 비교하면, 위 자료는 Y_t 값을 100 분 위로 나누어 그 값들 중 일부를 보여준 것이라고 할 수 있다.

최소값	관측값	최대값	관측값
−54.6238	164	41.8060	168
−49.4016	163	42.7460	191
−47.8254	190	47.5121	81
−26.9674	135	52.6070	138
−25.4127	158	57.9369	136

위 극 관측값은 Y_t의 최소값을 포함, 가장 작은 값들 5개와, 최대값을 포함, 가장 큰 값들 5개를 보여주고 있다. 오른쪽 컬럼의 관측값은 데이터 파일을 열었을 때 가장 처음에 읽은 값을 1이라 하고, 그 다음 읽은 값을 2라 하는 식으로 번호를 메겼을 때의 데이터 순서를 나타낸다. 즉, 최소값 −54.6238은 데이터 파일을 열었을 때 164번째 있는 데이터 값이라는 것이다. 최대값 41.8060은 데이터 순서 168번째 있는 값이므로 최소값과 최대값들이 160번째 대에 같이 있다는 것이 흥미롭다. 시계열자료인 Y_t에 분산의 클러스터링(clustering) 현상이 존재하기 때문에 최대값과 최소값들이 함께 나타나고 있는 것이라는 추측을 할 수 있다. 이것에 대해서는 제8장에서 자세히 다루고자 한다.

PROC REG 결과
The REG Procedure
Model: MODEL4
Dependent Variable: kipg

Number of Observations Read	224
Number of Observations Used	223
Number of Observations with Missing Values	1

Analysis of Variance

Source	DF	Sum of Squares	Mean Square	F Value	Pr > F
Model	1	1272.85651	1272.85651	5.19	0.0236
Error	221	54179	245.15435		
Corrected Total	222	55452			

		Parameter Estimates			

Root MSE		15.65741	R-Square	0.0230	
Dependent Mean		3.43401	Adj R-Sq	0.0185	
Coeff Var		455.95102			

Parameter Estimates

Variable	DF	Parameter Estimate	Standard Error	t Value	Pr > |t|
Intercept	1	3.15502	1.05562	2.99	0.0031
dint33	1	−10.31747	4.52797	−2.28	0.0236

위 SAS 결과물은 우리나라 전산업생산성장률 kipg를 종속변수로 하는 7개 회귀모형 중 그 결과가 가장 좋은 3개월 이자율을 1차 차분한 것 중 3개월 전 값, dint33를 설명변수로 사용하여 얻은 회귀분석결과이다. 회귀분석에 활용한 데이터 수는 223개이고, 성장률을 얻는 과정에 첫 번째 전산업생산지수는 성장률 자료에서 없어지기 때문에 1개의 자료는 없어지는 것으로, Missing Values로 취급되었다.

위 SAS 결과는 위 SAS Program 1_3의 (30) 줄에 있는

MODEL kipg = dint33;

명령의 결과이다. 7개나 되는 MODEL 명령의 결과들을 모두 설명하는 것은 너무 많은 지면을 차지하게 되고, 거의 비슷한 결과물들을 일일이 따로 설명하면 지루함을 유발하여 독자들의 몰입도를 떨어뜨리는 결과를 초래할 것이라고 판단되어 대표적으로 하나의 MODEL 명령, 즉 위에 적은 MODEL 명령으로 얻은 결과들만 대표적으로 설명하고자 한다.

우선, Analysis of Variance에 있는 Model의 DF(Degrees of Freedom)는 절편, Intercept,를 뺀 계수(Parameter)의 수를 나타내며, 여기서는 계수가 한 개 있으므로 DF는 1이다. Model의 Sum of Squares와 Error의 Sum of Squares는 다음과 같이 계산된 값이다.

$$\text{Model의 Sum of Squares(SSM)} = b^2 \sum_{i=1}^{N} x_i^2 = 1272.85651$$

$$\text{Error의 Sum of Squares(SSE)} = \sum_{i=1}^{N} e_i^2 = 54179$$

$$\text{Corrected Total(TSS)} = \text{SSM} + \text{SSE} = 55452$$

Mean Square 컬럼은 Sum of Squares / DF이다. Mean Square Model은 자주 사용되는 통계치가 아니며, Mean Square Error(MSE)는 종종 S^2로 표기되는 오차항의 분산, σ^2, 추정치이며, 여기서 $S^2 = 245.15435$이다.

F Value $F_{1,222} = 5.19$는 귀무가설인 회귀모형의 기울기, dint33의 계수 $\beta_0 = 0$, 를 검정하는 F 값이다. 분자 DF는 1, 분모 DF는 222이다. 이 검정통계치의 확률값, Probability Value, Pr > F는 0.0236이다. F 검정통계치의 분자 DF가 1인경우 $\sqrt{F}$는 Student t Distribution을 갖기 때문에 $\sqrt{5.19} = 2.28$은 dint33의 t Value 2.28과 같게 된다.

Root MSE는 $\sqrt{MSE} = \sqrt{245.15435} = S = 15.65741$이 된다.

$$\text{R--Square는 } R^2 = \frac{\text{Model Sum of Squares}}{\text{Corrected Total}} = 1272.8565 \frac{1}{55452}$$
$$= 0.0230$$

이며, 이것은 다음과 같이도 계산할 수 있다.

$$R^2 = 1 - \frac{\text{Sum of Squares of Error}}{\text{Corrected Total}} = 1 - 54179/55452 = 0.0230$$

Adj. R-Sq는 Adusted R Square, $\overline{R}^2$를 뜻하며, 다음과 같이 계산된다.

$$\text{Adj. R-Sq} = 1 - \frac{\text{Sum of Squares of Error}/(N-k)}{\text{Corrected Total}/(N-1)}$$
$$= 1 - 0.981464 = 0.018536$$

이 된다.

Dependent Mean은 종속변수 값들의 평균값을 말한다. Coeff Var, 즉 Coefficient Variation은 다음과 같이 정의되어 있다.

$$\text{Coeff Var} = \frac{Root~MSE}{Dependent~Mean} \text{ 또는}$$

〈표 1-2〉 7개 회귀모형의 기울기 추정치와 t Value

설명변수	Estimate	t Value
dint3	3.509	0.75
dint31	1.573	0.34
dint32	9.332	2.05
dint33	−10.317	−2.28
dint34	4.433	1.01
dint35	−6.505	−1.50
dint36	−4.998	−1.20

$$= \frac{Root\ MSE}{Dependent\ Mean} \times 100(\%)$$

위 값 0.20650은 %로 표기한 수치이다. 이 변수는 오차항의 변화량, Root MSE를 종속변수의 평균값으로 나눈 것이며, %로 표시하기 위해 위 결과에서와 같이 100을 곱하는 경우도 있다. 이 수치가 100이 되면 데이터의 변화량이 상당히 크다고 해석할 수 있고, 0.001보다 작으면, 상당히 작다고 판단할 수 있다.

7개의 MODEL 명령으로 얻은 결과물(outputs)들은 〈표 1-2〉에 요약하여 기록하였다. 〈표 1-2〉는 몇 달 전 3개월 이자율이 산업생산성장률을 가장 잘 설명하는지를 판단하기 위함이기 때문에 설명변수별로 Estimate과 t Value만 기록하여 t Value가 가장 큰 변수를 선택하고자 함이다.

〈표 1-2〉에서 dint3는 현재 달의 이자율에서 지난달의 이자율을 뺀 값이며, 즉 dint3 = $int3_{t}-int3_{t-1}$이며, dint31은 dint3의 전 달 값이며, dint32는 2달 전, dint36는 6달 전 dint3 값이다. 3개의 설명변수들, dint3, dint31, dint32들의 계수추정치(Estimate)들은 모두 양(+)의 추정치를 갖고 있다. 즉, 이자율이 오르면 산업생산성장률도 증가한다는 결론이다. 직감적으로도 맞지 않는다. 이 3개의 설명변수들 중 2개인 dint3, dint31의 계수추정치의 t Value들의 절대값은 1.98보다 작아 통계적으로 유의하지 않다는 것을 알 수 있다. 즉, 이 두 개의 설명변수들에 붙은 기울기가 0이라고 하는 귀무가설을 기각하지 못한다. 그러나 dint32의 양(+)의 추정치는 직감적으로도 맞지 않지만 t Value는 2.05라서 통계적으로는 유의하다. 통계적으로 유의하지만 추정치가 양수라는 것은 수수께끼로 남는

다. 샘플 수 223개가 작아서 발생하는 무작위(random) 현상 중의 하나일 가능성도 있다.

3개월 전 이자율의 1차 차분값인 dint33를 설명변수로 사용하였을 경우 계수 추정치는 음수($-$)가 되고 t Value는 -2.28이 되어 통계적으로도 유의하다는 것을 알 수 있다. 즉, 이자율의 변동이 있고 나서 3개월 후에 전산업생산지수의 하락이 나타나고 그 하락은 통계적으로 유의하다는 결론이다. 4달, 5달, 6달 전의 이자율을 사용할 경우 계수 추정치의 t Value 절대값들이 작아 모두 통계적으로 유의하지 않다는 것을 알 수 있다.

위에 설명한 단순회귀분석 모형과 결과는 회귀모형에 설정한 종속변수와 설명변수 간의 관계식에 설명변수의 과거 값을 적용했을 때 회귀분석 결과가 더 의미 있고, 통계적으로도 유의하게 나올 수 있다는 것을 보여주고 있다. 종속변수 Y_t를 설명하는데 X_t만 고려하지 말고 X_t의 과거 값들도 고려해 봐야 한다는 교훈을 남기고 있다.

구조변화 회귀모형

(Structural Change Regression Model)

2.1 *F* 검정(*F* test)

단순회귀모형 식 (1.1)의 α와 β 같은 회귀모형의 트루(true) 계수들(parameters)
이 오랜 세월 동안 전혀 변화가 없으리라고 가정하는 것은 적절치 않은 경우가
종종 있다. 특히 전세계가 겪은 큰 경제충격, 예를 들면, 1973년의 제1차 오일쇼
크, 1978년부터 1979년까지 이어진 제2차 오일쇼크, 2008년의 금융위기 등이
있었음에도 불구하고 거시경제변수를 이용한 회귀모형의 계수들 값에 전혀 변화
가 없었다고 가정하기는 힘들다. 실제 예를 들면, 2008년에 전세계에 큰 충격을
주었던 금융위기(financial crisis)와 같은 금융시장의 격변이 있었음에도 불구하고
산업생산지수의 성장률과 이자율 간의 회귀모형에 있는 α와 β 값들은 변화가
없었다고 가정하는 것은 직관적이지 않다. 변화가 없었다고 하는 것보다, 예를
들면, 금융위기로 인해 회귀모형 계수들의 값이 변했다라고 가정하는 것이 더 직
관적이고 타당하다고 판단된다.

회귀모형의 계수들(parameters) 값이 어느 시점을 기점으로 갑자기 변화하는
것을 회귀모형의 구조변화라고 한다. 즉, 어느 시점을 기점으로 그 이전과 이후
에 계수 값들이 다르다는 것이다. 이렇게 회귀모형에 구조변화(structural change)
가 존재하는 모형은 다음과 같이 표기할 수 있다.

$$Y_t = \alpha_1 i_t^1 + \alpha_2 i_t^2 + \beta_1 X_t^1 + \beta_2 X_t^2 + u_t \tag{2.1}$$

식 (2.1)에 있는 변수들은 다음과 같이 정의한다.

만약 $t < 2008$년 1월이면

$$i_t^1 = 1$$

$$i_t^2 = 0$$

$$X_t^1 = X_t$$

$$X_t^2 = 0$$

만약 $t > 2007$년 12월이면

$$i_t^1 = 0$$

$$i_t^2 = 1$$

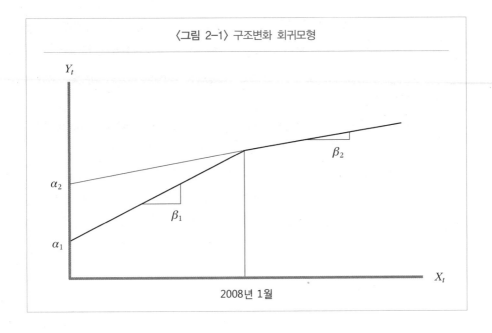

〈그림 2-1〉 구조변화 회귀모형

$$X_t^1 = 0$$

$$X_t^2 = X_t$$

즉, $i_t^1 = 1$은 금융위기 이전의, $t <$ 2008년 1월, 절편을 나타내고, $i_t^2 = 1$은 금융위기 이후, $t >$ 2007년 12월,의 절편을 나타낸다. X_t^1은 금융위기 이전의 설명변수 값을 나타내고, X_t^2는 금융위기 이후의 설명변수 값을 나타낸다. 그러므로, 회귀모형 식 (2.1)에는 절편이 2개, α_1, α_2, 기울기가 2개, β_1, β_2씩 있다.

〈그림 2-1〉은 구조변화가 있는 회귀모형을 보여주고 있다. 이해하기 쉽게 하기 위해 독립변수 X_t 값은 날짜와 함께 증가한다고 가정한 것이다. 2008년 1월에 구조변화(structural change)가 발생하여 그 이전에는 트루(true) 절편이 α_1이고, 트루 기울기가 β_1이었으나 구조변화 후에는 트루 절편이 α_2 트루 기울기가 β_2로 변화하였다는 것을 알 수 있다. 위와 같은 구조변화 회귀모형은 거시경제 데이터뿐만 아니라, 일반 기업데이터에서도 흔히 발견되는 모형이라고 할 수 있다. 생산기술의 혁신이나, 새로운 시장의 개척 등으로 인하여 마케팅비용 대비 매출액 증가율이 이전보다 커졌다면 이것도 구조변화 회귀모형을 사용할 수 있

는 경우라고 할 수 있다. 또한, 기업활동도 거시경제적 충격에서 자유로울 수 없다. 국가경제가 충격을 받으면, 기업활동도 충격을 받을 것이고, 생산, 판매, 관리 등 많은 면에서 급격한 변화가 발생할 수 있다. 그러므로 구조변화를 포함하는 회귀모형은 상당한 효용가치가 있을 것이다.

회귀모형 식 (1.33) 계수들의 구조변화를 추정하기 위해 "SAS Program 1_2"에서 사용한 데이터 "한국전산업생산지수 성장률"과 "한국국고채 3년 이자율"을 사용하고자 하였으나 구조변화에 대한 통계적으로 유의한 결과가 나오지 않아, 샘플 수가 훨씬 많은 미국 데이터로 회귀모형의 구조변화를 탐색해 보기로 하였다. 미국 데이터는 미국 연방준비은행(U.S. Federal Reserve Bank) St. Louis 지점에서 구축한 홈페이지, http://fred.stlouisfed.org/에서 얻었다.[1]

SAS Program 2_1

```
    /* 미국 산업생산지수 성장률을 미연방정부펀드이자율에 회귀분석 */
     /* 구조변화 회귀모형 (Structural Change Regression Model) */
(1)   DATA ip;
(2)       INFILE 'C:\data\ip.prn'; /* US Industrial Production data */
(3)       INPUT mon ip;
(4)       logip = LOG(ip);
(5)       ipg = DIF(logip)*1200;
(6)       IF mon < 19590101 THEN DELETE;
(7)       num = _N_;
(8)   RUN;

(9)   DATA fyff;
(10)      INFILE 'C:\data\fyff.prn';  /* US Federal Funds Rate */
(11)      INPUT mon fyff;
(12)      IF mon < 19590101 THEN DELETE;
(13)      IF mon < 20080101 THEN DO;
```

---

1 미국데이터 다운로드에 대한 자세한 설명은 부록 II를 참고하기 바란다.

```
(14)              int1 = 1;
(15)              int2 = 0;
(16)              fyff1 = fyff;
(17)              fyff2 = 0;
(18)         END;
(19)         ELSE DO;
(20)              int1 = 0;
(21)              int2 = 1;
(22)              fyff1 = 0;
(23)              fyff2 = fyff;
(24)         END;
(25)  RUN;
(26)  DATA all;
(27)        MERGE ip fyff;
(28)        BY mon;
(29)  RUN;

(30)  PROC REG DATA=all;
(31)        MODEL ipg = fyff;
(32)        MODEL ipg = int1 int2 fyff1 fyff2 / NOINT;
(33)        TEST int1=int2, fyff1=fyff2;
(34)  RUN;
```

SAS Program 2_1 설명

(1) 줄은 데이터 바구니 "ip"를 만드는 첫째 줄이고,

(2) 줄은 데이터파일 ip.prn을 C:\DATA\ 디렉토리에서 불러오는 명령이며,

(3) 줄은 데이터파일 첫째 컬럼에 mon, 둘째 컬럼에 ip라는 이름을 부여하는 명령이다.

(4), (5) 줄은 산업생산지수를 지수의 연간성장률로 바꾸는 과정이다. 우선 지수를 LOG 값으로 전환하고, 그 로그 값을 1차 차분한 후 1200을 곱해서 연간성장률을 %로 표기하는 것이다.

(6) 줄은 ip 데이터 중 1959년 이전 것은 지우는 과정이다. 미국의 ip(industrial production) 데이터는 1919년 1월부터 시작하기 때문에 너무 먼 과거 데이터는 결과를 왜곡시킬 우려가 있어 주로 1959년 1월부터 사용하는 경우가 많다. Federal Funds Rate, fyff,는 1954년 7월부터 시작하기 때문에 약 5년의 자료를 삭제하여 1959년 1월부터 시작하도록 하였다. 데이터 끝점은 2018년 8월이다. 총 데이터 수는 716개다.

(13) 줄 IF mon < 20080101 THEN DO;는 2008년 1월에 회귀식의 구조변화가 발생했다는 가정하에 구조변화점을 기준으로 구조변화 전과 후에 해당하는 설명변수들을 만들기 위한 작업 시작을 뜻한다. 만약 IF mon < 20080101이 만족되었을 경우에 해야 하는 작업이 DELETE 하나라면, THEN DELETE;처럼 DELETE 작업을 명령할 수 있으나, 만약 여러 작업을 해야 하는 경우에는 THEN DO;로 하고 DO; 아래 여러 필요한 작업들을 기록한 후 END;로 끝내면 된다.

(14), (15), (16), (17) 가로줄은 IF mon < 20080101이 만족되었을 경우 해야 하는 명령들이다. (14)의 int1은 금융위기 이전 기간 회귀모형의 절편을 나타내는 변수로 (13) 줄의 IF가 금융위기 이전 기간이기 때문에 int1 = 1;이 되어야 한다. (15)의 int2 = 0;은 금융위기 이후 기간 회귀모형의 절편을 위한 독립변수 값이기 때문에 금융위기 이전 기간 동안에는 0이 되어야 한다. 즉, IF 조건이 "금융위기 이전"이기 때문에, 금융위기 이후 기간 회귀모형의 절편을 위한 독립변수 값 int2는 0이 되어야 한다. (16)은 금융위기 이전기간의 설명변수인 fyff1은 fyff로 하였고, 금융위기 이후 기간의 설명변수인 fyff2는 0으로 하였다.

(19) ELSE DO;는 금융위기 이전 기간 IF mon < 20080101의 ELSE이기 때문에 "금융위기 이후" 기간이면 DO; 다음에 나오는 명령들을 수행하라는 뜻이다. DO; 다음에 나오는 명령 4개는 위의 금융위기 이전기간이면 수행해야 하는 명령과 반대되는 명령들이다. 즉, IF mon < 20080101 THEN DO;에서는 int1 = 1; int2 = 0;였는데, ELSE DO;에서는 int1 = 0; int2 = 1;로 반대 값들로 되어 있다.

(26), (27), (28), (29) 줄은 두 개의 데이터 바구니를 하나로 만드는 명령들이다.

(30) 줄은 회귀분석을 시작하는 줄이다.

(31) MODEL ipg = fyff;은 구조변화가 없을 때의 회귀모형이다. 이 모형이

귀무가설: "구조변화가 없다"를 대변하는 모형이다. 아래 (32) 줄 구조변화가 있을 때의 모형에서 귀무가설로 제시된 모형이 이 모형이다.

(32) MODEL ipg = int1 int2 fyff1 fyff2 / NOINT;은 회귀분석 명령의 MODEL이고 2개의 절편과 2개의 설명변수가 있다. 금융위기 이전 기간을 위한 절편(int1) 기울기(fyff1), 금융위기 이후 기간을 위한 절편(int2)과 기울기(fyff2)가 있다. MODEL 명령 마지막에 " / "는 회귀분석에 옵션을 지정하는 명령이 표기된다. " / NOINT" NOINT는 NOINTercept의 줄인 말로 MODEL ipg = int1 int2 fyff1 fyff2으로 표현된 회귀모형에 자동적으로 추가하는 "절편(intercept)"을 추가하지 말라는 옵션이다. 만약 이 옵션을 지정하지 않으면 에러(error)가 발생한다. 왜냐하면, 모형에 이미 int1과 int2 변수들이 절편을 위해 추가되어 있는데, 이에 더해 SAS가 절편을 또 추가하면 금융위기 이전, 이후 모두 절편이 2개씩이 되어 최소자승법으로 계수추정이 불가능하게 되기 때문이다.

(33) TEST int1=int2, fyff1=fyff2;는 금융위기 이전 이후 절편과 기울기가 같다는 가설을 검정하는 명령이다. 즉, 회귀모형에 구조변화(structural change)가 없다는 귀무가설(null hypothesis)을 검정하는 것이다. 귀무가설의 자유도(degrees of freedom)는 2개가 된다. 즉, 절편이 같다는 가설에서 1개, 기울기가 같다는 가설에서 1개 등 모두 2개의 자유도가 있다. 이렇게 2개 이상의 자유도를 갖는 귀무가설을 검정할 때는 t 분포를 사용할 수 없고, F 분포 또는 Chi-Square 분포를 사용해야 한다. SAS에서 TEST를 사용하면 자동으로(default로) F 분포를 사용한다. Chi-Square 분포를 사용하고자 할 때는 옵션을 사용해야 하며, 이에 대해서는 다음에 언급하기로 한다.

2.1　F 검정(F test)

위 식 (2.1)은 구조변화를 포함하는 회귀모형이다. 만약 회귀모형에 구조변화가 없다면, 식 (1.1)이 될 것이다. 즉, 만약 식 (2.1)의 계수들이 다음의 귀무가설을

$$H_0:\ \beta_1 = \beta_2\ \text{ and }\ \beta_3 = \beta_4 \qquad\qquad \text{(귀무가설 2.1)}$$

만족시킨다면, 절편은 하나이고, 기울기도 하나가 되어 구조변화가 없는 식 (1.1)이 될 것이다. 그러므로 위 (귀무가설 2.1)은 "구조변화가 없다"는 가설이 된다. (귀무가설 2.1)에는 2개의 계수가 제한되어 있다. 먼저 $\beta_1 = \beta_2$에서 β_1은 어떤 값을 갖든 자유다. 그러므로 β_1에는 제한이 없다. 그러나 β_2에는 전혀 자유가 없다. β_1이 어떤 값을 갖든 간에 β_1과 똑같아야 한다. 그러므로 계수 제한 개수는 1개가 된다. $\beta_3 = \beta_4$에도 1개의 계수가 제한되어 있다. 그러므로 귀무가설에서 제한된 계수(parameter)의 수, 즉, 귀무가설의 자유도(degrees of freedom, DF)는 2가 된다.

2개 이상의 계수가 제한되어 있는 가설의 검정은 t 검증으로 못한다. F 검정을 사용하여 할 수 있는데, 이때 사용하는 F 검정 통계치(F test statistic) τ는 다음과 같이 구할 수 있다.

$$\tau = \frac{(SSE_R - SSE_u)/q}{SSE_u/(N-k)} \sim F_{q,(N-k)} \tag{2.2}$$

단, SSE_R은 귀무가설 하의 레지주얼 제곱의 합(Sum of Squares of Error of the Restricted model), 즉

$$SSE_R = \sum_{i=1}^{N} e_{R,i}^2 \tag{2.3}$$

여기서 $e_{R,i}^2$은 귀무가설 하의 회귀모형(Restricted model)에서 얻은 레지주얼(residual)의 제곱을 의미한다. 즉, 구조변화가 발생하지 않았다는 단순회귀모형 식 (1.1)에서 얻은 레지주얼 제곱의 합이다.

$$SSE_U = \sum_{i=1}^{N} e_{U,I}^2 \tag{2.4}$$

여기서 $e_{U,i}^2$은 대안가설(alternative hypothesis, Unrestricted model)의 회귀모형에서 얻은 레지주얼의 제곱을 의미한다. SSE_U는 대안가설(alternative hypothesis) 하의 레지주얼 제곱의 합(Sum of Squares of Error of the Unrestricted model)이다. 즉, 구조변화가 일어났다는 회귀식 (2.1)에서 얻은 레지주얼 제곱의 합이다. q는 귀무가설이 제한하는 계수의 개수(number of restricted parameters)를 나타내고,

F 분포의 "분자 자유도(Degrees of Freedom of the numerator)"로 사용된다. 분모의 $(N-k)$는 대안가설 회귀모형, 즉 구조변화가 발생했다는 모형의 자유도를 나타내며 N은 회귀분석에 사용된 총 데이터 수, k는 대안가설 회귀모형의 계수 수(number of parameters under the alternative hypothesis)이다. $(N-k)$는 F 분포의 "분모 자유도(Degrees of Freedom of the denominator)"로 사용된다.

여기서 한 가지 유의해야 할 것은 귀무가설하의 회귀모형의 독립변수와 에러 텀(error term) u_t와 대안가설하의 회귀모형의 독립변수와 에러 텀들 모두 고전적 가정(Classical Assumptions)과 에러 텀들이 정규분포(Normal Distribution)을 따른다는 "정규분포 가정"을 모두 만족해야 한다는 것이다. 만약 이 가정들 중 하나라도 만족시키지 못하면 검증통계치(test statistics)가 F 분포를 따르지 않기 때문에 F 분포를 사용할 수 없게 된다.

SAS Program 2_1 결과 설명

우선 구조변화가 일어나지 않았다는 귀무가설 하에서 단순회귀모형은 다음과 같다.

$$Y_t = \alpha + \beta X_t + u_t \tag{2.5}$$

위 식 (2.5)를 사용하여 회귀분석한 결과는 다음과 같다. 여기서 종속변수 Y_t는 ipg(the growth rate of U.S. industrial production)이고, 설명변수 X_t는 fyff(the U.S. Federal funds interest rate)이다. 이 자료는 http://fred.stlouisfed.org에서 얻었다. 이 홈페이지에서 자료를 다운로드 받아 SAS 프로그램으로 분석할 수 있는 텍스트 파일로 전환하는 방법은 **부록 II**를 참조하기 바란다.

```
The REG Procedure
Model: MODEL1
Dependent Variable: ipg

Number of Observations Read        716
Number of Observations Used        716
```

Source	DF	Sum of Squares	Mean Square	F Value	Pr > F
Model	1	284.68665	284.68665	3.05	0.0810
Error	714	66566	93.23029		
Corrected Total	715	66851			

Root MSE	9.65558	R-Square	0.0043	
Dependent Mean	2.64773	Adj R-Sq	0.0029	
Coeff Var	364.67356			

Parameter Estimates

Variable	DF	Parameter Estimate	Standard Error	t Value	Pr > |t|
Intercept	1	3.51513	0.61368	5.73	<.0001
fyff	1	−0.17248	0.09870	−1.75	0.0810

위 SAS 결과는 위 SAS 프로그램 2_1의 (31) 줄에 MODEL ipg = fyff; 명령의 결과이다. 우선, 이 회귀분석에 이용한 총 데이터 수는 $N = 716$개이다. Analysis of Variance에 있는 Model의 DF(Degrees of Freedom)는 절편(Intercept)을 뺀 계수, Parameter의 수를 나타내며, 여기서는 계수가 한 개 있으므로 DF는 1이다. Model의 Sum of Squares와 Error의 Sum of Squares는 다음과 같이 계산된 값이다.

$$\text{Sum of Squares of Model(SSM)} = b^2 \sum_{i=1}^{N} x_i^2 = 284.68665$$

$$\text{Sum of Squares of Error (SSE)} = \sum_{i=1}^{N} e_i^2 = 66566$$

$$\text{Corrected Total (TSS)} = \text{SSM} + \text{SSE} = 66851 \text{이다.}$$

F Value는 $F_{1,714}$, 즉, F 검정통계치로 귀무가설은 fyff의 계수 $\beta = 0$이다. 분자의 DF는 1, 분모 DF는 714이며, 이 검정통계치 F Value = 3.05의 확률값, Probability Value, Pr > F는 0.0810이다. F 검정통계치의 분자 DF가 1 인 경우 $\pm \sqrt{F}$는 Student t Distribution을 갖기 때문에 $\pm \sqrt{3.05} =$ fyff의 t Value -1.75가 되고, t 분포의 DF는 F 분포의 분모 DF가 된다.

Mean Square 컬럼은 Sum of Squares / DF이다. 특히 Mean Square Error (MSE)는 종종 S^2로 표기되며, 오차항 분산인, σ^2의 추정치이며, 여기서 MSE $= S^2 = 93.23029$이고, Root MSE $= \sqrt{MSE}$이며 종종 S로 표기되고, $S = \sqrt{93.23029} = 9.65558$이 된다. R-Square는

$$R^2 = \frac{\text{Sum of Squares of Model}}{\text{Corrected Total}} = \frac{284.68665}{66851} = 0.0042585$$

이며, 이것은 다음과 같이 표현할 수도 있다.

$$R^2 = \frac{\text{Sum of Squares of Error}}{\text{Corrected Total}} = 1 - \frac{66566}{66851} = 0.0042632$$

여기에 약간의 차이가 발생하고 있으나, 무시할 수 있는 크기라고 판단된다.

Adj. R-Sq는 Adjusted R-Square를 뜻하며, 다음과 같이 계산된다.

$$\text{Adj. R-Sq} = 1 - \frac{\text{Sum of Squares of Error}/(N-k)}{\text{Corrected Total}/(N-1)}$$
$$= 1 - 0.997131 = 0.002869$$

이 된다.

Dependent Mean은 종속변수의 평균값을 말한다. Coeff Var는 Coefficient Variation이며 다음과 같이 정의되어 있다.

$$\text{Coeff Var} = \frac{Root\ MSE}{Dependent\ Mean} \quad \text{또는}$$
$$= \frac{Root\ MSE}{Dependent\ Mean} \times 100(\%)$$

위 값 364.67356은 %로 한 수치이다. 이 변수는 오차항의 변화량, Root MSE를 종속변수의 평균값으로 나눈 것이며, %로 표시하기 위해 위 SAS 결과에서와 같이 100을 곱하는 경우도 있다. 이 수치가 100이 되면 데이터의 변화량이 상당히 크다고 해석할 수 있고, 0.001보다 작으면, 상당히 작다고 판단할 수 있다.

Parameter Estimate의 fyff 계수 추정치는 -0.17248이고, t Value는 -1.75, Pr > | t |는 0.0810이다. 그러므로 계수추정치는 통계적으로 유의하지 않다

(statistically not significant).

회귀모형에 구조변화가 없다는 귀무가설을 적용한 회귀모형을 추정하고 얻은 값들 중, Sum of Sqauares of Error Obtained under the Restriction(SSE_R)= 66566은 회귀모형 관련 가설검정에 유용하게 사용될 수 있어 여기서 귀무가설 하에 얻은 SSE_R 값을 다시 한 번 확인하고자 한다. 특히, 회귀모형에 구조변화가 있었는지에 관한 가설 검정방법으로 점진적(Asymptotic) Chi-Square 분포를 갖는 Lagrange Multiplier(LM) 검정을 활용할 수 있는데, 이때 SSE_R 값을 다음 회귀분석결과에서 얻을 수 있는 Sum of Sqauares of Error Obtained from an Unrestricted Model(SSE_U)과 함께 귀무가설 검정에 활용할 수 있다.

아래는 SAS Program 2_1의 (32) 줄 MODEL ipg = int1 int2 fyff1 fyff2 / NOINT; 명령으로 얻어진 결과들이다. 즉, 2008년 1월에 회귀모형의 계수값들이 순식간에 변화하는 구조변화(structural change)가 일어났다고 가정하고 2008년 1월 이전과 이후를 분리하여 회귀모형을 추정한 결과는 다음과 같다.

The REG Procedure
Model: MODEL1
Dependent Variable: ipg

Number of Observations Read   716
Number of Observations Used   716

Analysis of Variance

Source	DF	Sum of Squares	Mean Square	F Value	Pr > F
Model	4	7832.41894	1958.10474	21.77	<.0001
Error	712	64038	89.94131		
Uncorrected Total	716	71871			

Root MSE	9.48374	R-Square	0.1090	
Dependent Mean	2.64773	Adj R-Sq	0.1040	
Coeff Var	358.18331			

Parameter Estimates

Variable	DF	Parameter Estimate	Standard Error	t Value	Pr > |t|
int1	1	6.22647	0.81765	7.62	<.0001
int2	1	1.31823	1.02931	1.28	0.2007
fyff1	1	−0.50824	0.11938	−4.26	<.0001
fyff2	1	−2.13060	1.19224	−1.79	0.0744

우선 구조변화가 일어나지 않았다는 귀무가설을 적용하지 않은, 즉 대안가설 (Alternative hypothesis, 또는 Unrestricted 모형)의 Sum of Squares of Error SSE_U =64038로 2008년 1월 이후 구조변화가 일어나지 않았다는 가정하에 얻은 SSE_R=66566과 비교하면, SSE_U가 2528만큼 작다. 구조변화가 있었다고 하면 레지주얼(error) 제곱의 합이 3.8% 정도 감소하는 것을 알 수 있다. F 값은 21.77로 구조변화가 없었다는 가정하의 F 값 3.05보다 7.14배 증가하였다. R^2는 0.0043에서 0.109로 25.35배 증가하였다.

Parameter Estimates에서 구조변화 이전의 계수 추정치와 이후의 계수 추정치를 비교하는 것도 중요하다고 할 수 있다. 2008년 1월 이전, 즉 구조변화 이전 기간의 절편, int1의 추정치 6.22647과 이후 기간의 절편 int2의 추정치 1.31823 사이에는 큰 차이가 있다. 이후 기간 절편은 통계적으로 유의하지 않고 그 값은 이전 값보다 훨씬 작다는 것을 알 수 있다.

절편보다 훨씬 중요한 fyff의 기울기 추정치도 구조변화 시점 이전과 이후에 큰 차이를 보이고 있다. 이전 기간, 즉 fyff1의 계수 추정치는 −0.50824이었으나, 이후 기간, 즉 fyff2의 계수 추정치는 −2.13060으로 4.192배 증가하였다. 즉, 2008년 금융위기 이후에 산업생산성장률이 이자율에 훨씬 더 민감해졌고, 이자율이 1% 상승할 때 산업생산성장률은 2.13% 하락한다는 결과이다. 2007년 12월 이후 2018년 8월까지 샘플 수는 128개로 금융위기 이전기간의 샘플 수보다 훨씬 적어서 추정치의 t Value와 Pr > |t| 값의 절대값이 작아질 수 있다는 것을 감안하더라도, 금융위기 이후의 절편과 기울기가 모두 5% 유의수준에서 통계적으로 유의하지 않다는 것을 알 수 있다. 즉, 금융위기 후에는 연방정부 이자율이 산업생산성장률을 결정하는 데 중요하지 않은 변수가 되었다는 것이다.

금융위기 이후의 전 세계적 불황을 극복하기 위해 미국을 포함한 각 국가들은 초 저금리 정책을 2015년 말까지 유지하였다. 실질이자율이 0%에 근접하거나 마이너스(−)인 경우도 있었다. 금융위기 이후 이렇게 낮은 이자율이 2015년 말까지 지속되었기 때문에 이자율에 대한 산업생산성장률의 반응이 상대적으로 부풀려져 나올 수도 있다고 판단된다. 왜냐하면, 이자율 자체가 0에 가까운 수로 상당기간 지속되었기 때문에, 약간의 이자율 변화가 산업생산성장률에 큰 영향을 주는 것처럼 나올 수 있는 것이다. 2015년 말부터는 미국의 이자율도 오르고 있고, 오랜 금융위기의 후폭풍에서 자유로워지고 있기 때문에 부풀려진 추정결과들은 더 많은 데이터가 축적되면서 서서히 조정될 것이라고 판단된다.

다음은 SAS Program 2_1의 (33) 줄 TEST int1=int2, fyff1=fyff2;에 의해 얻어진 결과이다. 귀무가설은 int1 = int2, fyff1=fyff2이기 때문에 절편 두 개가 같고, 기울기 두 개가 같다는 것은 구조변화가 일어나지 않았다는 가설이다.

The REG Procedure
Model: MODEL1

Test 1 Results for Dependent Variable ipg

Source	DF	Mean Square	F Value	Pr > F
Numerator	2	1264.11001	14.05	<.0001
Denominator	712	89.94131		

구조변화가 일어나지 않았다는 귀무가설의 검정통계치(Test Statistic) F 값은 14.05로 Pr > F 값이 <.0001로 매우 작아서 귀무가설, "구조변화가 일어나지 않았다"를 아주 강하게 기각하고 있다. 즉, 2008년 1월에 회귀모형의 구조변화가 있었을 가능성을 매우 강하게 암시하고 있다. 식 (2.2)에 있는 귀무가설 검정치(test statistic) $\tau = \dfrac{(SSE_R - SSE_U)/q}{SSE_U/(N-k)}$ 를 직접계산할 수도 있다. 위에서 $SSE_R = 66{,}566$, $SSE_U = 64{,}038$, $N = 716$, $q = 2$, $N-k = 712$를 위 식에 대입하면, $\tau = 14.05366$이 되고, 위에 있는 F value와 일치한다.

위 식 (2.2)에 있는 F 분포를 갖는 τ 검정치는 매우 편리하게 사용할 수 있다.

무한한(infinite) 샘플을 가정한 점진적(asymptotic) 분포에 기반한 것이 아니라 유한한 샘플에서 구한 F 분포를 이용하기 때문에 고전적 가정 3개가 다 맞고, 에러텀 u_i가 정규분포를 갖는다는 가정이 맞는 다면 손쉽게 사용할 수 있는 가설검정방법이다. 식 (2.2)에서 알 수 있듯이 τ 검정치는 PROC REG에서 MODEL을 두 번 사용하면 구할 수 있다. MODEL 하나는 귀무가설을 적용한 회귀모형을 위해 필요하며, 나머지 하나는 대안가설(Alternative Hypothesis)을 적용한 회귀모형을 위해 필요하다. 그러면 위 τ 검정치를 계산할 수 있다. 물론 F 분포 임계치 (critical value) 테이블이 있어야 검정결과를 알 수 있음은 물론이다. 대안가설 MODEL 아래에 TEST 명령을 사용하여 F Value뿐만 아니라, Pr > F 값도 SAS가 계산하도록 하면 매우 편하게 가설검정을 할 수 있다.

비대칭 회귀모형
(Asymmetric Regression Model)

구조변화 회귀모형과 아주 유사한 모형이 비대칭 회귀모형이다. 비대칭 회귀모형은 설명변수가 종속변수에 미치는 영향이 비대칭일 경우에 적용되는 회귀모형이다. 예를 들면, 미국이자율이 오를 때와 내릴 때 산업생산지수가 반응하는 정도나 방향이 다를 수 있다. 이자율이 상승하면 산업생산지수가 하락하면서 통계적으로 유의하지만, 하락하면 산업생산지수가 약간 오르지만 통계적으로 유의하지 않다면 비대칭 회귀모형으로 표현할 수 있다. 즉, 설명변수의 변화 방향에 따라 종속변수의 반응이 다르다면, 비대칭반응이 되어 비대칭 회귀모형으로 표현할 수 있는 것이다.

유명한 비대칭 회귀모형은 GDP 성장률과 원유가격(crude oil price) 변동률이다. 1959년부터 1980년대 중반까지 원유가격이 큰 폭으로 상승했을 때 미국과 세계 여러 나라는 GDP가 최소한 2분기 동안 하락하는 불경기를 겪었다. 1973년 제1차 오일쇼크로 인해 미국과 유럽 여러 나라가 심각한 불경기를 겪었으며, 1978~1979년 2차 오일쇼크로 1980~1982년 깊은 불경기로 세계 여러 나라가 큰 고통을 겪었다. 그러나 1980년 대 중반 오일가격이 큰 폭으로 하락했을 때는 세계경제에 주목할 만한 영향을 끼치지 않았다. 즉, 오일가격의 변화는 세계경제에 비대칭적 영향을 미치고 있다고 할 수 있다.

또 하나 비대칭모형의 좋은 예는 미국주식가격이 한국주식가격에 미치는 영향이라고 생각된다. 우리나라 코스피(KOSPI) 일별 주식가격은 미국의 전날 주식가격변화에 영향을 받는다는 것은 잘 알려진 사실이다. 실제 미국의 다우지수(Dow Jones Index), 나스닥지수(Nasdaq Index), S&P 500지수(S&P 500 Index) 등이 전날 상승하였을 때는 우리나라 코스피지수도 상승하는 경우가 많지만 통계적으로는 유의하지 않다고 나온다. 그러나 미국 지수가 전날 하락 마감하는 경우에는 우리나라 코스피도 하락하고, 하락 정도도 통계적으로 상당히 유의하다고 나온다.

설명변수의 변화방향에 따라 종속변수에 미치는 영향이 다른 경우는 우리 생각보다 더 자주 발생한다고 판단된다. 단지 우리가 비대칭모형의 가능성을 너무 낮게 판단하여 비대칭 회귀모형을 적절히 사용하지 않는 잘못을 저지르고 있다고 생각된다.

단순회귀모형을 비대칭 회귀모형으로 변환시키면 다음과 같이 표기할 수 있다.

$$Y_t = \beta_1 i_t^+ + \beta_2 i_t^- + \beta_3 X_t^+ + \beta_4 X_t^- + u_t \qquad\qquad (3.1)$$

여기서 Y_t는 미국 산업지수 성장률이며,

$$X_t \text{가 상승한 경우, } i_t^+ = 1, \ i_t^- = 0, \ X_t^+ = X_t, \ X_t^- = 0$$

$$X_t \text{가 하락한 경우, } i_t^+ = 0, \ i_t^- = 1, \ X_t^+ = 0, \ X_t^- = X_t$$

즉, 위에서 설명한 구조변화 회귀모형(structural change regression model)과 거의 똑같은 형태의 회귀모형으로 표현할 수 있다. X_t가 상승했는지 하락했는지로 나누어 절편과 기울기를 따로 구하게 된다. 구조변화 회귀모형과 같이 추정해야 할 계수는 4개가 되고 계수추정 시 / NOINT; 옵션(option)을 사용하여 SAS가 자동적으로 추가하는 절편을 추가하지 않도록 해야 한다.

위에서 구조변화 회귀모형(Structural Change Regression Model)을 분석하기 위해 사용한 미국 산업생산성장률(Industrial Production Growth Rate)과 이자율(The Federal Funds Rate)을 다시 비대칭 회귀모형에 사용하는 것도 유용하다고 생각한다. 우리나라 자료들은 대개 100개에서 150개 정도여서 자료부족으로 인한 유의성 결핍이 큰 단점이다. 위에서 언급한 산업생산지수 성장률과 3년 국채 이자율을 사용하여 비대칭모형도 110개의 데이터로 추정해 보았지만 통계적으로 유의한 결과는 얻지 못했다. 그래서 구조변화모형이 강하게 검증된 미국자료를 다시 한 번 더 사용하여 비대칭모형도 검증하고자 한다.

산업생산지수 성장률과 이자율 간의 회귀모형에서 비대칭구조란 이자율이 상승하였을 때 이자율이 산업생산지수 성장률에 미치는 영향과, 이자율이 하락하였을 때 이자율이 산업생산지수 성장률에 미치는 영향이 서로 다르다는 가정이다. 예를 들면, 지난 달의 이자율이 4%였는데, 이번 달의 이자율은 5%라고 한다면 이번 달의 이자율 5%는 4%에서 오른 이자율이 된다. 반대로 이번달의 이자율이 3%라면, 이 3%는 이자율이 하락한 이자율이 되는 것이다. 그러므로, 설명변수인 이자율을 통하여 비대칭모형을 추정하기 위해서는 우선 상승한 이자율들과 하락한 이자율들을 구분하여 각자 다른 변수이름을 부여해야 한다. 상승한 이자율들은 fyffp(fyff positive change)라는 이름을 부여하고, 하락한 이자율들은 fyffn (fyff negative change)이라는 이름을 부여하여 구별할 수 있다. 이자율은 항상 양

(＋)의 수이기 때문에 상승한 값과 하락한 값을 구분할 때 지난 달의 이자율과 비교하는 수밖에 없다. 실제 비대칭 회귀모형은 설명변수의 값이 양수(＋)인가 음수(－)인가에 따라 나누는 것이 일반적이다. 예를 들면, 원유(Crude Oil)가격의 성장률을 설명변수로 사용하였을 경우 원유가격이 상승했으면 성장률은 양수(＋)가 되고, 하락했으면 음수(－)가 되기 때문에 설명변수가 양수와 음수인 경우로 나누어 회귀모형에 사용하게 된다.

위에서 설명한 대로 회귀모형의 구조변화가 2008년 1월에 발생하였기 때문에 그 이전 기간인 1959년 1월부터 2007년 12월까지를 재정위기 이전 기간으로, 2008년 1월부터 2018년 9월까지를 재정위기 이후 구간으로 하여 각각의 구간에서 비대칭 회귀모형을 추정하고자 한다. 비대칭모형을 추정하기 위해 필요한 SAS 프로그램은 구조변화 회귀모형과 유사하기 때문에 DATA step 이 위에서 설명했던 것과 같은 부분은 여기서 소개하지 않는다. 구조변화모형과 같이 비대칭모형을 회귀분석하기 위해서는 절편을 2개로, 설명변수를 2개로 쪼개야 한다. 비대칭 회귀모형을 추정하기 위해 필요한 SAS 프로그램은 다음과 같다.

SAS Program 3_1

```
        /* 비대칭 회귀모형 (Asymmetric Regression Model) */
 /* 미국 산업생산지수 성장률을 미연방정부펀드이자율에 회귀분석 */
```

(1)~(8)은 위 "SAS Program 2_1"과 같다.

```
(9)   DATA fyff;
          INFILE 'C:\data\fyff.prn';   /* US Federal Funds Rate */
          INPUT mon fyff;
(10)      fyff4 = LAG4(fyff);
(11)      IF mon < 19590101 THEN DELETE;
(12)      IF mon > 20071201 THEN DELETE;
(13)      dfyff4 = DIF(fyff4);
(14)      IF dfyff4 > 0 THEN DO;
```

```
(15)            ip = 1;
(16)            in = 0;
(17)            fyff4p = fyff4;
(18)            fyff4n = 0;
        END;
(19)    ELSE DO;
(20)            ip = 0;
(21)            in = 1;
(22)            fyff4p = 0;
(23)            fyff4n = fyff4;
        END;
    RUN;
    DATA all;
        MERGE ip fyff;
        BY mon;
    RUN;

    PROC REG DATA=all;
(24)    MODEL ipg = ip in fyff4p fyff4n / NOINT;
(25)    TEST ip=in, fyff4p=fyff4n;
    RUN;
```

SAS Program 3_1 설명

(9) 줄에서 비대칭 회귀모형을 추정하기 위해 필요한 설명변수의 전환작업이 시작된다.

(10) SAS Program 1_3에서와 같이 fyff의 지연효과를 분석한 결과 fyff 이자율 4달 전 값 fyff4가 현재의 산업생산지수 성장률을 가장 잘 설명하는 것을 알았다. 그래서 설명변수로 fyff4를 사용하기 위해 fyff4를 구하였다.

(11) 줄은 1959년 1월 이전 데이터는 모두 삭제하라는 명령이다.

(12) 줄에서 금융위기 이전, 즉 IF mon > 20071201 THEN DELETE;와 이후, 즉 IF mon < 20080101 THEN DELETE;로 정의하였다.

(13) dfyff4 = DIF(fyff4);에서 DIF(⋯)는 DIFferencing 함수로 DIF(fyff4) = $(fyff_{t-4} - fyff_{t-5})$. 즉, 괄호 속의 변수를 1차 차분(differencing)하는 함수다. dfyff4 > 0이면 이자율 fyff4가 증가하였다는 것이고, dfyff4 < 0이면 fyff4가 감소했다는 것이다.

　(14) 위에서 설명한 대로 dfyff4 데이터를 fyff4가 상승했을 때 즉, dfyff4 > 0일 때의 fyff4와 fyff4가 하락했을 때, 즉 dfyff4 < 0일 때의 fyff4로 나누어야 한다.

(15) dfyff4 > 0일 때의 절편을 구하기 위해 ip = 1;로 하였고,

(16) dfyff < 0일 때의 절편인 in은 0으로 하였다.

(17) dfyff4 > 0일 때의 fyff4 값을 fyff4p로 하였다.

(18) dfyff4 < 0일 때의 fyff4 값인 fyff4n은 0으로 하였다.

(20)~(23)은 (15)~(18)의 반대로 계수들의 값들을 지정한 것이다.

(24) 비대칭 회귀 MODEL 명령은 구조변화 회귀모형과 같다.

(25) TEST 명령도 구조변화 회귀모형을 위한 SAS 명령과 같다. 여기서 귀무가설 H_0:은 "대칭 회귀모형"이다. 즉, "2개의 절편 값이 같고, 2개의 기울기 값이 같다"가 귀무가설이다. 구조변화모형의 귀무가설 검정과 같이 비대칭모형의 귀무가설 검정도 F 검정을 하면 된다.

SAS Program 3_1 결과 설명

　위 구조변화 회귀모형 분석결과 2008년 1월을 기점으로 회귀모형에 구조변화가 발생하였다는 사실이 드러났기 때문에 2008년 1월 이전과 이후기간으로 데이터를 나누어 분석하였다.

　우선 금융위기 이전 기간인 1959년 1월부터~2007년 12월까지 비대칭모형이 아닌 대칭모형을 회귀분석한 결과를 아래 실었다.

The REG Procedure
Model: MODEL1
Dependent Variable: ipg

	Number of Observations Read	588
	Number of Observations Used	588

Analysis of Variance

Source	DF	Sum of Squares	Mean Square	F Value	Pr > F
Model	1	4044.10387	4044.10387	46.52	<.0001
Error	586	50940	86.92775		
Corrected Total	587	54984			

Root MSE	9.32351	R-Square	0.0736
Dependent Mean	3.16952	Adj R-Sq	0.0720
Coeff Var	294.16113		

Parameter Estimates

Variable	DF	Parameter Estimate	Standard Error	t Value	Pr > |t|
Intercept	1	7.94996	0.79941	9.94	<.0001
fyff4	1	−0.79708	0.11686	−6.82	<.0001

금융위기 이전기간 1959년 1월~2007년 12월 동안의 데이터 수는 588개이 며, 이후기간 2008년 1월~2018년 8월 동안의 데이터 수는 128개이다. 이전기 간의 설명변수인 4개월 전 연방정부이자율 fyff4의 계수추정치는 −0.79708이고 t Value는 −6.82로 매우 크며, Pr > |t|는 <.0001로 fyff4의 계수(Parameter) 는 통계적으로 매우 유의하여 계수가 0이라는 귀무가설을 강하게 기각하고 있다. t Value가 매우 큰 일차적 이유는 샘플데이터 수가 588개로 매우 크기 때문이라 고 판단된다.

금융위기 이후 기간인 2008년 1월부터~2018년 8월까지 대칭모형을 회귀분석 한 결과는 다음과 같다.

금융위기 이후 기간: 2008년 1월 ~ 2018년 8월

The REG Procedure
Model: MODEL1
Dependent Variable: ipg

Number of Observations Read   128
Number of Observations Used   128

Analysis of Variance

Source	DF	Sum of Squares	Mean Square	F Value	Pr > F
Model	1	1030.14526	1030.14526	13.06	0.0004
Error	126	9941.69493	78.90234		
Corrected Total	127	10972			

Root MSE		8.88270	R-Square	0.0939
Dependent Mean		0.25076	Adj R-Sq	0.0867
Coeff Var		3542.28545		

Parameter Estimates

Variable	DF	Parameter Estimate	Standard Error	t Value	Pr > |t|
Intercept	1	1.95211	0.91549	2.13	0.0349
fyff4	1	−2.89514	0.80125	−3.61	0.0004

금융위기 이후기간의 데이터 수는 128개이다. fyff4 계수 추정치는 −2.89514
로 이전기간의 추정치보다 3.6배 이상 크다. t Value는 −3.61로 통계적으로 유
의하지만 이전기간의 −6.82보다는 절대값으로 상당히 작아졌다는 것을 알 수
있다. 금융위기 이후 fyff4의 큰 계수추정치는 금융위기를 겪으면서 기업들의 이
자율에 대한 민감도(sensitivity)가 크게 상승하였다는 것을 말해주고 있다. 금융위
기 이전기간에는 이자율이 1% 상승하면 산업생산성장률이 0.8% 감소하였으나,
금융위기 이후기간에는 거의 2.9% 감소하였다. 이렇게 큰 변화는 위에서도 언급
한 것처럼, 금융위기 이후 미국정부의 초저금리 정책 때문이라고 판단된다. 금융
위기 후 8년여에 걸친 0%대의 초저금리가 지속되면서 산업생산성장률의 반응이
확대될 수밖에 없는 결과를 초래하였다고 여겨진다. 2015년 말부터 시작된 점진

적 이자율 상승이 지속되고 있기 때문에 산업생산성장률의 이자율에 대한 비현실적 민감성은 데이터가 더 많이 축적되면서 서서히 사라질 것이라고 생각된다.

SAS Program 3_1의 (24) 줄에 있는 회귀모형을 이용해 금융위기 이전기간의 비대칭 회귀모형을 추정한 결과는 다음과 같다.

금융위기 이전 기간: 1959년 1월 ~ 2007년 12월

The REG Procedure
Model: MODEL2
Dependent Variable: ipg

Number of Observations Read   588
Number of Observations Used   588

Analysis of Variance

Source	DF	Sum of Squares	Mean Square	F Value	Pr > F
Model	4	10012	2503.07650	28.73	<.0001
Error	584	50878	87.12060		
Uncorrected Total	588	60891			

Root MSE	9.33384	R-Square	0.1644	
Dependent Mean	3.16952	Adj R-Sq	0.1587	
Coeff Var	294.48727			

Parameter Estimates

Variable	DF	Parameter Estimate	Standard Error	t Value	Pr > |t|
ip	1	8.45373	1.09887	7.69	<.0001
in	1	7.42655	1.17133	6.34	<.0001
fyff4p	1	−0.83344	0.15627	−5.33	<.0001
fyff4n	1	−0.76268	0.17716	−4.31	<.0001

금융위기 이전기간의 많은 데이터 수 때문에 계수추정치들의 t Value들은 모두(절대값으로) 크게 계산되었다고 판단된다. 이자율 상승 시 절편 ip와 이자율 하락 시 절편 in의 t Value들 모두 상당히 크고, fyff4p와 fyff4n의 t Value들도

모두 크다. 특이한 점은 ip와 in의 Parameter Estimate 값들이 비슷하고, fyff4p
와 fyff4n의 Parameter Estimate 값들도 그 크기가 비슷하다는 것이다. 즉, 금융
위기 이전에는 이자율이 상승할 때와 하락할 때 산업생산성장률의 반응이 거의
다르지 않았다고 결론지어도 될 것 같다는 느낌이다.

금융위기 이후기간의 계수추정치들에 대한 결과는 다음과 같다.

금융위기 이후 기간: 2008년 1월 ~ 2018년 8월

The REG Procedure
Model: MODEL2
Dependent Variable: ipg

Number of Observations Read   128
Number of Observations Used   128

Analysis of Variance

Source	DF	Sum of Squares	Mean Square	F Value	Pr > F
Model	4	1573.90180	393.47545	5.19	0.0007
Error	124	9405.98722	75.85474		
Uncorrected Total	128	10980			

Root MSE	8.70946	R-Square	0.1433
Dependent Mean	0.25076	Adj R-Sq	0.1157
Coeff Var	3473.20136		

Parameter Estimates

Variable	DF	Parameter Estimate	Standard Error	t Value	Pr > |t|
ip	1	1.90786	1.67201	1.14	0.2560
in	1	0.93288	1.13330	0.82	0.4120
fyff4p	1	0.82301	2.23925	0.37	0.7138
fyff4n	1	−3.31007	0.84069	−3.94	0.0001

금융위기 이후기간의 분석결과를 보면, 금융위기 이전기간의 분석결과와 많은
차이를 엿볼 수 있다. 특히 계수 추정치와 t Value에서 큰 차이가 있다. 우선, 금

융위기 이전기간의 계수추정 결과들을 보면, 이자율이 오를 때나 내릴 때 계수추정치들의 크기가 비슷했으나, 금융위기 이후기간의 계수추정치들을 보면 전혀 아니다라는 것을 알 수 있다. 절편 ip의 계수추정치가 1.90786인 데 비해, in의 계수추정치는 0.93288로 훨씬 작다. 이자율이 오를 때인 fyff4p의 계수추정치는 0.82301이고, 그 t Value는 0.37인 데 비해, fyff4n의 계수추정치는 -3.31007로 fyffp 계수추정치의 4배나 되며 부호도 다르고, t Value는 절대값으로 훨씬 크다.

금융위기 이전기간에는 4개 계수추정치들의 t Value 절대값들이 모두 커서, Pr > | t | 값들 4개 모두 <.0001 이지만, 금융위기 이후기간에는 fyff4n 계수추정치의 t Value만 커서, Pr > | t | 값이 0.0001이고, 다른 확률값들은 모두 0.2보다 커서 트루 계수값들이 0이라는 귀무가설을 기각하지 못한다. 즉, 산업생산성장률과 연방정부 이자율 간의 관계에는 금융위기에 의해 커다란 변화가 있었으며, 특히 금융위기를 겪고 나서 이 둘의 관계, 특히 ipg와 fyff4n의 관계는 상당히 더 민감해졌다는 것이다. 그 의미는 다음과 같다. 이자율이 지난달 보다 감소한 경우들로만 모아 놓은 자료로 국한했을 때, 이 중에서 이자율이 상승했을 때는 산업생산성장률이 크게 하락한다는 결과이다.

비대칭 회귀모형을 검정한 결과를 보면 금융위기 이전기간과 이후기간 간에 그 결과도 다르다. 아래 금융위기 이전기간에 귀무가설 대칭회귀모형을 귀무가설로 하여 검정한 결과를 보면 검정통계치(Test Statistic) $F_{2,584} = 0.35$이고, 검정확률값(Test Probability Value) = 0.7039로 대칭회귀모형의 귀무가설을 기각할 수 없다는 것을 알 수 있다. 위에서 금융위기 이전기간 이자율이 올랐을 경우나 내렸을 경우의 계수추정치들이 서로 비슷하였던 것이 암시하였듯이 금융위기 이전기간에는 이자율이 상승하였을 때나, 하락하였을 때 산업생산성장률의 반응은 다르지 않았다는 가설을 기각할 수 없다는 실증분석 결과이다.

금융위기 이전기간: 1959년 1월 ~ 2007년 12월

Test 1 Results for Dependent Variable ipg

Source	DF	Mean Square	F Value	Pr > F
Numerator	2	30.61332	0.35	0.7039
Denominator	584	87.12060		

금융위기 이전기간과는 다르게 이후기간에는 이자율이 상승하였을 때와 하락하였을 때 계수추정치들이 상당히 달랐고, 검정결과도 그 현상을 반영하듯이 귀무가설인 대칭회귀모형을 기각하였다. 아래 표에서 볼 수 있는 바와 같이 검정통계치 $F_{2,124}=3.53$이고, 검정확률값(Test Probability Value)$=0.0322$로 대칭회귀모형의 귀무가설을 기각하고 있다.

금융위기 이후기간: 2008년 1월 ~ 2018년 8월

Test 1 Results for Dependent Variable ipg

Source	DF	Mean Square	F Value	Pr > F
Numerator	2	267.85386	3.53	0.0322
Denominator	124	75.85474		

즉, 금융위기 이후기간에는 연방정부 이자율이 오를 때와 내릴 때의 산업생산성장률의 반응이 다르다는 결론을 내리게 한다. 검정확률값, 즉 Pr > F 값이 0.0322로 임계확률값 0.05보다 약간 작은 값이라서 아주 강하게 귀무가설을 기각하는 것은 아니지만, 계수 추정치들의 차이는 상당히 컸다는 것을 부인할 수는 없다. 특히, 이자율이 하락하는 와중에 상승하면, 즉 fyff4n은 (fyff4 - fyff5) < 0인 경우이므로, 산업생산성장률이 크게 하락하는 음(−)의 영향을 미친다는 결과이다.

위 결과에서 볼 수 있는바와 같이 큰 글로벌 경제적 충격은 회귀모형의 트루(true) 계수값도 변화하게 할 뿐만 아니라, 설명변수에 대한 종속변수의 반응 형태 자체를 변화시키기도 한다는 것이다. 2008년도의 금융위기 충격뿐만 아니라,

1973년의 1차 오일쇼크, 1978~1979년의 2차 오일 쇼크 등은 전 세계적으로 강력한 경제충격으로 기억되고 있으며, 이러한 충격들로 인해 세계경제는 심각한 경제불황을 겪어야 했다. 이런 큰 충격들은 회귀모형의 구조변화뿐만 아니라, 비대칭성을 만들 수도 있다. 여기서는 불필요한 복잡성을 피하기 위하여 단순회귀모형을 활용하여 '비대칭 회귀모형'을 설명했지만, '구조변화 회귀모형'을 포함, 다중회귀모형(multiple regression models)에도 모두 적용할 수 있고, 활용할 수 있는, 쉽지만 효용가치가 높은 알찬 모형들이라고 할 수 있다.

샘플데이터의 다중공선성
(Multicollinearity)

고전적 가정을 만족시키는 회귀모형임에도 불구하고 계수의 정확한 추정에 어려움을 겪게 하는 사례가 샘플데이터의 다중공선성(Multicollinearity)이다. 여기서 말하는 회귀모형의 다중공선성이란 설명변수들끼리 서로 밀접한 상관관계를 보인다는 것이다. 예를 들면, 설명변수 2개를 3년만기 국채 이자율과 3년만기 회사채 이자율로 사용하였을 경우이다. 2개 모두 3년만기 이자율이라 두 변수 간에는 상당히 밀접한 상관관계가 있을 것이다. 만약 3년만기 회사채 이자율을 종속변수로, 3년만기 국채이자율을 설명변수로 한 회귀모형을 추정한다면 R^2은 거의 1.0에 가까울 것이다. 이런 경우 심각한 다중공선성 현상이 발생한다. 다중공선성이 존재하는 샘플데이터를 사용하더라도 고전적 가정을 위배하는 것은 아니기 때문에 최소자승법으로 얻은 추정식들은 선형(linear)이면서 불편향(unbiased)의 추정식(estimator)들 중에서 제일 좋은, 즉 BLUE(Best Linear Unbiased Estimator)가 된다. 그럼에도 불구하고 다중공선성을 논의해야 되는 이유는 다음과 같은 어려움 때문이다.

(1) R^2는 높지만 추정치들의 t Value들은 높지 않거나 1.98보다 작아 통계적으로 유의하지 않은 것으로 나온다.

(2) 추정치들 중 어느 하나는 양($+$)의 방향으로 과도한 값을 갖고, 다른 하나는 음($-$)의 방향으로 과도한 값을 갖게 된다.

(3) 계수추정치들이 샘플데이터 하나나 둘을 첨가하거나 삭제했을 때 상당히 민감하게 변화한다. 즉, 최소자승법으로 얻은 계수추정치들이 샘플 수의 작은 변화에도 민감하게 반응한다는 것이다.

다중공선성의 대표적인 예로 들 수 있는 회귀모형은 다음과 같다.

$$Y_t = \beta_0 + \beta_1 X_{1t} + \beta_2 X_{2t} + u_t \tag{4.1}$$

Y_t =소비(consumption), X_{1t} =소득(income), X_{2t} =재산(wealth)이다. 위 식 (4.1)에서 다중공선성 현상을 일으키는 설명변수들은 소득과 재산이다. 왜냐하면, 이 두개의 설명변수는 서로 높은 상관성을 보이고 있기 때문이다. 즉, 소득이 많은 사람이 재산도 많고, 그 반대도 성립하기 때문에 소득변수와 재산변수 간의 상관성은 상당히 높다고 알려져 있다. 그러므로 아주 많지 않은 데이터로 위 식

(4.1)을 추정하면, 예를 들어, β_1의 추정치 b_1은 1.2로 나오고 , β_2의 추정치 b_2는 −0.3으로 나오는 경우가 있다. 즉, 소득이 1만원 증가하면 1만 2천원을 소비하고, 재산이 1만원 증가하면 소비는 3천원 감소한다는 우스꽝스러운 결과를 갖게 된다. 이런 회귀분석 결과를 앞에 두고 그동안의 경제학적 믿음과 경제학이론을 모두 뒤집는 놀라운 결과라고 '노벨경제학상'을 꿈꾸면 안 된다. 이 혼란스러운 추정치들은 위에 설명한 다중공선성 현상 (2) 때문에 발생한 것이다. β_1의 추정치 b_1 값은 위로 올리고, β_2의 추정치 b_2는 밑으로 내리는 현상 때문에 발생한 믿기 힘든 결과이다. 그럼에도 불구하고, 추정치 b_1과 b_2는 가장 좋은 추정식(Best Linear Unbiased Estimator)에서 도출한 값들이라는 사실이다. 고전적 가정만 만족시킨다면 가장 좋은 추정식이 되기 때문이다.

다중공선성 현상은 오로지 데이터 문제로 발생한다. 설명변수들의 데이터들이 서로 상관성이 높아서 발생하는 것이며, 그 이상도 이하도 아니다. 그러므로 다중공선성이 존재하는지에 대한 정식 검정 방법은 없다. 얼마나 심한 다중공선성이 용납 못할 정도로 심한 것이냐에 대한 이론적 가이드라인도 있을 수 없기 때문에 다중공선성 현상은 문제 아닌 문제가 되고 있다. 비공식적인(informal) 방법으로 다중공선성이 의심되는 설명변수들끼리 단순회귀분석을 하여 얻은 R^2값이 0.70을 초과하면 다중공선성을 우려해야 한다는 주장도 있지만, 이에 대해 이론적 뒷받침이 있는 것은 아니다.

다중공선성에 대한 대책은 샘플 수를 증가시키는 것 이외에는 없다. 만약 다중공선성 영향을 없애기 위해 위 식 (4.1)에서 재산(wealth) 변수를 삭제하고 소득(income)만 있는 단순회귀모형으로 전환하면 다중공선성의 나쁜 영향은 없앨 수 있지만 스펙에러(specification error), 즉 모델이 틀렸다는 훨씬 더 심각한 에러에 직면할 수 있다. 예를 들어, 하느님이 생각하는 트루(true) 모델은 식 (4.1)인데 다중공선성 때문에 재산 변수를 삭제하고 계수들을 추정한다면 아무 쓸모없는 결과를 얻게 될 것이다.

다중공선성에 대한 예제로 다음과 같은 회귀모형을 이용하고자 한다.

위에서 사용한 산업생산성장률과 이자율 2개를 사용하여 다음과 같은 회귀모형을 만들었다.

$$Y_t = \beta_0 + \beta_1 X_{1t-4} + \beta_2 X_{2t-4} + u_t \qquad (4.2)$$

여기서 Y_t는 미국 산업생산성장률, X_{1t-4}는 4달 전 연방펀드 이자율(Federal funds rate), X_{2t-4}는 4달 전 3개월 정부채권이자율이다. 즉, 설명변수 2개가 모두 이자율이라서 식 (4.2)에는 심각한 다중공선성 현상이 존재할 것으로 예상된다. 아래 SAS Program 4_1은 다중공선성 결과를 얻기 위한 SAS 프로그램이다.

SAS Program 4_1

/* 회귀모형의 다중공선성 (Multicollinearity in a Regression Model) */
/* 미국 산업생산지수 성장률을 미연방정부펀드이자율 및 3개월재무부채권
이자율에 회귀분석 */

(1)줄에서 (10)줄은 위 **SAS Program 3_1**의 가로줄 (1)~(10)과 동일하다.

```
(11)   DATA int3;
(12)        FILE 'C:\data\int3.prn';
(13)        INPUT mon int3;
(14)        int34 = LAG4(int3);
(15)        IF mon < 19590101 THEN DELETE;
(16)        IF mon > 20071201 THEN DELETE;
       RUN;
       DATA all;
            MERGE ip fyff int3;
            BY mon;
       PROC REG DATA=all;
(17)        MODEL ipg = fyff4;
(18)        MODEL ipg = fyff4 int34;
(19)        MODEL int3 = fyff;
       RUN;
```

(11)~(15)까지는 새로운 설명변수 3달 만기 미국 재무부 채권에 대한 이자율 데이터를 준비하는 명령들이다.

(16)에서 금융위기 이전기간에 대한 데이터를 만들기 위해 금융위기 이후 기간의 데이터는 삭제하였다.

(17)~(19)는 3개의 회귀모형을 추정하는 명령이다. 첫 번째 회귀모형은 위 SAS 프로그램에서 여러 번 사용한 ipg를 fyff4에 회귀분석하는 모형이며, 두 번째 회귀모형은 다중공선성이 존재할 것으로 예상되는 설명변수들 fyff4와 int34를 사용한 회귀모형이다. 세 번째 회귀모형은 설명변수 int3를 fyff에 회귀분석하는 모형이다. 미국 연방펀드 이자율과 미국 3개월 재무부채권 이자율 사이에 다중공선성이 존재한다면 얼마나 심한지를 회귀모형의 R^2 크기로 알아보기 위해 회귀분석을 하는 것이다. 참고로 미 재무부채권 이자율도 4개월 전 값, int34를 사용한 이유는 연방펀드 이자율, fyff4를 사용한 이유와 같다. 즉, 3개월 재무부채권 이자율도 4개월 전 값이 t기의 산업생산성장률 ipg를 가장 잘 설명하고 있기 때문이다.

식 (4.2)에 있는 계수들을 추정하기 위해 사용한 데이터는 위에서 사용한 데이터, 즉 산업생산성장률(ipg)과 연방펀드 이자율(fyff) 및 3개월짜리 미 재무부채권 이자율(int3)이다. 여기에 금융위기 이전과 이후의 회귀모형의 구조변화(structural change)를 반영하기 위하여 샘플데이터를 금융위기 이전과 이후로 나누어 분석했다. 샘플수는 금융위기 이전기간, 1959년 1월부터 2007년 12월까지, 588개, 금융위기 이후 기간, 2008년 1월부터 2018년 8월까지, 128개로 두 샘플기간 간에 샘플 수에 상당한 차이가 있다. 이 두 이자율들이 종속변수인 ipg에 미치는 영향의 시차적 지연(lagging 현상) 현상을 반영하기 위하여 4달 전 변수 fyff4와 int34를 사용하였다. 우선 금융위기 이전기간에 대해 회귀분석한 결과는 위 SAS Program 4_1의 (18) 줄에 있는 명령으로 얻었으며 아래와 같다.

금융위기 이전기간: 1959년 1월 ~ 2007년 12월

The REG Procedure
Model: MODEL1
Dependent Variable: ipg

| Number of Observations Read | 588 |
| Number of Observations Used | 588 |

Analysis of Variance

Source	DF	Sum of Squares	Mean Square	F Value	Pr > F
Model	2	6093.82354	3046.91177	36.46	<.0001
Error	585	48890	83.57255		
Corrected Total	587	54984			

Root MSE	9.14180	R-Square	0.1108	
Dependent Mean	3.16952	Adj R-Sq	0.1078	
Coeff Var	288.42832			

Parameter Estimates

Variable	DF	Parameter Estimate	Standard Error	t Value	Pr > |t|
Intercept	1	5.57446	0.91895	6.07	<.0001
fyff4	1	−4.14306	0.68528	−6.05	<.0001
int34	1	4.10314	0.82852	4.95	<.0001

위 금융위기 이전기간 데이터를 사용하여 얻은 결과를 보면 눈에 크게 띄는 결과가 있다. 즉, Parameter Estimates의 fyff4와 int34의 계수추정치들이다. fyff4는 4달 전 연방정부채권에 대한 이자율이고, int34는 4달 전 3개월 만기 재무성 채권의 이자율(3 Month Treasuary Bill Rate)이다. 즉, 이 두 변수 모두 거의 비슷한 이자율을 나타낸다. 금융위기 이전기간, 1959년 1월부터 2007년 12월까지, 데이터 수는 588개로 많은 편이라고 할 수 있다.

금융위기 이전기간 ipg를 fyff4에만 회귀분석하여 다중공선성이 없는 모형으로 얻은 결과는 앞 제3장의 금융위기 이전기간에 나와있다. 즉, fyff4의 계수추정치는 −0.79708이고, t Value는 −6.82로 Pr > |t| 값은 <.0001이다. 이 값을 위

에 있는 fyff4 값과 비교하면 매우 큰 차이를 발견할 수 있다. 추정치는 −4.14306 이고 t Value는 −6.05이다. 추정치 −4.14306은 다중공선성이 없는 모형으로 추정한 −0.79708의 5.2배에 달한다. 3개월 재무성 채권 이자율의 계수 추정치 는 양(+)수로 4.10314이다. 경제적 직관을 가지고는 도저히 이해가 되지 않는 값이다. 즉, 미국 재부부 3개월 만기 채권이자율이 상승하면, 산업생산성장률도 상승한다는 아이러니를 말하고 있다. 그럼에도 불구하고 t Value가 4.95라서 통 계적으로도 매우 유의하다고 한다. 두 변수가 거의 비슷한 이자율을 나타내는 변 수들임에도 불구하고, 그 계수 추정치들은 종속변수 ipg에 완전히 반대되는 영향 을 주고 있다고 하는 믿기 어려운 결과들이다.

이 결과는 위에서 언급한 다중공선성 현상 (1)과 (2) 중 (2)를 제대로 보여주 고 있다. 연방펀드 이자율인 fyff4가 1% 상승하면 종속변수인 ipg는 4.143% 하 락하지만, 3개월짜리 재무부 채권 이자율 int34가 1% 상승하면 ipg가 4.103% 상승한다. 즉, 두 개의 이자율 중 하나가 상승하면 ipg가 하락하고 통계적으로 상당히 유의하지만, 다른 하나의 이자율이 상승하면 ipg도 상승하고 통계적으로 도 상당히 유의하다. 이러한 수수께끼 같은 이자율 상승의 효과는 2개의 설명변 수들 사이에 매우 높은 상관관계, 즉 높은 다중공선성이 존재하기 때문에 발생하 는 것이다. 두 설명변수들 간에 얼마나 밀접한 관련이 있는지를 파악하기 위해 int3 이자율을 fyff 이자율에 회귀분석하여 아래에 실었다. 위 SAS Program 4_1 의 (19) 줄에 있는 명령으로 얻은 결과이다.

The REG Procedure
Model: MODEL2
Dependent Variable: int3

Number of Observations Read   588
Number of Observations Used   588

Analysis of Variance

Source	DF	Sum of Squares	Mean Square	F Value	Pr > F
Model	1	4214.23617	4214.23617	19930.1	<.0001

Error	586	123.91001	0.21145	
Corrected Total	587	4338.14619		

Root MSE	0.45984	R-Square	0.9714
Dependent Mean	5.47573	Adj R-Sq	0.9714
Coeff Var	8.39774		

Parameter Estimates

Variable	DF	Parameter Estimate	Standard Error	t Value	Pr > |t|
Intercept	1	0.56063	0.03965	14.14	<.0001
fyff	1	0.81717	0.00579	141.17	<.0001

우선 int3 변수를 종속변수로 하고 fyff 변수를 설명변수로 사용하여 회귀분석한 위 결과를 보면, 이 변수들이 거의 같은 시계열자료를 갖는 변수들이라는 것을 알 수 있다. R-Square는 0.9714로 거의 1.0이며, 설명변수 fyff의 계수추정치는 0.81717이고, t Value는 141.17로 거대한 t 값임을 알 수 있다. 이렇게 거의 똑같은 변수를 서로 다른 설명변수로 취급하여 ipg 회귀모형에 함께 사용하였기 때문에 심각한 다중공선성 영향을 피할 수 없다는 것은 쉽게 이해할 수 있다.

다중회귀모형(Multiple Regression Model)에서 fyff4의 계수(parameter)가 의미하는 것은, 다른 설명변수인 int34의 값이 고정되어 움직이지 않는다는 가정하에 fyff4 값만 1 상승하면 종속변수인 ipg가 얼마나 변화하느냐를 나타내는 것이다. 그러나 만약 fyff4와 다른 설명변수인 int34 사이에 높은 상관관계가 있어서 fyff4가 상승할 때 int34를 가만히 묶어둘 수 없다면 fyff4의 계수를 제대로 추정할 수 없다는 것이다. 하나의 변수만 움직이는 것이 아니라 두 개 모두 움직이는 것이 되기 때문에 fyff4의 계수추정에 int34 변수가 영향을 미치는 것이다.

금융위기 이후기간: 2008년 1월 ~ 2018년 8월

The REG Procedure
Model: MODEL1
Dependent Variable: ipg

Number of Observations Read   128
Number of Observations Used   128

Analysis of Variance

Source	DF	Sum of Squares	Mean Square	F Value	Pr > F
Model	2	1416.53244	708.26622	9.27	0.0002
Error	125	9555.30775	76.44246		
Corrected Total	127	10972			

Root MSE		8.74314	R-Square	0.1291	
Dependent Mean		0.25076	Adj R-Sq	0.1152	
Coeff Var		3486.63066			

Parameter Estimates

Variable	DF	Parameter Estimate	Standard Error	t Value	Pr > |t|
Intercept	1	1.89353	0.90149	2.10	0.0377
fyff4	1	−12.03777	4.14233	−2.91	0.0043
int34	1	11.84743	5.26963	2.25	0.0263

다중공선성 현상은 데이터 수가 작으면 더욱 크게 나타난다. 금융위기 이후 기간의 128개 데이터만을 사용하여 얻은 회귀분석결과가 보여주고 있다. 다중공선성이 존재하지 않는 설명변수 fyff4를 사용한 단순회귀 모형 추정결과를 보면 계수추정치는 −2.90, t Value는 −3.61이다. 우선 위에서도 설명한 것처럼, 금융위기 이후 fyff4의 계수추정치 절대값이 −0.76에서 크게 상승하여 −2.90이 되었다. 즉, 금융위기 이후 산업생산성장률이 이자율에 크게 민감해졌다는 의미이다. 리먼브라더스(Lehman Brothers) 같이 거대 금융회사도 도산하는 큰 금융충격을 받고 나서는 기업들의 이자율 변동에 대한 대응전략이 크게 변화했다는 증거이기도 하다. 이자율에 더 민감하게 산업생산을 조정했다는 결론을 내릴 수 있다.

다중공선성이 있는 fyff4와 int34를 함께 사용하고 금융위기 이후 데이터를 사용하여 회귀분석한 결과를 보면 다중공선성의 영향이 더 강하고 뚜렷하게 나타난다는 것을 알 수 있다. fyff4 계수의 추정치는 −12.03777이고, int34 계수 추정치는 11.84743이며 모두 통계적으로 유의하다. 금융위기 이전 기간의 샘플로 얻은 추정치들 보다 fyff4 계수의 추정치는 마이너스(−) 값으로 더욱 커졌고, int34 계수의 추정치도 플러스(+) 값으로 더욱 커졌다. 즉, 샘플사이즈가 작으면 다중공선성의 영향이 크게 확대되어 나타난다는 것을 실증적으로 보여주고 있다.

금융위기 이후기간 128개 데이터를 사용하여 미 '재무부 3개월 만기 채권 이자율'을 종속변수로, 연방정부에서 은행에 부과하는 이자율을 설명변수로 하여 회귀분석한 결과는 아래와 같다.

The REG Procedure
Model: MODEL2
Dependent Variable: int3

Number of Observations Read	128
Number of Observations Used	128

Analysis of Variance

Source	DF	Sum of Squares	Mean Square	F Value	Pr > F
Model	1	42.97527	42.97527	1574.49	<.0001
Error	126	3.43914	0.02729		
Corrected Total	127	46.41441			

Root MSE	0.16521	R-Square	0.9259
Dependent Mean	0.40914	Adj R-Sq	0.9253
Coeff Var	40.38006		

Parameter Estimates

Variable	DF	Parameter Estimate	Standard Error	t Value	Pr > |t|
Intercept	1	−0.00376	0.01793	−0.21	0.8343
fyff	1	0.82413	0.02077	39.68	<.0001

위 결과를 보면 금융위기 이전 결과와 거의 비슷하다는 것을 알 수 있다. int3와 fyff의 상관관계는 매우 높아 R-Square는 0.9259이며, fyff의 계수추정치는 0.82413으로 매우 높은 것을 알 수 있다. 3개월 만기 재무부 채권의 이자율과 연방정부 이자율 사이의 상관관계는 금융위기 이전이나 이후 거의 변화하지 않았음을 알 수 있다.

금융위기 이전 결과와 마찬가지로 금융위기 이후 결과에서도 두 계수 추정치를 더하면 0에 가깝다. 이것은 다중공선성이 없는 단순회귀모형에서 얻은 fyff4 계수의 추정치 −2.90과 큰 차이가 있는 것이다. 위 테이블의 결과는 샘플사이즈에 따라 다중공선성의 영향이 크게 확대되어 나타날 수도 있으며, 580개가 넘는 데이터 수도 심한 다중공선성의 영향을 제거하지 못하고 있다는 것을 알 수 있다. 그러므로 회귀모형을 정할 때 가능하면 다중공선성의 가능성을 배제하도록 노력해야 할 것이다.

회귀모형 오차항의
자기상관 검정

지금까지 사용한 회귀모형들은 모두 고전적 가정(Classical Assumptions)들을 만족시키고, 에러텀(error term)이 정규분포(Normal Distribution)를 따른다는 가정 하에 추정치의 표준오차(Standard Error)를 구하고, t Value를 구하고, t 분포와 F 분포를 이용해 가설검정하였다. 그러나 만약 고전적 가정 3가지 중 하나라도 만족 시키지 못한다면 스탠다드 에러를 구하거나, t Value를 구할 수 없게 되며, 또한 t 분포나 F 분포를 사용한 가설검정들은 모두 맞지 않기 때문에 검정을 시행할 수 없다. 특히, 고전적 가정의 3번째인 에러 텀에 자기상관성이 없다는 가정이 성립하지 않는다면 최소자승법(OLS Method)으로 회귀모형을 추정하는 소프트웨어들이 제공하는 회귀분석 결과 중 추정치 값을 제외한 모든 추정치와 관련된 통계수치들, 즉 Standard Error, t Value, Pr > | t |는 틀린 값들이 된다.

경제·경영분야뿐만 아니라, 많은 분야의 시계열데이터를 회귀모형에 사용할 때 대부분의 경우 3번째 고전적 가정을 만족시키지 못한다. 3번째 고전적 가정을 만족시키지 못할 경우 발생하는 문제는 크다. 우선, 최소자승법으로 회귀모형을 추정하는 모든 컴퓨터 소프트웨어들은 주어진 회귀모형이 고전적 가정 3개를 모두 만족시킨다는 가정하에 표준오차(Standard Error)를 계산하기 때문에 만약 이 가정을 만족시키지 못한다면, 계산된 표준오차는 잘못된 것이다. 스탠다드 에러가 틀렸다면, 이것을 사용하여 계산되는 t Value도 틀리게 되고, t Value에 기반하여 계산한 확률값, Pr > | t |도 틀리게 된다. 결국 컴퓨터 소프트웨어가 결과값으로 계산해 주는 4개 값들 중에 맨 처음 값인 "계수 추정치(Estimate)"만 맞고, 다른 3개의 통계치들은 모두 틀리는 값들이다. 그러므로, 회귀모형의 에러 텀이 3번째 고전적 가정을 만족시키는지를 검정하고 대책을 강구하는 것이 매우 중요하다. 독자들의 편의를 위해서 3번째 고전적 가정을 다시 표현하면,

$$E(u_i u_j) = 0 \quad \text{if} \quad i \neq j$$
$$= \sigma^2 \quad \text{if} \quad i = j$$

이다. 즉, 에러텀 u_i들 간의 상관관계(covariance)가 없다는 것이고, u_i의 분산(variance)은 σ^2라는 것이다. 시계열자료(time series data)들은 대부분 자기상관성(autocorrelation)이 있는 것으로 나타나기 때문에 3번째 고전적 가정을 만족시키지 못한다. 가장 많이 사용되는 에러텀의 자기상관 모형은 다음과 같이 표현할

수 있다.

$$u_t = \alpha u_{t-1} + \epsilon_t \qquad (5.1)$$

여기서 α는 모르는 트루계수(true parameter)이고, ϵ_t는 2번째와 3번째 고전적 가정을 만족시키는 확률변수(random variable)이다. 위 식 (5.1)을 보면 u_t가 u_{t-1}의 함수인 것을 알 수 있다. 그러므로 $E(u_t u_{t-1}) \neq 0$이고 3번째 고전적 가정을 만족시키지 않는다. 만약 이렇게 에러텀 u_t가 3번째 고전적 가정을 만족시키지 않는다는 사실을 인지하지 못하고 회귀모형의 계수들을 최소자승법으로 추정하게 했다면, 위에서 언급한 대로 컴퓨터가 산출하는 회귀분석 결과들 중 계수 추정치를 제외한 Standard Error, t Value, p Value 등은 모두 틀린 값들이 된다.

이런 오류를 범하지 않기 위해서는 에러텀이 위 식 (5.1)의 형태인지 아닌지를 검정하는 방법을 알아야 하고, 만약 에러텀이 3번째 고전적 가정을 만족시키지 못한다는 결과가 나왔다면, 어떤 추정방법으로 회귀모형을 추정할 수 있는지에 대한 지식이 있어야 할 것이다. 우선 에러텀이 3번째 고전적 가정을 만족시키는지를 검정하는 방법을 소개한다.

5.1 　　더빈-왓슨(Durbin-Watson) 검정

더빈-왓슨 검정은 더빈-왓슨 DW d 검정이라고도 한다. 더빈-왓슨이 제안한 이 검정방법은 상당히 잘 알려진 검정방법이며 검정통계량(test statistic)도 최소자승법에서 얻은 레지주얼(residual)을 통해 쉽게 구할 수 있다. 더빈-왓슨(DW) d 검정통계량은 다음과 같은 가정하에서 구축되었다.

(가정 1) 회귀모형의 설명변수들은 모두 확률변수가 아니고 고정된 상수들 (fixed constants)이다.

(가정 2) 귀무가설(null hypothesis)은 위 식 (5.1)의 $\alpha = 0$이며, 대안가설 (alternative hypothesis)은 $\alpha \neq 0$이다.

즉, 위 (가정 1)은 첫 번째 고전적 가정과 일치하고, 두 번째 가정은 대안가설의 정확한 모형이 무엇인지를 밝혀주고 있다.

더빈-왓슨의 검정통계치(DW test statistic) d는 다음과 같다.

$$d = \frac{\sum_{t=2}^{N}(e_t - e_{t-1})^2}{\sum_{t=1}^{N}e_t^2} \tag{5.2}$$

여기서 N은 샘플 수이며, e_t는 최소자승법으로 얻은 t기의 레지주얼(residual)이다. 참고로

$$d \cong 2(1 - \hat{\alpha}) \tag{5.3}$$

이며 $\hat{\alpha}$는 α의 추정치이다. 위 식 (5.3)에서 만약 $\hat{\alpha} = 0$이면, $d \cong 2$가 된다는 것을 알 수 있다. 즉, d 값이 2이거나 2에 가까운 값이면 에러텀에 자기상관(autocorrelation)이 거의 없다는 것을 알 수 있다. 반대로, d 값이 0에 근접할수록 심한 자기상관이 존재한다는 것을 의미한다.

DW d 테스트의 한 가지 단점은 그 분포가 간단하지 않고 평범하지 않아 귀무가설을 검정하는 데 2개의 임계치(critical value)를 사용해야 하고, 검정결과는 귀무가설을 "기각하거나" "기각하지 못하거나", 아니면 "판단하기 어려움"으로 구분되는 3가지 영역이 존재한다는 것이다. 이러한 3개의 판단영역은 다음과 같이 스케치(sketch)하여 표현할 수 있다.

〈표 5-1〉 DW d 검정 임계치(critical values)

0			2			4
0	d_L	d_U	2	$4 - d_U$	$4 - d_L$	4

위 〈표 5-1〉의 d_L은 아래임계치(lower critical value), d_U는 위임계치(upper critical value)를 나타낸다. 위의 임계치들을 사용하여 검정결과를 판단하는 방법은 아래와 같다.

DW d 검정 판단 방법

(1) $0 < d < d_L$인 경우 귀무가설 $\alpha = 0$를 기각하고 대안가설은 $\alpha > 0$이다.

(2) $d_L < d < d_U$인 경우 판단을 유보함

(3) $d_U < d < 2$인 경우 귀무가설 $\alpha = 0$를 기각 못함

(4) $2 < d < 4 - d_U$인 경우 귀무가설 $\alpha = 0$를 기각 못함

(5) $4 - d_U < d < 4 - d_L$인 경우 판단을 유보함

(6) $4 - d_L < 4$인 경우 귀무가설 $\alpha = 0$를 기각하고 대안가설은 $\alpha < 0$이다.

위 DW d 검정의 판단방법은 d 값이 0에 가까워 d_L보다 작은 경우 귀무가설인 자기상관이 존재하지 않는다는 것을 기각해야 하고, d 값이 d_L보다는 크지만 d_U보다는 작은 경우, 귀무가설을 기각하거나 기각하지 못하는 결정을 내릴 수 있는 명확한 근거가 부족하다는 결론을 내려야 한다. 즉, 샘플데이터가 제공하는 판단의 근거가 미약하여 판단을 유보해야 한다는 것이다. d 값이 2에 가까워 $d_U < d < 2$인 경우 귀무가설 $\alpha = 0$을 기각할 수 없다는 결론을 내려야 한다.

위에 제시한 두 개의 임계치를 기준으로 한 검정판단 방법은 AI 시대에 맞지 않는 귀찮은 방법이다. 그러므로 SAS 프로그램을 통하여 쉽게 판단할 수 있는 방안을 활용해야 한다.

SAS Program 5_1

```
/* 에러텀의 자기상관(Autocorrelation)에 대한 DW d 검정 */
/* 미국 산업생산성장율을 연방펀드 이자율에 회귀분석 */
/* 회귀분석에 필요한 ip.prn 파일과 fyff.prn 파일을 불러들이고 필요한
작업은 1장에서 여러 번 했기 때문에 여기서는 생략했음. */


     PROC REG DATA=all;
(1)        MODEL ipg = fyff4 / DWPROB;
     RUN;
```

(1) DW d 검정은 SAS를 통해 아주 쉽게 할 수 있다. PROC REG 명령에 따라나오는 MODEL 명령에서 옵션(option)으로 DWPROB를 지정하면 된다. 옵션은 MODEL 마지막에 슬래쉬(/) 다음에 옵션 명령을 표기하면 된다. 여기서 DW d 검정을 위한 검정통계치 d를 계산하라는 명령은 / DW;이고, d 계산뿐만 아니라 d 값의 확률값, Probability value도 프린트되도록 하기 위해서는 / DWPROB;라고 해야 한다. 위에서 설명한 바와 같이 DW 검정의 임계치를 통한 검정판단이 쉽지 않기 때문에 d 값의 확률값을 동시에 얻는 것은 매우 중요하다. 확률값이 있으면 그 값을 기준으로 바로 검증판단이 가능하기 때문이다. 즉, d 값의 확률값이 0.05보다 작으면, 귀무가설을 기각해야 하고 반대로 0.05보다 크면 기각할 수 없다.

위 프로그램 (1) 줄의 회귀분석모형은 2008년 1월을 기준으로 구조변화를 겪었기 때문에 구조변화의 영향을 억제하기 위해 금융위기 이후 기간인 2008년 1월부터 2018년 8월까지 128개 데이터를 이용하였다. 아래 결과는 위 프로그램 (1) 줄에 의해 생성된 것이다.

The REG Procedure
Model: MODEL3
Dependent Variable: ipg

Number of Observations Read   128
Number of Observations Used   128

Analysis of Variance

Source	DF	Sum of Squares	Mean Square	F Value	Pr > F
Model	1	1030.14526	1030.14526	13.06	0.0004
Error	126	9941.69493	78.90234		

Corrected Total	127	10972		

Root MSE		8.88270	R-Square	0.0939
Dependent Mean		0.25076	Adj R-Sq	0.0867
Coeff Var		3542.28545		

Parameter Estimates

Variable	DF	Parameter Estimate	Standard Error	t Value	Pr > |t|
Intercept	1	1.95211	0.91549	2.13	0.0349
fyff4	1	−2.89514	0.80125	−3.61	0.0004

위에 나와 있는 여러 통계치들이 근거가 있고, 맞는 값들이 되기 위해서는 고전적 가정 1, 2, 3이 모두 만족되어야 하고, t Value와 Pr > | t | 값이 맞는 값이기 위해서는 에러텀(error term)이 정규분포(Normal Distribution)를 가져야 한다. 특히 3번째 고전적 가정은 오차항에 자기상관(Autocorrelation)이 없어야 한다. 이 가정을 검정하는 것이 Durbin-Watson d 검정이다. 이 결과는 /DWPROB; 옵션에 의해 생성되었다.

The REG Procedure
Model: MODEL3
Dependent Variable: ipg

Durbin−Watson D	1.478
Pr < DW	0.0010
Pr > DW	0.9990
Number of Observations	128
1st Order Autocorrelation	0.254

위에서 Durbin−Watson D 1.478은 위 식 (5.2)로 얻은 값이며, Pr < DW는 확률값(Probability Value)을 나타내는 것으로, 위 식 (5.1)의 α 값이 0이라서 오차항에 자기상관이 없는데도 불구하고, DW d 값을 구해보면 1.478이나 그보다 작은 값이 나올 확률은 0.0010이라는 것이다. 이 확률값이 임계확률값 0.05보다

작기 때문에 귀무가설인 α 값이 0이라는 가설은 기각된다. 즉, 오차항에 자기상관이 존재한다고 결론지어야 한다. 이러한 결론은 위에 나온 회귀분석 결과 중 Standard Error, t Value, Pr > | t | 값들은 틀렸다고 할 수 있다. 다시 한 번 언급하지만, 최소자승법으로 모형의 계수를 추정하는 모든 컴퓨터 프로그램들은 고전적 가정과 오차항의 정규분포가 모두 맞는다는 가정하에 결과물을 도출해주고 있다. 그러므로 오차항에 자기상관의 존재여부는 사용자가 꼭 확인해야 한다.

Pr > DW는 α 값이 0보다 작을 경우, 즉 d 값이 2보다 클 경우, 즉 마이너스 ($-$) 자기상관일 경우 사용해야 한다. 귀무가설이 맞는데도 불구하고 d 값이 1.478이나, 이보다 큰 값이 될 확률은 0.9990이라는 것이다. 이번 경우와 같이 d 값이 2보다 작은 경우는 Pr < DW를 사용해야 한다.

한 가지 조심해야 할 것은 DW d 검정은 위에서 언급한 2개의 가정이 모두 만족되었을 때에만 사용해야 한다는 것이다. 특히 2개 중에 첫 번째인 설명변수들이 모두 확률변수가 아닌 콘스탄트들(constants)이어야 한다는 가정이다. 만약 설명변수 중에 Y_{t-1}과 같이 종속변수의 과거값이 설명변수로 있으면 Durbin-Watson의 가정을 위반하게 된다. 왜냐하면, 회귀모형의 종속변수는 항상 확률변수이기 때문이다. 종속변수가 확률변수인 이유는 설명변수들이 모두 확률변수가 아니다 하더라도 에러텀은 항상 확률변수이기 때문에 종속변수는 자동적으로 확률변수가 되고, 그 과거 변수들도 모두 확률변수들이 된다. 만약 DW의 가정을 위반하게 되면 당연히 DW d 검정은 할 수가 없다.

5.2 더빈의 h 검정

설명변수에 확률변수(random variable)가 있을 경우에 DW d 검정은 할 수가 없다. 대신 더빈의 h 검정(Dubin's h test)이 많이 사용되고 있다. 더빈의 h 검정은 다음과 같이 수행할 수 있다.

(Step 1) 아래 식 (5.4) 회귀모형의 계수들을 최소자승법을 사용하여 추정한 후 레지주얼(residuals) e_t를 구한다.

$$Y_t = \beta_0 + \beta_1 X_{t-4} + \beta_2 Y_{t-1} + u_t \tag{5.4}$$

여기서 X_{t-4}는 4달 전의 fyff, 즉 fyff4,이고, Y_{t-1}은 종속변수 Y_t의 한달 전 값, 즉 ipg1이다. 종속변수 Y_t는 항상 확률변수(random variable)이고 따라서 Y_{t-1}도 확률변수가 된다. 그러므로 회귀식 (5.4)의 에러텀 u_t의 자기상관을 검정하기 위해 더빈-왓슨 d 검정은 사용할 수가 없다. 왜냐하면, 더빈-왓슨 d 검정을 사용하기 위해서는 두 개의 가정이 만족되어야 하는데 위 (5.4) 회귀식은 설명변수 Y_{t-1} 때문에 첫 번째 가정인 "설명변수의 콘스탄트 가정"을 만족시키지 못한다. 그러므로 위 회귀식 (5.4)의 에러텀 u_t에 대한 자기상관을 검정하기 위해서는 더빈의 h 검정(Durbin's h test)을 해야 한다.

(Step 2) 위 식 (5.4)에 있는 계수들을 최소자승법으로 추정하고 나서 얻은 레지주얼, e_t를 사용하여 다음 회귀모형 식 (5.5)의 계수들을 최소자승법으로 추정한다.

$$e_t = \gamma_0 + \gamma_1 e_{t-1} + \gamma_2 X_{t-4} + \gamma_3 Y_{t-1} + \epsilon_t \tag{5.5}$$

(Step 3) 위 회귀식 (5.5)의 γ_1의 최소자승법 추정치의 t Value나 p Value를 사용하여 귀무가설 $\gamma_1 = 0$를 검정한다. 만약 귀무가설 $\gamma_1 = 0$이 기각되면 회귀모형 (5.4)의 에러텀 u_t에 자기상관이 없다는 귀무가설은 기각된다, 만약 $\gamma_1 = 0$ 귀무가설을 기각할 수 없으면, 회귀모형의 에러텀 u_t에 자기상관이 없다는 귀무가설도 기각할 수 없다.

위에서 설명한 것과 같이 더빈의 h test는 회귀모형 2개를 최소자승법으로 추정하여 두 번째 회귀모형에 있는 계수 γ_1이 0인지를 테스트하면 된다.

위 식 (5.5)의 계수들을 추정하기 위해 필요한 SAS 프로그램은 다음과 같다.

SAS Program 5_2

```
/* 에러텀의 자기상관(Autocorrelation)에 대한 Durbin's h 검증 */
        /* 미국 산업생산성장율을 연방펀드 이자율에 회귀분석 */


DATA ip;
    INFILE 'C:\DATA\ip.prn';
    INPUT mon ip;
        logip = LOG(ip);
        ipg = DIF(logip)*1200;
(1)     ipg1 = LAG(ipg);
        IF mon < 19590101 THEN DELETE;
RUN;
DATA fyff;
    INFILE 'C:\fyff.prn';
    INPUT mon fyff;
    fyff4 = LAG4(fyff);
    IF mon < 19590101 THEN DELETE;
RUN;
DATA all;
    MERGE ip fyff;
    BY mon;
(2)  IF mon < 20080101 THEN DELETE;
RUN;
PROC REG DATA=all;
(3)  MODEL ipg = fyff4 ipg1;
(4)  OUTPUT OUT=out1 R=resid;
RUN;
DATA all;
(5)  SET out1;
(6)  resid1 = LAG(resid);
RUN;
PROC REG DATA=all;
```

(7)   MODEL resid = resid1 fyff4 ipg1;
RUN;

SAS Program 5_2 설명

(1) 종속변수 ipg의 한 달 전 값 ipg1을 구하는 명령 ipg1 = LAG(ipg);

(2) 금융위기 이후기간으로 샘플데이터 구간을 정하는 명령

(3) 회귀모형 설명변수에 종속변수의 1달 전 ipg1 추가

(4) 회귀모형 추정 후 레지주얼을 변수로 얻는 명령들이다. OUTPUT 명령은 회귀모형 추정하고 나서, 레지주얼(residual) e_t나 예측치(predictive value)를 얻기 위해서는 우선 OUTPUT 명령을 표기해야 한다. 그 다음에는 OUT 명령이 있어야 하고 = out1과 같이 데이터바구니 이름을 먼저 밝혀야 한다. 데이터바구니 이름이 지정된 다음, 그 바구니에 담을 변수 이름, 이 경우에는 R=resid가 표기되어야 한다. 즉, OUT=out1은 데이터바구니 이름을 out1으로 지정하는 단계로 OUT는 항상 있어야 하는 명령이고, out1은 사용자가 결정해서 준 이름이다. R=resid에서 R은 SAS 의 고유한 residual 이름이고, resid는 사용자가 준 레지주얼의 이름이다. 가로줄 (4)에 의해서 회귀분석 후에 얻고자 하는 변수들이 지정되고, 그 변수들이 들어갈 데이터 바구니의 이름이 주어졌다.

(5) SET out1; 명령은 그 위 데이터바구니 all에 out1 바구니도 담아서, 바구니 out1에 들어있는 변수 resid도 데이터바구니 all에 들어가 있도록 하는 작업이다.

(6) 레지주얼 e_t를 이용하는 두 번째 회귀식에 e_{t-1}, 즉 resid1 이 설명변수로 들어가기 때문에 미리 이 변수를 DATA all;에 만들어 놔야 한다. 그래서 (6) 줄에 resid1을 정의해 놓았다.

(7) 레지주얼을 이용하는 두 번째 회귀모형에 resid1뿐만 아니라, fyff4와 ipg1이 들어가 있는 이유는 레지주얼 e_t를 e_{t-1}을 설명변수로 하여 회귀분석할 때 e_t를 얻기 위해 사용한 첫 번째 회귀모형의 설명변수들을 두 번째 회귀모형에도 설명변수로 모두 첨가하지 않으면 추정치에 편향(bias)이 발생할 수 있기 때문이다.

SAS Program 5_2 결과 설명

아래 SAS 결과는 설명변수에 종속변수의 한달 이전 변수 ipg_{t-1}이 있는 첫 번째 회귀모델 식 (5.4), SAS Program 5_2 (3) 줄을 금융위기 이후 데이터 128개에 실행하여 얻은 결과이다.

금융위기 이후, 회귀식 (5.4), Program 5_2 (3) 줄 결과

The REG Procedure
Model: MODEL2
Dependent Variable: ipg

Number of Observations Read 128
Number of Observations Used 128

Analysis of Variance

Source	DF	Sum of Squares	Mean Square	F Value	Pr > F
Model	2	1779.06841	889.53421	12.10	<.0001
Error	125	9192.77178	73.54217		
Corrected Total	127	10972			

Root MSE	8.57567	R-Square	0.1621	
Dependent Mean	0.25076	Adj R-Sq	0.1487	
Coeff Var	3419.84833			

Parameter Estimates

Variable	DF	Parameter Estimate	Standard Error	t Value	Pr > |t|
Intercept	1	1.51223	0.89454	1.69	0.0934
fyff4	1	−2.24854	0.79965	−2.81	0.0057
ipg1	1	0.27028	0.08470	3.19	0.0018

fyff4 계수추정치는 −2.24854이며 t Value는 −2.81이다. 이 값들은 설명변수에 ipg1이 없고 fyff4만 있는 회귀모형에서 얻은 계수추정치 −2.90, t Value 3.61과 비교하면 절대값들이 모두 줄었다는 것을 알 수 있다. 이 결과는 설명변

수 ipg1의 존재가 fyff4의 ipg에 대한 설명력을 떨어뜨리고 있다는 것을 알 수 있다. 종속변수의 한 달 전 변수인 ipg1의 계수추정치는 0.27028이며 t Value는 3.19로 fyff4 t Value의 절대값보다 더 크다. 즉, 종속변수의 한 달 전 변수가 fyff4보다 ipg를 더 잘 설명하고 있다는 것을 알려주고 있다.

회귀식 (5.4)를 추정하고 나서 얻은 레지주얼(residuals) e_t를 종속변수로 한 두 번째 회귀모형, 식 (5.5)를 추정한 두 번째 회귀식 추정결과는 아래 표기하였다.

Durbin's h 검정을 위한 두 번째 회귀모형 식 (5-5), (7) 줄 실행결과

The REG Procedure
Model: MODEL1
Dependent Variable: resid Residual

Number of Observations Read	128
Number of Observations Used	127
Number of Observations with Missing Values	1

Analysis of Variance

Source	DF	Sum of Squares	Mean Square	F Value	Pr > F
Model	3	246.53937	82.17979	1.13	0.3378
Error	123	8906.85924	72.41349		
Corrected Total	126	9153.39861			

Root MSE	8.50961	R-Square	0.0269
Dependent Mean	−0.04921	Adj R-Sq	0.0032
Coeff Var	−17291		

Parameter Estimates

Variable	DF	Parameter Estimate	Standard Error	T Value	Pr > |t|
Intercept	1	−0.88177	1.05166	−0.84	0.4034
resid1	1	−0.56137	0.30922	−1.82	0.0719
fyff4	1	1.26143	1.21768	1.04	0.3023
ipg1	1	0.50374	0.29427	1.71	0.0894

첫 번째 회귀모형을 추정하고 나서 얻은 레지주얼 e_t를 종속변수로 하고, 한 달 이전 레지주얼 e_{t-1}, resid1과 첫 번째 회귀모형에서 사용하였던 설명변수들, fyff4, ipg1을 모두 설명변수로 사용한 두 번째 회귀모형 식 (5.5)를 추정한 결과이다. 위 결과를 기반으로 귀무가설, 식 (5.5)의 $\gamma_1 = 0$, 즉 resid1의 계수가 0이라는 귀무가설을 검정해야 한다. resid1의 t Value $= -1.82$이고, Pr $>$ | t |는 0.0719이기 때문에 귀무가설을 기각할 수 없다는 것을 알 수 있다. 따라서 $\gamma_1 = 0$이라는 귀무가설을 5% 수준에서 기각할 수 없다. 즉, 회귀식 (5.4)의 에러텀 u_t는 3번째 고전적 가정을 만족시킨다고 결론지을 수 있다. 그러므로 최소자승법으로 얻은 계수추정결과들은 모두 유효하다고 할 수 있다.

회귀모형의 에러텀에 자기상관성이 존재하는 경우, 종속변수의 1기 전 변수를 설명변수로 사용하는 경우가 종종 있다. 종속변수의 1기 전 변수를 설명변수로 사용하면 에러텀의 자기상관성이 크게 사라지기 때문에 그 효과를 기대하고 종속변수의 1기 전 변수를 설명변수로 추가하는 것이다. 그 이유는, 종속변수의 1기 전 변수가 에러텀의 1차 자기상관성(First-Order Autocorrelation)을 거의 대부분 흡수하여 자기상관성이 사라지기 때문이다. 위에 들은 예제에서도 그러한 현상이 존재한다는 사실을 명확하게 읽을 수 있다. 종속변수의 1기 전 변수, Y_{t-1}을 설명변수로 추가하여 회귀분석하면 에러텀 u_t의 자기상관성이 거의 대부분 사라지는 경우가 많다는 사실을 이론적으로도 쉽게 보일 수 있지만 여기서는 생략하고 제7장의 식 (7.8)을 참고하기 바란다. 만약 회귀모형의 계수들과, 오차항에 존재하는 자기상관성 계수들(parameters) 모두를 동시에 추정할 수 있는 최우추정법(Maximum Likelihood Estimation Method, MLE Method)을 알지 못하여 최소자승추정법(least squares estimation method)을 사용해야 한다면, 종속변수의 1기 전 변수를 설명변수로 추가하는 것을 고려해 봐야 한다.

회귀모형 설정 오류

회귀모형의 설정에 오류가 존재하는 경우에는 심각한 결과를 초래하게 된다. 트루(True) 모형이 아닌, 즉 하느님의 모형이 아닌 잘못된 회귀모형을 사용하여 모형의 계수들을 추정한다면, 아무리 샘플데이터가 많다 하더라도 우리가 원하는 결과를 얻을 수 없고, 모형을 분석하고 연구하기 위한 노력은 쓰레기통에 버려야 하는 결과만을 얻게 된다. 그러므로 모형을 제대로 설정하는 것은 무엇보다 중요하다.

위에서 소개한 회귀모형의 구조변화(Structural Change)나, 비대칭(Asymmetric) 회귀모형은 모형설정의 오류를 바로잡는 방안 중의 하나가 된다. 회귀모형에 구조변화가 있었는데 이것을 무시하고 모형의 계수를 추정하였다면 그 결과는 별 가치가 없을 것이다. 마찬가지로, 하느님의 회귀모형은 비대칭모형인데 이것을 무시하고 대칭모형(Symmetric Model)을 사용하였다면 이 또한 분석노력에 대한 보상은 없을 것이다. 구조변화나 비대칭모형에서 발생하는 모형설정 오류는 모형 설정의 기술적인 오류(technical error)라고 할 수 있다. 구조변화를 반영한 회귀모형을 사용해야 하는데 기술적인 문제로 반영을 못했을 경우도 있기 때문이며, 비대칭모형을 사용해야 하는데 기술적으로 부족하여 대칭모형을 사용했을 수 있기 때문이다.

기술적인 부족(technical deficiency)에서 발현하는 모형설정의 오류도 있지만, 모형설정 오류로 가장 많이 대두되는 주제는 회귀모형에 누락된 변수가 있을 경우이다. 누락된 설명변수가 있을 경우에도 마찬가지로 심각한 모형설정의 오류가 된다. 왜냐하면, 회귀모형에 설명변수로 있어야 할 변수가 없는 상태로 모형을 추정하면 추정결과에 많고 심각한 왜곡이 발생하여 추정결과는 가치를 상실할 것이기 때문이다.

6.1   설명변수 누락

고전적 가정 3개가 모두 만족된다 하더라도 누락된 설명변수가 있을 경우에는 OLS 추정치가 Gauss-Markov theorem을 만족시키지 못한다. 즉, 최소자승법으로 구한 계수추정치가 선형(linear)이면서 불편의(unbiased)를 만족시키는 모든 추정식들(esimators) 중에서 가장 좋다(best)는 BLUE(Best Linear Unbiased Estimator)라는 결론을 내릴 수 없다. 우선 불편의(unbiased)하다는 결론도 내릴 수 없는 경우가 대부분이다. 이것을 설명하기 위해 다음의 회귀식들을 가정하자.[1]

$$Y_t = \beta_1 + \beta_2 X_{2t} + u_t \tag{6.1}$$

$$Y_t = \beta_1 + \beta_2 X_{2t} + \beta_3 X_{3t} + u_t \tag{6.2}$$

회귀식 (6.2)가 맞는 모형이고, 식 (6.1)은 설명변수 X_{3t}를 누락한 잘못된 회귀식이다. 잘못된 회귀식 (6.1)을 사용하여 얻은 β_2의 OLS 추정치 b_2의 기대값(expected value)은 다음과 같다.

$$E(b_2) = \beta_2 + \beta_2 \left(\frac{SS_{23}}{SS_{22}} \right) \tag{6.3}$$

$$SS_{22} = \sum_{i=1}^{N} x_{2i}^2$$

$$SS_{23} = \sum_{i=1}^{N} x_{2i} x_{3i}$$

식 (6.3)에서 알 수 있듯이 누락된 설명변수가 있을 경우 β_2의 OLS 추정치 b_2는 편의(bias)가 존재하게 된다. 위에서 $\frac{SS_{23}}{SS_{22}}$는 X_{3t}를 X_{2t}에 회귀분석하였을 경우 얻는 계수추정치에 해당한다. 즉, $SS_{23} = 0$이 성립하지 않는 한 $E(b_2) \neq \beta_2$가 되어 편의가 발생한다. 이와 같이 모형에 설명변수가 누락되어 발생하는 편의(bias)를 누락변수 편의(Omitted Variable Bias)라고 한다.

6.2 설명변수 추가

누락된 설명변수가 있는 것과 반대로, 없어야 하는 설명변수가 추가된 경우에는 위의 누락변수가 초래하는 OLS 추정치의 편의를 발생시키지 않는다. 즉, 이

---

1 "6.1 설명변수 누락"과 "6.2 설명변수 추가"에 있는 내용들은 남준우, 이한식, 2005, 계량 경제학을 참고하였다.

번에는 식 (6.1)이 맞는 회귀식이고, 식 (6.2)에 있는 설명변수 X_{3t}는 회귀모형에 없어야 하는 변수라고 가정하자. 그러면, $E(b_2) = \beta_2$가 되고 $E(b_3) = 0$이 된다. 그러나 한 가지 주의해야 할 문제는 불필요한 변수가 추가되었을 경우 b_2는 BLUE(Best Linear Unbiased Estimator)가 되지 않는다는 사실이다. 왜냐하면, b_2의 분산 $Var(b_2)$이 필요 이상으로 커지게 되기 때문이다. 분산이 증가하는 정도는 X_{2t}와 X_{3t}의 상관성이 크면 클수록 증가한다. 그러므로 식 (6.2)를 이용하여 β_2에 대한 가설검정을 하게 되면 잘못된 검증결과가 나올 수 있다. 예를 들면, b_2의 t 값이 실제보다 작게 계산되어 실제로는 통계적으로 유의해야 할 추정치가 유의하지 않다고 나올 수 있다.

6.3 누락된 설명변수와 오차항의 자기상관

누락된 설명변수가 있을 경우 종종 오차항에 자기상관을 초래한다. 즉, 오차항에 존재하는 자기상관성은 하나나 두 개 이상의 설명변수가 누락되었기 때문일 경우가 많다. 이에 대한 예로 위에서 사용한 미국의 산업생산성장률 $Y_t =$ ipg를 종속변수로 하고, 연방펀드이자율의 4달 전 값 $X_{t-4} =$ fyff4를 설명변수로 사용하는 단순회귀분석을 하면 오차항에 비교적 심한 자기상관이 존재한다. 그 이유가 설명변수 누락에 기인하는 것일 수도 있다. 그 가능성을 탐색하기 위해 우선 단순회귀모형인 아래 식 (6.4)을 추정하고 오차항에 자기상관이 존재하는지를 DW d 검정을 통해 확인하고자 한다.

$$Y_t = \beta_1 + \beta_2 X_{t-4} + u_t \tag{6.4}$$

$$Y_t = \beta_1 + \beta_2 X_{t-4} + \beta_3 Z_t + u_t \tag{6.5}$$

단, Y_t는 미국산업생산성장률 ipg_t, X_{t-4}는 4개월 전 연방펀드 이자율 $fyff_{t-4}$, Z_t는 민간실업률을 1차 차분한 변수 $dunemp_t$이다. 위 식 (6.4)와 식 (6.5)의 계수추정과 더빈왓슨 d 검정을 위한 SAS 프로그램은 다음과 같다.

```
/* 누락 설명변수로 인한 오차항의 자기상관 검정 Durbin-Watons d 검정 */
          /* ipg on fyff4와 ipg on fyff4 dunemp */


DATA ip;
        INFILE 'C:\DATA\ip.prn';
        INPUT mon ip;
            logip = LOG(ip);
            ipg = DIF(logip)*1200;
            IF mon < 20080101 THEN DELETE;
RUN;
DATA fyff;
        INFILE 'C:\fyff.prn';
        INPUT mon fyff;
        fyff4 = LAG4(fyff);
        IF mon < 20080101 THEN DELETE;
RUN;
DATA unemp;
        INFILE 'C:\DATA\unemp.prn';
        INPUT mon unemp;
(1)     dunemp = DIF(unemp);
(2)     IF mon < 20080101 THEN DELETE;
RUN;
DATA all;
        MERGE ip fyff unemp;
        BY mon;
RUN;
PROC REG DATA=all;
(3)     MODEL ipg = fyff4 / DWPROB;
(4)     MODEL ipg = fyff4 dunemp / DWPROB;
RUN;
```

(1) 실업률 unemp를 1차 차분하여 dunemp라고 명령하였다. 실업률 데이터는 끈적거림(Persistency)이 심하여 1차 차분하지 않고 여러 회귀모형에 설명변수로 사용하면 통계적 유의성을 찾기 힘들게 된다. 대신, 1차 차분한 값을 사용하면 통계적 유의성이 강화되는 경우가 종종 있다. 다시 설명하면, DIF 함수는 DIFferencing을 뜻하는 것으로, $DIF(unemp) = unemp_t - unemp_{t-1}$이다.

(2) 이번에도 샘플데이터는 금융위기 이후부터만 사용하기 위한 명령이다.

(3) 종속변수 ipg를 연방펀드 4달 전 이자율에 회귀분석하면서, Durbin-Watson d 검정치와 검정확률을 구하라는 명령 /DWPROB;이다.

(4) 위 (3) 줄에 민간실업률의 1차 차분값 dunemp를 설명변수로 추가하고, Durbin-Watson d 검정치와 검정확률을 구하라는 명령 /DWPROB;이다.

SAS Program 6_1의 첫 번째 모형은 종속변수 ipg에 설명변수 fyff4만 있는 단순회귀모형이다. 이 모형을 최소자승법으로 추정하고, 더빈왓슨 d 검정을 한 결과를 아래 표기했다.

누락된 설명변수가 있는 회귀모형: ipg = fyff4

Parameter Estimates

Variable	DF	Parameter Estimate	Standard Error	t Value	Pr > |t|
Intercept	1	1.95211	0.91549	2.13	0.0349
fyff4	1	−2.89514	0.80125	−3.61	0.0004

The REG Procedure
Model: MODEL1
Dependent Variable: ipg

Durbin–Watson D	1.478
Pr < DW	0.0010
Pr > DW	0.9990
Number of Observations	128
1st Order Autocorrelation	0.254

회귀모형 MODEL ipg = fyff4;는 여러 번 사용하였기 때문에 위에서는 Parameter Estimates만 표기하였다. fyff4의 계수추정치는 −2.89514이며, 4개월 전 연방펀드 이자율이 1% 상승하면, 산업생산성장률은 2.89514 % 하락한다는 것을 알 수 있다. t 값은 −3.61, p 값은 0.0004로 통계적으로 매우 유의한 결과이다. 그 아래에 있는 결과는 회귀모형 다음에 사용한 옵션 /DWPROB;로 얻은 결과로서, 위 SAS Program 6_1의 (3) 줄로 얻은 결과들이다. Durbin–Watson D 값은 1.478이고, 그 확률값 Pr < DW은 0.001이어서 회귀모형의 오차항에 자기상관이 없다는 귀무가설을 강하게 기각하고 있다.

민간실업률을 1차 차분하여 만든 설명변수 dunemp를 위 회귀모형에 추가하여 최소자승법으로 분석한 결과를 아래 기록하였다. 위 프로그램의 (4) 줄 결과이다.

설명변수 dunemp를 추가한 회귀모형: SAS Program 6_1 (4) 줄 결과

Analysis of Variance

Source	DF	Sum of Squares	Mean Square	F Value	Pr > F
Model	2	1908.24162	954.12081	13.16	<.0001
Error	125	9063.59858	72.50879		
Corrected Total	127	10972			

Root MSE	8.51521	R-Square	0.1739	
Dependent Mean	0.25076	Adj R-Sq	0.1607	
Coeff Var	3395.73614			

Parameter Estimates

Variable	DF	Parameter Estimate	Standard Error	t Value	Pr > |t|
Intercept	1	1.33093	0.89559	1.49	0.1398
fyff4	1	−2.05810	0.80488	−2.56	0.0118
dunemp	1	−15.04363	4.32292	−3.48	0.0007

새로운 설명변수 dunemp를 추가하여 다중회귀모형, 위 식 (6.5)를 추정한 결과를 보면, 연방펀드 이자율 fyff4의 계수추정치는 −2.89514에서 −2.05810으로 그 절대값이 하락한 것을 알 수 있다. 즉, 추가한 설명변수 dunemp 때문에 fyff4의 ipg에 대한 설명력이 감소하였음을 알 수 있다. 여기서 볼 수 있듯이 설명변수가 누락되었을 경우 그 결과로 추정치에 편의(bias)가 발생한다는 것을 알 수 있다. 실업률을 1차 차분한 변수, 즉 위 프로그램 (1) 줄, dunemp의 계수추정치는 −15.04363으로 fyff4와 같이 음수값이지만, 그 절대값은 7배가 넘어 fyff4보다 ipg에 훨씬 큰 영향을 미치고 있다는 것을 알 수 있다. 실업률 차분 값이 1% 오르면 산업생산 성장률은 15% 감소한다는 것을 알 수 있다. 여기서 언급해야 할 것은 실업률 unemp 값들은 %로 된 3.4, 3.8 4.1 4.2 ⋯ 등등인데 비해 이 값들의 1차 차분 값, 즉 dunemp는 0.4, 0.3, 0.1 등이다. 그러므로 실업률을 1차 차분한 값을 실업률 값 단위로 변화시키기 위해서는 dunemp에 10을 곱해야 한다. 그러므로 위에서 얻은 추정치 −15.04는 실제 −1.504로 해석하는 것이 필요하다. 즉, 실업률이 1% 증가하면 산업생산성장률은 1.504% 감소한다는 것이다.

실업률의 1차 차분값 dunemp의 계수추정치 t 값은 fyff4 t 값보다 훨씬 커서 종속변수 ipg를 설명하는 데 연방펀드 이자율인 fyff4보다 민간실업률이 훨씬 더 중요하다는 것을 말해주고 있다. 즉, ipg를 종속변수로 하는 회귀모형에는 민간실업률을 차분한 변수 dunemp가 있어야 한다는 것이다.

아래 Durbin-Watson D 값은 1.849로 이에 해당하는 확률값, Pr < DW는 0.1648이다. 귀무가설 검정치의 확률값이 0.05보다 훨씬 크기 때문에 오차항에 자기상관이 없다는 귀무가설을 기각할 수 없다. 위에서 언급하였듯이 오차항에 있는 자기상관성은 종종 회귀모형에 누락된 설명변수가 있어서 발생한다는 주장

이 맞다는 것을 보여주는 결과라고 할 수 있다. dunemp 변수가 추가되지 않았을 때는 강한 자기상관성이 있었으나, 이 강한 자기상관성이 추가된 dunemp 설명변수 때문에 모두 사라진 것이다.

The REG Procedure
Model: MODEL2
Dependent Variable: ipg

Durbin-Watson D	1.849
Pr < DW	0.1648
Pr > DW	0.8352
Number of Observations	128
1st Order Autocorrelation	0.072

최우추정법(Maximum Likelihood Estimation Method)을 이용한 회귀모형 추정

제7장에 있는 일부 최우추정법을 사용한 실증분석을 실행하기 위해서는 SAS/ETS에 포함되어 있는 PROC AUTOREG 명령이 필요하다. 무료로 다운로드 받을 수 있는 SAS University Edition에는 SAS/ETS가 포함되어 있지 않아 독자들이 불편을 감내해야 할 것 같아 아쉽다. 신속한 미래에 University Edition에도 포함되어 독자들이 불편없이 SAS를 배울 수 있길 바란다.

최우추정법, 즉 Maximum Likelihood Estimation Method(MLE Method)는 지금까지 논의한 최소자승법 Ordinary Least Squares(OLS) Estimation Method와 상당히 다른 계수추정방법이다. 왜냐하면, OLS 방법은 계수추정식과 그에 관련된 통계치들을 어렵지 않게 수학적으로 도출할 수 있으나, MLE 방법은 거의 대부분의 경우 컴퓨터의 도움을 받아 계수추정치를 구하고, 관련된 통계치들을 구하기 때문이다. 이 두 개의 추정방법들은 추정 시작단계에 필요한 가정도 크게 다르다. 최소자승법은 앞에서 언급하였듯이 계수추정 단계에서는 아무런 가정도 필요하지 않다. 그러나 최우추정법을 사용하여 계수를 추정하기 위해서는 에러텀 u_t가 정규분포(Normal Distribution)를 갖는 확률변수이며 $E(u_t) = 0$이고, $E(u_t^2) = \sigma^2$이라는 가정이 필요하다. 즉, 최우추정법은 최소자승법으로 추정한 추정치들이 좋다는 것을 보여주기 위해 가정한 고전적 가정(Classical Assumptions)보다 더 강한 가정을 하고 있다고 할 수 있다.

회귀모형을 추정하기 전에 회귀모형에 대해 하는 가정은 무엇을 의미하는가? 최소자승법처럼 아예 가정이 필요하지 않은 추정방법도 있는데 이는 무엇을 의미하는가? 회귀모형의 계수를 추정하기 위해 회귀모형에 대해 하는 가정의 구체성(The level of specification) 정도는 그 회귀모형을 추정하고 연구하고자 하는 연구자가 그 회귀모형에 대해 알고 있는 지식의 양(amount of knowledge)을 대변한다고 볼 수 있다. 즉, 연구자 자신이 연구하고자 하는 회귀모형에 대해 많이 알면 알수록 그 회귀모형에 대해 많은 가정을 하고 시작할 수 있다. 다시 말하면, 가정이 많고 강하다는 것은, 지금 연구하고자 하는 회귀모형에 대해 아는 것이 많고 깊다는 것이다. 그러므로 에러텀 u_t의 확률분포까지 가정해서 회귀모형에 대한 가정이 강해야 하는 MLE 방법을 사용한다는 것은 최소자승법과는 비교할 수 없을 정도로 그 회귀모형에 대해 아는 것이 아주 많다고 가정하는 것이다.

강한 가정이나, 또는 많은 수의 가정은 회귀모형에 대한 지식의 양(quantity)을 대변하는 것이기 때문에, 그 결과의 품질, 즉 추정치의 통계적 품질(statistical quality)도 가정의 강도와 개수에 비례하게 된다. 즉, MLE 방법으로 추정하여 얻은 추정치의 통계적 품질은 최소자승법으로 얻은 추정치의 통계적 품질보다 훨씬 좋아야 하고, 또 실제로 그렇다고 할 수 있다. 우선 최우추정법이 왜 좋은지에 대해 언급하고 최우추정법을 이용한 회귀모형 계수 추정방법에 대해 설명하고자 한다.

7.1　최우추정법의 장점

최우추정법(Maximum Likelihood Estimation Method)으로 얻은 추정식(estimator)들은 다음과 같은 통계학적 특성을 갖는다.

(1) 확률수렴 또는 일치성(convergence in probability or consistency):

$$\lim_{n \to \infty} P[\,|\,b_n - \beta\,| > \epsilon\,] = 0 \qquad (7.1)$$

가 성립하면 "b_n은 β로 확률수렴(convergence in probability)한다"라고 한다. 또는 b_n은 일치성을 갖는(콘시스턴트, consistent) 추정식(estimator)이라고 한다. 여기서 β는 "확률극한(probability limit)"이라고 한다. 확률수렴은 다음의 2가지 형태로도 표기 된다.

$$b_n \xrightarrow{\ p\ } \beta, \quad \text{또는} \quad \plim_{n \to \infty} b_n = \beta$$

여기서 $plim$은 probability limit을 줄인 표현이다.

즉, 최우추정법을 사용하고, n개의 샘플로 β를 추정한 추정식 b_n은 콘시스턴트(consistent)하다고 말한다. 샘플 개수 n이 무한대로 증가하면, 추정식 b_n은 트루계수(true parameter) β가 된다는 것이다.

(2) 확률분포수렴(convergence in distribution, asymptotic distribution):

분포수렴을 쉽게 설명하기 위해서, 확률변수 X_i가 있다고 가정하고, 모든 i에 대해 $E(X_i) = \mu$, 분산, $Var(X_i)$는 σ^2라고 가정하자. 물론 확률변수 X_i의 확률분포(distributon)는 모른다고 가정한다. X_i 확률변수(random variable)의 n개 샘플을 가지고 샘플평균 $\overline{X}_n = \frac{1}{n} \sum_{i=1}^{n} X_i$을 구하면, $E(\overline{X}_n) = \mu$, $Var(\overline{X}_n) = \frac{\sigma^2}{n}$이 된다. 그러면,

$$\lim_{n \to \infty} P\left[\frac{\sqrt{n}\,(\overline{X}_{n-\mu})}{\sigma} \leq q \right] = \int_{-\infty}^{q} \frac{1}{\sqrt{2\pi}} \exp\left(\frac{z^2}{2} \right) dz$$
$$= N(0, 1) \tag{7.2}$$

즉, 샘플평균 $\overline{X}_n$의 제한된 샘플 수에서의 실제 확률분포(finite sample distribution)가 무엇이었든지 상관없이 샘플 수가 무한대(∞)로 증가하면, 그 확률분포가 정규분포(Normal Distribution)가 된다는 것이다. 이러한 현상을 중심극한정리, Central Limit Theorem이라고 한다. 작은 수의 샘플에서는 어떤 확률분포를 갖느냐에 상관없이, 샘플 수가 무한대로 커지면 모든 확률분포는 정규분포가 된다는 이론이다. 확률분포수렴은 다음의 2가지 표현으로도 사용된다.

$$\sqrt{n}\,\overline{X}_n \xrightarrow{d} N(\sqrt{n}\,\mu, \sigma^2) \quad \text{또는} \quad \overline{X}_n \xrightarrow{a} N\left(\mu, \frac{\sigma^2}{n} \right)$$

여기서, $\xrightarrow{d}$는 확률분포수렴(convergence in distribution)이고, $\xrightarrow{a}$는 점근확률분포(asymptotic distribution)를 나타낸다.

(3) 최우추정법으로 얻은 추정식 b_n은 위 (1)의 확률수렴과 (2) 확률분포수렴 특성이 있는 모든 추정식(estimators)들 중 가장 작은 점근적 분산(the smallest asymptotic variance)을 갖는다. 즉, (1)과 (2)의 특성을 갖는 모든 추정식(estimator)들 중 최우추정법으로 얻은 추정식, 즉 MLE b_n이 가장 좋다는 것이다.

위에서 설명한 최우추정법 추정식(Maximum Likelihood Estimator, MLE)에 아주 좋은 통계적 특성이 있는 것은 바로 강력한 가정 때문이다. 즉, 회귀식 에러텀이 정규분포를 따른다는 가정이다. 이러한 사실은 최소자승법을 사용하여 얻은 추정식의 특성과 비교하면 좋다. 우선, 최소자승법을 사용하여 추정식을 얻을 때 아

무런 가정도 하지 않았다는 것을 기억해야 한다. 그러므로 최소자승법으로 얻은 추정식의 품질(Quality)에 대해서 어떤 평가도 할 수가 없었다. 이에 더해 최소자승법 추정식 b의 $E(b)$ 값도 구할 수 없고, 분산 $Var(b)$도 구할 수 없었다. 이런 값들을 구하기 위해서는 고전적 가정 3개가 필요했으며, 고전적 가정 3개가 있으면 최소자승법으로 얻은 추정식 b가 선형(linear)이면서 불편(Unbiased)인 추정식들 중에서 최소자승법으로 얻은 추정식이 가장 좋다라는, 즉 분산이 가장 작다는 것을 알았다. t 값을 구하기 위해서는 한 가지 가정이 더 필요했다. 회귀모형의 에러텀이 정규분포(Normal Distribution)를 갖고 있다는 가정이다. 이렇게 4개의 가정이 있어야 가설검정이 가능했다. 이에 비해 최우추정법으로 얻은 추정식은 계수추정부터 에러텀이 정규분포를 갖는다는 가정을 하고 있다. 이런 강한 가정 때문에 최우추정법 추정식(Estimator)들은 좋은 통계적 특성을 갖고 있는 것이다.

7.2   최우추정법을 사용하는 회귀모형

회귀모형이 선형(linear)인 경우 최소자승법을 사용하여 쉽게 계수추정치를 얻을 수 있으나 비선형(nonlinear)인 경우는 최소자승법으로 추정하기가 쉽지 않다. 지금까지 구체적으로 비선형회귀모형을 소개하고 추정방법에 대해 논의한 적은 없지만 사실 에러텀에 자기상관이 존재하는 회귀모형은 모두 비선형모형들이다. 시계열데이터를 회귀모형에 사용할 때 많은 경우 에러텀들이 자기상관성을 보이기 때문에 비선형모형을 추정할 수 있는 방법을 배우는 것은 매우 중요하다고 할 수 있다. 요즘은 컴퓨터의 발달에 힘입어 최소자승법으로도 회귀모형의 계수들과 자기상관모형의 계수들을 모두 동시에 추정할 수 있지만, 바람직한 추정결과를 제공해주는 최우추정법으로 추정하는 것을 추천하고 싶다.

최우추정법이 우선적으로 사용되는 회귀모형은 단순회귀모형이나 다중회귀모형의 에러텀에 자기상관(autocorrelation)이 있는 경우이다. 왜냐하면 에러텀의 자기상관이 있으면 회귀모형자체가 비선형(nonlinear)이 되기 때문이다. 불필요한 복잡함을 피하고 비선형이 되는 것을 보이기 위해 단순회귀모형의 에러텀(error term)에 자기상관이 있다고 가정하자.

$$Y_t = \beta_1 + \beta_2 X_t + u_t \tag{7.3}$$

$$u_t = \alpha u_{t-1} + \epsilon_t \tag{7.4}$$

여기서 ϵ_t는 3번째 고전적 가정을 만족시키고, $E(\epsilon_t) = 0$, $E(\epsilon_t^2) = \sigma^2$인 에러텀이다. 식 (7.4)를 제1차 자기상관회귀식(First Order Autoregressive Model, AR(1))이라고 한다. 식 (7.3)을 $(t-1)$기로 표현하면

$$Y_{t-1} = \beta_1 + \beta_2 X_{t-1} + u_{t-1} \tag{7.5}$$

이 되고, 양쪽에 α를 곱하면 다음과 같이 된다.

$$\alpha Y_{t-1} = \alpha \beta_1 + \alpha \beta_2 X_{t-1} + \alpha u_{t-1} \tag{7.6}$$

식 (7.3)에서 식 (7.6)을 빼면

$$Y_t - \alpha Y_{t-1} = (\beta_1 - \alpha \beta_1) + \beta_2 X_t - \alpha \beta_2 X_{t-1} + (u_t - \alpha u_{t-1}) \tag{7.7}$$

식 (7.4)에서 식 (7.7)의 에러텀은 $(u_t - \alpha u_{t-1}) = \epsilon_t$이므로 식 (7.7)을 다시 정리하면,

$$Y_t = (\beta_1 - \alpha \beta_1) + \beta_2 X_t - \alpha \beta_2 X_{t-1} + \alpha Y_{t-1} + \epsilon_t \tag{7.8}$$

식 (7.8)의 에러텀 ϵ_t는 3번째 고전적 가정을 만족시키므로 회귀식 (7.8)의 계수들을 최소자승법으로 추정하면 아무 문제가 없을 것이다. 그러나 식 (7.8)의 계수들을 보면 $\alpha\beta_1$과 $\alpha\beta_2$에서 볼 수 있는 바와 같이 회귀모형이 비선형(nonlinear)이기 때문에 위에서 설명한 최소자승법을 사용한 선형회귀모형의 계수추정방법을 사용하여 트루(true) 계수(parameter) β_1, β_2, α를 추정할 수 없다. 이런 비선형 회귀모형의 계수추정을 위해 최우추정법을 사용하면 쉽게 목적을 달성할 수 있다.

최우추정법을 이해하기 위해서 위 식 (7.3)과 (7.4)의 계수들를 최우추정법으로 추정하고자 한다는 가정하에 해당하는 아래 식 (7.9)의 log likelihood 함수를 극대화 하는 계수값들을 계수들의 최우추정치라고 한다는 것을 생각하면 된다.

$$l = -\frac{n}{2}\ln(2\pi) - \frac{n}{2}\ln(\sigma^2) + \frac{1}{2}\ln(1-\alpha^2)$$

$$-\frac{1}{2\sigma^2}\sum_{t=2}^{n}[Y_t - \beta_1(1-\alpha) - \beta_2(X_t - \alpha X_{t-1}) - \alpha Y_{t-1}]^2 \quad (7.9)$$

단 $t=1$일 때는 $\epsilon_1 = \sqrt{1-\alpha^2}\,Y_1 - \sqrt{1-\alpha^2}\,\beta_1 - \sqrt{1-\alpha^2}\,\beta_2 X_1$

식 (7.9)의 자연대수(natural logarithm) 우도함수(likelihood function)를 극대화 시키는 계수들, $\hat{\beta}_1$, $\hat{\beta}_2$, $\hat{\alpha}$, $\hat{\sigma}^2$를 구하면 그것들이 최우추정식(Maximum Likeli-hood Estimator, MLE)이 된다. 여기서 샘플데이터는 n개의 Y_t와 X_t를 통해서 우 도함수에 반영되며, 위 식 (7.9)의 l을 극대화할 때 Y_t와 X_t는 주어진 것으로 하 고, 즉, conditional on the given set of data, l을 극대화시키는 계수값들, $\hat{\beta}_1$, $\hat{\beta}_2$, $\hat{\alpha}$, $\hat{\sigma}^2$를 찾는 것이 최우추정법이다.

7.3 최우추정법을 사용하여 계수를 추정하는 SAS 프로그램

위 식 (7.3)과 (7.4)에 있는 회귀모형은 에러텀에 자기상관이 있기 때문에 비 선형(nonlinear) 회귀모형이며, 추정해야 하는 계수들은 β_1, β_2, α, σ^2로 4개이 다. 최우추정법을 이용한 계수추정을 위해 필요한 SAS 프로그램은 다음과 같다.

SAS Program 7_1

```
/* ipg를 fyff4에 회귀분석. 에러텀에 AR(1) 자기상관 가정 */

DATA ip;
     INFILE 'C:\DATA\ip.prn';
     INPUT mon ip;
     logip = LOG(ip);
     ipg = DIF(logip)*1200;
(1)  IF mon < 20080101 THEN DELETE;
```

```
        RUN;
        DATA fyff;
                INFILE 'C:\DATA\fyff.prn';
                INPUT mon fyff;
                fyff4 = LAG4(fyff);
                IF mon < 20080101 THEN DELETE;
        RUN;
        DATA all;
                MERGE ip fyff;
                BY mon;
        RUN;
(2)     PROC REG DATA=all;
(3)             MODEL ipg = fyff4 / DWPROB;
        RUN;
(4)     PROC AUTOREG DATA=all;
(5)             MODEL ipg = fyff4/ NLAG=1 METHOD=ML MAXIT=200;
        RUN;
```

SAS Program 7_1 설명

(1) 줄은 2008년 1월 이전 샘플데이터는 지우는 명령이다. 제2장에서 회귀모형의 구조변화에 대해 설명했고, 실증분석(empirical analysis)에 의해 금융위기 시작점인 2008년 1월을 전후로 회귀모형에 구조변화가 있었다는 것이 밝혀졌으므로, 금융위기 이후 기간만 샘플데이터로 사용하기 위해 2008년 1월 이전 데이터는 모두 삭제하였다.

(2) 줄과 (3) 줄은 미국산업생산성장율을 4달 전 연방펀드이자율(fyff4)에 단순회귀분석을 하기 위한 SAS coding이다. 에러텀에 자기상관이 있는데도 불구하고 이를 무시하고 식 (7.3)의 계수들을 최소자승법으로 추정한 결과를 얻어 이를 최우추정법으로 얻은 결과와 비교하기 위해서 삽입하였다. 더불어 / DWPROB; 를 사용하여 Durbin-Watson d 검정을 하는 명령을 옵션(option)으로 추가하였다. 샘플데이터는 금융위기 이후, 즉 2008년 1월부터 2018년 8월까지를 사용

하였다.

위 SAS coding에서 제1장과 제2장에서 설명했던 것들은 제외하면 SAS Program 7_1의 설명은 (4)와 (5) 줄이 핵심이 된다. (4) 줄은 최우추정법을 하기 위한 명령이다. 최소자승법을 위한 코딩은 PROC REG이었으나, 최우추정법을 사용하기 위해서는 PROC AUTOREG을 써야 한다. 에러텀에 자기상관 즉, AUTO-correlation이 있을 때 사용하는 추정방식이기 때문에 PROC AUTOREG이라고 했을 것이라는 추측을 해본다.

(5) 줄은 MODEL을 표기하는 줄로, 여기에 NLAG=1은 자기상관의 형태가 AR(1), 즉 위 식 (7.4)라는 것을 알려주기 위한 것이며, 추정방법(METHOD)은 최우추정법(ML, Maximum Likelihood), METHOD=ML,이라는 표기이다. 마지막으로 MAXIT=200은 최대 반복계산(Maximum Iteration)은 200번이라는 것이다. 최대반복계산은 우도함수(likelihood function)가 정규분포처럼 최대점을 찾기 쉽게 되어있으면 "SAS가 정해놓은 최대반복계산(Default Maxium Iteration)" 회수인 40에서 100이나 200으로 증가시킬 필요가 없으나, 최대점을 찾기 어려운 우도함수인 경우 최대점을 찾기 위해 40번만 반복계산하지 말고, 200번까지 반복계산을 하면서 우도 함수의 Global Maximum(부분적 최고점이 아닌 전체 최고점)을 확실하게 찾아보라는 명령이다.

여기서 한 가지 주의해야 할 점은 SAS의 오차항 시계열 표기 방식과 일반적인 시계열 표기 방식이 다르다는 것이다. 예를 들면, AR(1)의 일반적 표기방식은 위에서 표기한 $u_t = \alpha u_{t-1} + \epsilon_t$이나 오차항에 대한 SAS 방식은 $(1 - \alpha B)u_t = \epsilon_t$, 즉 $u_t - \alpha u_{t-1} = \epsilon_t$이다. 여기서 B는 시차지연 함수(Backshift Operator)로 Bu_t는 u_{t-1}이 되고, $B^2 u_t = u_{t-2}$가 된다. SAS의 표기 방식이 일반 표기방식과 다르기 때문에 SAS 회귀분석 결과에 AR(1) 계수로 나오는 값의 부호는 반대로 해서 일반적 시계열모형을 표기해야 한다. 즉, AR(1) 계수 추정치 값이 마이너스($-$)이면 플러스($+$)로 바꾸고, 플러스이면 마이너스로 바꿔야 한다.

우선 ipg를 fyff4에 최소자승법으로 회귀분석한 결과는 위 제6장에서도 설명하였기 때문에 아래에 있는 최우추정법 결과를 설명할 때 다시 언급하는 것으로 대신하고자 한다. 위 식 (7.3)과 식 (7.4)에 있는 계수들을 최우추정법(Maximum Likelihood Method)으로 추정한 결과는 아래와 같다.

식 (7.3), 식 (7.4) 모형 최우추정법으로 계수 추정, Program 7_1 (5) 줄 결과

The AUTOREG Procedure

Maximum Likelihood Estimates

SSE	9287.84483	DFE	125
MSE	74.30276	Root MSE	8.61990
SBC	926.279683	AIC	917.723593
MAE	5.93728941	AICC	917.917141
MAPE	197.131575	HQC	921.199976
Log Likelihood	−455.8618	Transformed Regression R-Square	0.0554
Durbin−Watson	2.0503	Total R-Square	0.1535
		Observations	128

위에서 SSE는 Sum of Squares of Error로 레지주얼 제곱의 합, SSE$= \sum_{I=1}^{N} e_i^2$이다. DFE Degrees of Freedom of Error 125는 전체 128 샘플 개수에서 계수(Parameter) 3개를 뺀 것이고, MSE는 Mean Square Error로 MSE$=$ SSE/DFE이다. Root MSE$= \sqrt{MSE}$이며, 그 다음에 표기된 통계값들을 간단히 정의하면 다음과 같다.

$$\text{AIC} = \text{Akaike Information Criterion} = -2\ln(L) + 2k$$

$$\text{SBC} = \text{Schwarz Bayesian Information Criterion}$$
$$= -2\ln(L) + \ln(N) * k$$

$$\text{MAE} = \text{Mean Absolute Error} = \frac{1}{N}\sum_{i=1}^{N} |e_i|$$

$$\text{AICC} = \text{Corrected AIC} = AIC + 2\frac{k(k+1)}{N-k-1}$$

MAPE = Mean Absolute Percentage Error

$$= \frac{100}{N}\Sigma_{i=1}^{N}\left|\frac{Y_i - \hat{Y}_i}{Y_t}\right|$$

HQC = Hannan-Quinn Information Criterion

$$= -2\ln(L) + 2\ln[\ln(N)] * k$$

Log Likelihood = ln(L), the log of the maximized likelihood
value

$$\text{Transformed Regression R-Square} = R_{reg}^2 = 1 - \frac{TSSE}{TSST}$$

여기서, 변환된(Transformed) 회귀모형의 R-Square로, TSST는 변환된 회귀모형의 Total Sum of Squares, TSSE는 변환된 Sum of Squares of Error이다. 변환된 회귀모형은 AR(1) 모형을 이용하여 변환한 회귀모형 식 (7.8)로 여겨진다.

Durbin-Watson은 Durbin-Watson d 값이고,

$$\text{Total R-Square} = R_{tot}^2 = 1 - \frac{SSE}{TSS}$$

SSE는 Sum of Squares of Error로 회귀모형에 AR(1) 모형도 활용하여 얻은 레지주얼의 합이고, TSS는 R-Square를 구할 때 일반적으로 사용하는 Total Sum of Squares(TSS)이다. 위 표기에서 N은 전체 데이터 수, k는 계수 수 (Number of Parameters)를 나타낸다.

AIC와 SBC에 대한 자세한 설명은 제9장, SAS Program 9_2 결과 설명을 참고하기 바란다.

AICC는 샘플데이터 수가 작을 경우 AIC가 적절한 페널티(Penalty)를 주지 못하는 단점을 보완하기 위해 페널티를 증가시켜 AIC를 보완한 것으로 샘플데이터 수 N이 증가하면 AICC도 AIC가 된다.

MAPE는 MAE와 유사하나, 100을 곱하고, 오차항 $e_i = Y_i - \hat{Y}_i$ 을 종속변수 Y_i 로 나눈 것이 다르다. 즉, 평균 절대값 에러(레지주얼)를 %로 나타낸 것이다.

HQC는 AIC나 SBC와 약간 다른 수식이며, AIC나 SBC와 같이 모형 선택 잣대

로 사용할 수 있는 값이다.

Log Likelihood는 극대화된 로그우도함수(Log Likelihood Function) 값이다.

우선 최소자승법으로 추정한 fyff4의 계수 추정치는 −2.89514이고, t Value는 −3.61이었다. 이에 비해 위 최우추정법으로 얻은 추정치는 −2.7424로 OLS 추정치보다 절대값이 약간 감소했으며, t Value는 −2.71로 OLS로 얻은 값 −3.61 보다 절대값이 작아졌다. t Value가 감소한 결과를 보면, 오차항에 자기상관이 있는데도 불구하고 OLS로 모형의 계수를 추정하면 t Value가 실제 정확한 값보다 더 크게 나올 확률이 높다는 사실을 알 수 있다. 그러므로 오차항의 자기상관이 존재하는데도 불구하고 OLS로 계수를 추정하면, 결과로 나온 t Value에 속을 수 있다는 것을 인식해야 한다. 모형의 에러텀에 자기상관성이 있는지를 검정하는 Durbin–Watson d 검정을 한 결과 검정통계치(test statistic)는 1.478이고 이 값의 확률값(probability value), Pr < DW는 0.001이다. 확률값이 0.05보다 훨씬 작기 때문에 귀무가설인 '자기상관이 없다'는 강하게 기각되어 에러텀에 자기상관이 존재한다는 것을 강하게 암시하고 있다.

아래 최우추정법을 사용하여 얻은 결과에 AR1이라는 변수 이름은 위 식 (7.4) 의 α 추정치를 말한다. 그런데 여기서 AR1 추정치가 −0.2566으로 음수(−)로 나오는 이유는 SAS의 오차항 시계열모형 표기 형태가 위에 표기한 식 (7.4)와 달리 $u_t - \alpha u_{t-1} = \epsilon_t$로 되어 있어서 이 책에서 사용하는 $u_t = \alpha u_{t-1} + \epsilon_t$ 형식과 다르다. 즉, SAS 형식으로 구한 α 값과 이 책의 형식으로 구한 α 값은 부호가 다르다는 것을 알 수 있다. 그러므로, SAS 결과로 나오는 α 값은 그 부호를 바꿔야 일반적으로 많이 사용하는 시계열 모형의 α 값이 된다. 그러므로 아래 AR1 추정치는 0.2566으로 이해해야 한다.

Parameter Estimates

Variable	DF	Estimate	Standard Error	t Value	Approx Pr > |t|
Intercept	1	1.9040	1.1905	1.60	0.1123
fyff4	1	−2.7424	1.0129	−2.71	0.0077
AR1	1	−0.2566	0.0867	−2.96	0.0037

회귀모형의 오차항(error term)에 자기상관이 존재할 경우 이것을 무시하고 최소자승법으로 계수들을 추정하는 컴퓨터 프로그램을 사용하면, 컴퓨터가 계산하는 추정치의 Standard Error, t Value, Pr > | t | 등은 잘못된 값들이 된다. 왜냐하면, 최소자승법으로 회귀모형을 추정하는 컴퓨터 프로그램들은 모두 고전적 가정(Classical Assumptions), 1, 2, 3이 모두 만족된다는 가정하에 이 값들을 계산하기 때문이다.

오차항의 자기상관모형을 반영하여 자기상관계수, α까지 최우추정법으로 추정한 위에 있는 결과값들은 신뢰할 수 있는 값들이다. 이 값들과 최소자승법으로 얻은 잘못된 값들 간의 차이를 보면, 역시 t Value에서 가장 큰 차이가 난다는 것을 알 수 있다. 일반적으로 최소자승법으로 얻은 부정확한 t Value가 최우추정법으로 얻은 정확한 t Value보다 크게 나온다는 것을 염두에 둬야 한다.

위 결과들 중 Approx. Pr > | t |는 t Value를 구하는 과정에서 모르는 오차항의 분산(Variance) σ^2를

$$s^2 = \frac{1}{N-k} \Sigma_{i=1}^N e_i^2$$

로 치환(Substitute)해야 하는데,

$$\hat{\sigma}^2 = \frac{1}{N} \Sigma_{i=1}^N e_i^2$$

로 치환하였기 때문에 엄밀히 말하면 t Value가 t 분포를 따르지 않는데도 불구하고 t 분포를 사용하였기 때문에 "대략" 또는"근사치"를 뜻하는 "Approx."를 사용한 것이다. 당연히 샘플 수 N이 무한대로 가면 s^2와 $\hat{\sigma}^2$은 동일해진다.

참고로, SAS 최우추정 프로그램에서 NLAG=1을 사용한 이유는 오차항의 자기상관 모형이 AR(1)보다 아래와 같이 더 큰 모형, AR(2), 즉 NLAG=2,

$$u_t = \alpha_1 u_{t-1} + \alpha_2 u_{t-2} + \epsilon_t \qquad (7.10)$$

로 추정한 결과, 계수 α_2는 통계적으로 유의하지 않다는 결과를 얻기 때문에 AR(1) 모형을 사용하였다.

불필요한 복잡화를 피하기 위해 지금까지는 단순회귀모형을 활용했으나 다중 회귀모형을 도입하고, 오차항의 자기상관도 허락한 모형의 최우추정을 소개하고, 이 모형에 있는 계수들 중 2개 이상의 계수들에 대한 다중가설검정, Joint Null Hypothesis Testing,도 수행하고자 한다. 먼저 다중회귀모형과 오차항의 자기상 관은 다음과 같다.

$$Y_t = \beta_0 + \beta_1 X_{1t} + \beta_2 X_{2t} + \beta_3 X_{3t} + u_t \tag{7.11}$$

$$u_t = \alpha u_{t-1} + \epsilon_t \tag{7.4}$$

단, Y_t = ipg, 미국 산업생산성장률, X_{1t} = fyff4, 4달 전 연방정부펀드 이자율, X_{2t} = cpiinf, 소비자물가지수 인플레이션, X_{3t} = dunemp, 민간실업률의 1차 차 분이며, 모두 월별자료이고, 샘플기간은 2008년 1월~2018년 8월(128개 샘플)이 다. 오차항의 자기상관 식은 식 (7.4)의 AR(1)을 사용하였다.

단순회귀모형에서는 미국의 산업생산성장률(ipg)을 연방정부펀드 이자율의 4 달 전 값(fyff4)을 유일한 설명변수로 사용하였으나, 식 (7.11)에는 소비자물가지 수을 기반으로한 인플레이션 변수와, 민간실업률 변수의 1차 차분값을 추가하여 회귀분석하였다.

SAS Program 7_2

```
/* 오차항에 자기상관이 있는 다중회귀모형을 최우추정법으로 분석 */

DATA ip;
      INFILE 'C:\DATA\ip.prn;
      INPUT mon ip;
      logip = LOG(ip);
      ipg = DIF(logip)*1200;
      IF mon < 20080101 THEN DELETE;
```

```
      RUN;
      DATA fyff;
              INFILE 'C:\DATA\fyff.prn';
              INPUT mon fyff;
              fyff4 = LAG4(fyff);
              IF mon < 20080101 THEN DELETE;
      RUN;
      DATA inf;
(1)           INFILE 'C:\DATA\cpiinf.prn';
              INPUT mon cpi;
              logcpi = LOG(cpi);
(2)           cpiinf = DIF(logcpi)*1200;
              IF mon < 20080101 THEN DELETE;
      RUN;
      DATA unemp;
(3)           INFILE 'C:\DATA\unemp.prn';
              INPUT mon unemp;
(4)           dunemp = DIF(unemp)*10;
              IF mon < 20080101 THEN DELETE;
      RUN;
      DATA all;
              MERGE ip fyff inf unemp;
              BY mon;
RUN;
      PROC AUTOREG DATA=all;
(5)           MODEL ipg = fyff4 / NLAG=1 METHOD=ML MAXIT=200;;
(6)           MODEL ipg = fyff4 cpiinf dunemp / NLAG=1 METHOD=ML MAXIT=200;
(7)                  TEST cpiinf=0, dunemp=0 / TYPE=WALD;
      RUN;
(8)   PROC REG DATA=all;
(9)           MODEL ipg = fyff4;
(10)                 OUTPUT OUT=out2 R=resid;
      RUN;
```

```
      DATA all;
(11)      SET out2;
      RUN;
      PROC REG DATA=all;.
(12)      MODEL resid = fyff4 cpiinf dunemp;
      RUN;
```

SAS Program 7_2 설명

위 프로그램에서 DATA ip;와 DATA fyff;는 여러 번 사용한 것이라 설명이
필요없다. 소비자물가지수(Consumer Price Index)를 이용하여 인플레이션을 얻는
명령이 DATA inf;에서 시작한다.

(1) 줄에서 CPI(Consumer Price Index, 소비자물가지수) 자료가 있는 파일을 열고
(2) 줄에서 cpiinf, 즉 CPI로부터 얻은 인플레이션을 구하는 것이다. CPI를
LOG 값으로 변환시킨뒤 1차 차분(DIF)하여 인플레이션을 구한다. 즉, $\log(cpi_t)$
$-\log(cpi_{t-1})$ = 월별 인플레이션이고, 여기에 1200을 곱해서 퍼센트(%) 연간인
플레이션을 구하는 것이다.

(3) 줄은 실업률파일을 여는 것이고, (4) 줄은 실업률을 1차 차분하는 명령이다.
실업률 시계열자료는 종종 비정규성(nonstationary)을 띨 정도로 끈적거림
(persistency)이 심하여 산업생산성장률과 같이 정규성을 확연히 띠는 종속변수의
설명변수로 사용하면 통계적 유의성이 완전히 사라지는 경우가 많다. 그러므로
실업률을 1차 차분하여 설명변수로 사용하는 것이 유리하고, 본 회귀모형에서도
실업률 unemp를 설명변수로 사용하면 통계적으로 전혀 유의하지 않지만, 1차
차분한 실업률 dunemp를 사용하면 통계적으로 상당히 유의하게 나온다.

(5) 줄은 최우추정법을 사용하는 명령이며, 설명변수로 fyff4만 사용하였다. 그
이유는 (6) 줄에서 다중회귀분석을 하고 계수 2개가 0이라는 귀무가설을 검정하
고 있기 때문에 검정통계식(Test Statistic)을 구하기 위하여 귀무가설 하의 회귀모
형도 추정하도록 하였다.

(6) 줄은 다중회귀분석모형을 최우추정법으로 추정하는 명령이며, 추가한 설명

변수는 소비자가격에서 얻은 인플레이션, cpiinf, 민간실업률의 1차 차분한 값, dunemp, 두 개이다. (6) 줄에서도 (5) 줄에서와 같이 NLAG=1을 사용하였다.

(7) 줄에는 검정명령 TEST가 있고, 귀무가설은 cpiinf와 dunemp의 계수들 값이 모두 0이라는 것이다. 두 개의 계수가 0이라는 가설은 t 검정으로는 할 수가 없고, F 검정이나 카이자승 χ^2 검정을 해야 한다. F 검정은 1장에서 자세히 설명하였기 때문에 검정통계치 τ만 아래 식 (7.12)에 다시 적는다. (7) 줄의 옵션 '/ TYPE=WALD;'는 귀무가설 cpiinf=dunemp=0를 검정할 때 검정통계치(test statistic)로 아래 설명한 WALD 검정을 하라는 옵션 명령이다. LR(Likelihood Ratio)과 LM(Lagrange Multiplier) 검정은 SAS 프로그램에서 옵션으로 제공하지 않는 것이 아쉬운 점이다.

$$\tau = \frac{(SSE_R - SSE_U)/q}{SSE_U/(n-k)} \sim F_{q,(n-k)} \tag{7.12}$$

여기서

$$SSE_R = \sum_{t=1}^{n} e_{Rt}^2$$
$$SSE_U = \sum_{t=1}^{n} e_{Ut}^2$$

e_{Rt}^2는 귀무가설을 적용한 회귀모형에서 얻은 레지주얼 즉, 귀무가설의 계수제한(parameter restriction)을 하고 회귀모형을 추정한 후 얻은 레지주얼이고, e_{Ut}^2는 귀무가설을 적용하지 않고 계수제한을 하지 않은 회귀모형을 추정한 후 얻은 레지주얼이다. 만약 귀무가설이 맞는다면, 귀무가설을 적용하여 계수에 제한을 가하고 얻은 레지주얼 제곱의 합, SSE_R이나, 귀무가설을 적용하지 않고 계수를 추정한 후 얻은 레지주얼 제곱의 합, SSE_U는 거의 같을 것이다. 그러므로 식 (7.12)의 분자는 작을 것이고 분자가 작기 때문에 검정통계식 τ의 값은 작을 것이다. 검정통계식 값이 작으면 검정임계치(Critical Value)보다 작을 확률이 커서 귀무가설을 기각하지 못하게 될 확률이 크게 된다.

위의 한정된 샘플데이터를 기준으로 고안된 F 검정과 비슷한 점증적 확률분포(Asymptotic Distribution)를 바탕으로 고안된 3개의 카이자승 검정통계식(Chi-square(χ^2) Test Statistic)이 있다. 이 3개의 카이자승 검정통계식을 먼저 소개하고 SAS Program 7_2의 결과를 설명하고자 한다. 아래 3개의 검정통계식들은 위 식 (7.12)의 F 검정통계식과 아주 유사하다. 그럼에도 불구하고 F 분포는 제한적인 샘플(Finite Sample)로 규명이 되는 분포인 데 비해 아래 3개 검정통계식들은 점근적(Asymptotic) 카이자승 확률분포를 갖는다는 점에서 다르다. 제한적인 샘플 수로 확률분포를 정확히 규명하기 어려운 통계학적 상황이라면, 점근적 확률분포를 활용하는 것이 더 합리적이고 안정적일 것이라고 판단된다.

7.5　3개의 카이자승 검정통계식(Chi-square(χ^2) Test Statistic)

(1) Wald 검정통계식

$$\text{WALD} = \frac{n(SSE_R - SSE_U)}{SSE_U} \xrightarrow{a} \chi_q^2$$

(2) LR(Likelihood Ratio) 검정통계식

$$\text{LR} = \frac{n(SSE_R - SSE_U)}{SSE_R} + \frac{n}{2}\left[\frac{SSE_R - SSE_U}{SSE_R}\right]^2 \xrightarrow{a} \chi_q^2$$

(3) LM(Lagrange Multiplier) 검정통계식

$$\text{LM} = \frac{n(SSE_R - SSE_U)}{SSE_R} \xrightarrow{a} \chi_q^2$$

위에서 $\xrightarrow{a}$ 는 점근적 확률분포(asymptotic distribution)를 의미하며 q는 귀무가설의 자유도, Degrees of Freedom of the Null Hypothesis를 나타낸다. 귀무가설의 자유도는 귀무가설로 제한받는(restricted) 계수의 수가 몇 개인가에 의해 결정된다. 예를 들어, $\beta_2 = \beta_3 = 0$라면, 귀무가설의 자유도는 2개이고, $\beta_2 = \beta_3$라면, 귀무가설 자유도는 1개이다. 위 3개의 검정통계식들을 보면 그들 간의 크기에 차이가 있고 그 차이는 WALD $\geq$ LR $\geq$ LM로 나타낼 수 있다는 것을 알 수

있다.

SAS Program 7_2 (8) 줄에 있는 PROC REG는 위에 설명한 LM 통계식을 이용하여 cpiinf와 dunemp 변수의 계수들이 모두 0이라는 귀무가설 검정을 시작하는 명령이다. 우선 (9) 줄에서 귀무가설에 등장하는 두 변수를 빼고, 설명변수로 fyff4만 사용하여 OLS로 계수를 추정하고, 여기서 얻어지는 레지주얼 e_{Rt}, 즉 resid를 얻어 데이터 바구니 out2에 넣는다. 아래 회귀식 (12) 줄의 종속변수로 필요한 resid 데이터도 데이터 바구니 all에 넣기 위해 (11) 줄의 SET out2;로 데이터 바구니 out2를 데이터 바구니 all에 합친다. 데이터 바구니 all에 담겨있는 resid 변수를 (12) 줄에서 종속변수로 하고 fyff4, cpiinf, dunemp를 설명변수로 하여 OLS 회귀분석을 한다. 이 회귀분석의 R^2를 사용하여 $LM = nR^2$를 계산하고 이 Chi-Square 값을 이용하여 cpiinf와 dunemp 계수들은 모두 0이라는 귀무가설을 검정한다.

SAS Program 7_2 결과 설명

SAS Program 7_2 (5) 줄에서 얻은 최소자승법을 사용한 회귀모형 추정결과는 위에서도 소개한 것이기 때문에 여기서는 간략하게만 설명한다. 우선 fyff4 설명변수의 계수추정치는 -2.74이고 t Value는 -2.71이다. 오차항의 AR(1) 계수 α의 추정치는 0.26이고, t Value는 2.96이다.

미국의 산업생산성장률 ipg의 설명변수로 연방펀드 이자율, fyff4뿐만 아니라, 소비자물가지수를 사용하여 얻은 인플레이션, cpiinf,와 민간실업률의 1차 차분변수, dunemp를 추가한 회귀식 (7.11)과 오차항의 자기상관식 (7.4)를 최우추정법으로 추정한 결과를 아래 실었다.

The AUTOREG Procedure

Maximum Likelihood Estimates

SSE	8932.87826	DFE	123
MSE	72.62503	Root MSE	8.52203
SBC	930.934457	AIC	916.674306

MAE	5.96081793	AICC	917.166109
MAPE	208.184438	HQC	922.468278
Log Likelihood	−453.33715	Transformed Regression R-Square	0.1454
Durbin−Watson	1.9994	Total R-Square	0.1858
		Observations	128

위 Maximum Likelihood Estimates에 있는 여러 가지 통계치들에 대한 설명은 위 SAS Program 7_1 (5) 줄 결과 설명을 참조하기 바란다.

위 MLE로 얻은 통계치들 중 SSE, 즉, 레지주얼 제곱의 합은 아래 Parameter Estimates에서 볼 수 있는 바와 같이, 설명변수 4개를 모두 사용한 "대안가설 Alternative Hypothesis"하에서 얻은 것이기 때문에 SSE_U가 된다. 즉, $SSE_U =$ 8932.87826이다. 이 값은 최소자승법, OLS,을 사용했을 때 얻는 수치와 다르다. 왜냐하면, MLE로 얻은 레지주얼은 회귀모형의 오차항을 AR(1)으로 추정하게 하였으므로, 오차항에 AR(1) 모형을 추정하고 나서 얻어지는 레지주얼이기 때문이다. 오차항에 AR(1) 없이 회귀모형을 OLS로 추정하고 나서 얻는 레지주얼 제곱의 합은 MLE로 추정하고 나서 얻는 레주주얼 제곱의 합보다 클 것이다. 실제로 (OLS) $SSE_U = 8969.94006$이다. (MLE) $SSE_U = 8932.87826$보다 37.0618, 약 0.4% 크다.

아래 최우추정 결과를 보면 fyff4 변수와 dunemp 변수는 5% 유의수준에서 통계적으로 유의한 것을 알 수 있다. 그러나, 소비자물가지수에서 얻은 인플레이션, cpiinf 변수는 t Value가 0.93으로 유의하지 않으며, AR(1) 계수인 α도 유의하지 않다. 앞에서 언급한 대로 dunemp 변수가 추가되면 오차항의 자기상관이 사라지기 때문에 cpiinf 설명변수가 추가되어도 자기상관이 사라지는 현상은 그대로 남아있다는 것을 알 수 있다. 아래 결과로 알 수 있는 것은 산업생산성장률 ipg를 종속변수로 할 때, 설명변수로 cpiinf보다는 dunemp 변수가 꼭 필요하다는 것이다.

Parameter Estimates

Variable	DF	Estimate	Standard Error	t Value	Approx Pr > |t|
Intercept	1	1.1476	1.0172	1.13	0.2614
fyff4	1	−2.2483	0.8750	−2.57	0.0114
cpiinf	1	0.2016	0.2164	0.93	0.3533
dunemp	1	−11.9207	4.6957	−2.54	0.0124
AR1	1	−0.0817	0.0945	−0.86	0.3893

위 프로그램 (7) 줄 TEST 명령은 cpiinf 변수와 dunemp 변수의 계수들이 모두 0이라는 귀무가설을 Chi-Square 검정통계치인 Wald 검정치로 검정하라는 명령이다. 위에서 소개한 3개의 Chi-Square 검정들 중, Wald 검정만 SAS에서 지원하고 있다. (7) 줄에 옵션으로 / TYPE = WALD;를 사용하면 Wald 검정을 시행해 주고 그 결과는 아래 표기하였다.

Test Results

Test	Type	Statistic	Pr > ChiSq	Label
Test 1	Wald	8.44	0.0147	cpiinf=0,dunemp=0

검정통계치인 Wald 통계치는 8.44이고, 이 Chi-Square 값을 확률값, Pr > ChiSq으로 변환하면, 0.0147이 된다. 임계확률값 0.05보다 작기 때문에 귀무가설인 cpiinf와 dunemp 변수들의 계수들이 0이라는 다중귀무가설(Joint Null Hypothesis)은 기각된다.

Wald 검정이 아닌 F 검정을 하면, $F_{2,124} = 3.62$이며, Pr > F = 0.0297이다. 검정확률값은 약간 다르지만, Wald 검정과 F 검정 모두 귀무가설을 기각하고 있다. 이 공동가설을 기각하게 만든 변수는 당연히 실업률의 1차 차분 변수인 dunemp이다. 실업률 변수가 통계적으로 상당히 유의하다는 것은 당연하다. 산업생산성장률은 경기(business cycle)의 동행변수이며 실업률은 잘 알려진 경기의 후행변수이다. 그러므로 이 두 변수 사이에 상당히 높은 상관관계가 존재하는 것은 직관적이라고 판단된다.

SAS에서 WALD 검정통계치는 옵션, 위 SAS Program 7_2의 (7) 줄, / TYPE=
WALD;,로 제공하고 있으나, Likelihood Ratio (LR) 검정통계치나, Lagrange
Multiplier (LM) 검정통계치는 옵션으로 제공하지 않아 최우추정 회귀분석 결과
에 나오는 레지주얼 자승의 합, 즉 SAS 실행 결과물에 나오는 SSE(Sum of Squares
of Error) 값을 사용하여 직접 계산해야 가설검정치를 구할 수 있다. 귀무가설로
제약이 있는, 즉 Restricted, 회귀모형에서 얻은 레지주얼 자승의 합, SSE_R과 귀
무가설의 제약이 없는, 즉 Unrestricted, 회귀모형에서 얻은 레지주얼 자승의 합,
SSE_U를 사용하여 검정통계치, LR과 LM을 계산할 수 있다.

특히 LM 검정은 약간 다른 방법으로 할 수도 있다. 우선, ipg를 fyff4에만
OLS를 사용하여 단순회귀분석하고, 즉 귀무가설인 cpiinf와 dunemp 계수들이 0
이라는 것을 반영한 모형을 회귀분석하고, SAS Program 7_2의 (8) 줄과 (9) 줄
을 실행하고, 여기서 구한 레지주얼(residuals), e_{Rt}를 데이터 바구니 out2에 넣는
다. 즉 (10) 줄에서 데이터 바구니 out2에 레지주얼, resid,를 넣는다. 그 다음은
데이터 바구니 out2에 있는 resid를 데이터 바구니 all에 넣기 위해 (11) 줄을 실
행하였다. 이제 데이터 바구니 all에 필요한 모든 데이터가 들어 있기 때문에 데
이터 all을 이용하여 (12) 줄을 실행할 수 있다. 즉 (12) 줄은 다음과 같은 회귀모
형을 OLS로 추정하는 명령이다.

$$e_t = \gamma_0 + \gamma_1 X_{1t} + \gamma_2 X_{2t} + \gamma_3 X_{3t} + v_t \tag{7.13}$$

단, $X_{1t} =$ fyff4, $X_{2t} =$ cpiinf, $X_{3t} =$ dunemp이다. 식 (7.13)에서 얻어지는 R^2에
샘플 수 n을 곱하면 LM 검정식이 된다. 즉,

$$LM = nR^2 \tag{7.14}$$

이다. 위 식 (7.13)을 OLS로 추정하는 (12) 줄 명령결과는 다음과 같다.

The REG Procedure

Model: MODEL1

Dependent Variable: resid Residual

Number of Observations Read	129
Number of Observations Used	128
Number of Observations with Missing Values	1

Analysis of Variance

Source	DF	Sum of Squares	Mean Square	F Value	Pr > F
Model	3	971.75487	323.91829	4.48	0.0051
Error	124	8969.94006	72.33823		
Corrected Total	127	9941.69493			

Root MSE	8.50519	R-Square	0.0977
Dependent Mean	9.36751E−16	Adj R-Sq	0.0759
Coeff Var	9.079458E17		

Parameter Estimates

Variable	Label	DF	Parameter Estimate	Standard Error	t Value	Pr > |t|
Intercept	Intercept	1	−0.93882	0.93708	−1.00	0.3184
fyff4		1	0.73142	0.80927	0.90	0.3679
cpiinf		1	0.23644	0.20779	1.14	0.2574
dunemp		1	−14.12811	4.39215	−3.22	0.0017

위에서 R-Square $R^2 = 0.0977$이 되고 여기에 샘플 수 $n = 128$을 곱하면 LM $= 12.51$이 되어 아래 〈표 7-1〉에서 구한 LM 값과 동일하게 된다. 참고로, 카이 자승 분포의 5% 임계치(critical value)는 5.99이다. 그러므로 귀무가설 식 (7.11) 의 $\beta_2 = \beta_3 = 0$, 또는 위 식 (7.13)의 $\gamma_2 = \gamma_3 = 0$은 강하게 기각된다. 아래 〈표 7-1〉에 있는 Chi-Square 검정통계치들, WALD, LR, LM 등의 계산은 OLS로 추 정한 모형에서 얻은 (OLS) SSE_U와 (OLS) SSE_R을 이용하였음을 확인한다. 그러 므로 SAS Program 7_2의 (7) 줄로 얻어진 WALD 검정통계치와는 다르다는 것을 유념해야 한다. (7) 줄에서 얻는 WALD 검정통계치는 오차항에 AR(1) 모형을 추

가하여 MLE 방법으로 추정한 후 얻은 레지주얼로 SAS가 계산한 값이다.

위에서 검정한 다중귀무가설(Joint Null Hypothesis), "cpiinf와 dunemp 변수의 계수들은 모두 0 이다"가 기각되는 가장 큰 이유는 위 Parameter Estimates에서 볼 수 있는 바와 같이 cpiinf 변수추정치의 t Value는 1.14 밖에 되지 않지만, dunemp 변수추정치의 t Value는 −3.22에 Pr > | t | 값은 0.0017로 통계적으로 상당히 유의하다는 것이다. 즉, 2개의 계수들 중 하나는 0이라는 귀무가설을 기각하지 못하지만, 나머지 하나는 강하게 기각하기 때문에 이 두 개의 계수들이 모두 0이라는 가설은 강하게 기각될 수밖에 없을 것이다.

〈표 7-1〉 귀무가설: 식 (7-11)의 $\beta_2 = \beta_3 = 0$에 대한 검정통계치

F 검정	WALD 검정	LR 검정	LM 검정
6.72	13.87	13.12	12.51

F 검정의 검정통계치 6.72의 확률값, Pr > F는 0.0017이며, WALD 검정통계치 13.87의 확률값은 0.0012이다. 그러므로 임계치(significance level) 5%에서 귀무가설 $\beta_2 = \beta_3 = 0$은 두 개의 검정통계치 모두에 의해 기각되고 있다. LR 값과 *LM* 값에 해당하는 확률값들은 구하지 못했다 해도, 귀무가설을 강하게 기각할 수 있는 값들이라는 것은 확실하다. 왜냐하면 자유도 2인 카이자승 분포의 유의도 5% 임계치값은 5.991이기 때문이다. 3개의 카이자승 검정통계치들은 위해서 설명한 대로, WALD = 13.43 > LR = 13.11 > LM = 12.51의 부등호가 성립되는 것을 알 수 있다.

7.6 설명변수의 비선형성(Nonlinearity) 검정

대부분의 경우 설명변수를 있는 그대로 사용하지 않고 비선형 변형(non-linear transformation)을 하여 회귀식에 사용하는 경우는 드물다. 위 식 (7.4)의 경우 연방펀드 이자율 fyff4도 특별한 변형 없이 다만 4달 전 값을 설명변수로 사용하고 있고, 민간실업률 unemp 변수인 경우 1차 차분한 변수 dunemp를 사용하고 있

다. 하지만 어떤 경우에는 설명변수의 로그변형을 하든가, 자승을 하거나, 설명변수들끼리 곱한 변수를 사용하는 것이 회귀분석 결과를 개선할 수도 있다. 이러한 비선형으로 변형된 설명변수를 사용하거나, 설명변수끼리 곱하거나 나누어 하나의 설명변수로 사용하는 것에 대한 통계학적 정당성은 LM 검정을 통하여 분별할 수 있다.

설명변수의 비선형 변형이 통계적으로 유의한지의 여부는 다음과 같은 식을 이용하여 검증할 수 있다.

$$Y_t = \beta_0 + \beta_1 X_{1t} + \beta_2 X_{2t} + \beta_3 X_{1t}^2 + \beta_4 X_{2t}^2 + \beta_5 X_{1t}X_{2t} + u_t \qquad (7.15)$$

단, $Y_t =$ipg, 산업생산성장률, $X_{1t} =$fyff4, 4달 전 연방펀드이자율 $X_{2t} =$dunemp, 민간실업률의 1차 차분. 위 식 (7.15)에는 X_{1t}의 자승 X_{1t}^2, X_{2t}의 자승 X_{2t}^2 및 두 변수를 곱한 설명변수, $X_{1t}X_{2t}$가 있다. 비선형으로 변환된 설명변수들이 위 회귀식 (7.15)에 존재해야 하는지에 대한 LM 검정을 하기 위해서는 우선, 아래 회귀식 (7.16)을 OLS로 추정한 후, 얻어진 레지주얼 e_{Rt}를 위 식 (7.15)에 있는 설명변수 모두에 회귀분석하고, LM 검정치 nR^2를 구하면 된다. 즉,

$$Y_t = \beta_0 + \beta_1 X_{1t} + \beta_2 X_{2t} + v_t \qquad (7.16)$$

단, 식 (7.16)의 종속변수와 독립변수들은 위 식 (7.15)와 같다. 식 (7.16)에는 식 (7.15)에 있는 설명변수 X_{1t}와 X_{2t}를 자승하여 얻은 변수들과 X_{1t}와 X_{2t}를 곱해서 얻은 변수가 없다. 즉, 식 (7.16)은 귀무가설 $\beta_3 = \beta_4 = \beta_5 = 0$을 적용한 제한된(Restricted) 모형이며, 식 (7.15)는 대안가설(alternative hypothesis)을 적용한 모형이다.

식 (7.16)에서 얻는 SSE_R과 식 (7.15)에서 얻는 SSE_U를 사용하여 WALD, LR, LM 검정치를 계산할 수 있다. 우선, 식 (7.15)와 (7.16)을 회귀분석하기 위해 필요한 SAS 프로그램은 다음과 같다.

/* 설명변수의 비선형 변형과 귀무가설 검정 */

```
       DATA ip;
           위 SAS Program 7_2와 동일
       RUN;
       DATA fyff;
           INFILE 'C:\DATA\fyff.prn';
           INPUT mon fyff;
           fyff4 = LAG(fyff);
(1)        fyff42 = fyff4**2;
           IF mon < 20080101 THEN DELETE;
       RUN;
       DATA unemp;
(2)        INFILE 'C:\DATA\unemp.prn';
           INPUT mon unemp;
(3)        dunemp = DIF(unemp)*10;
(4)        dunemp2 = dunemp**2;
           IF mon < 20080101 THEN DELETE;
       RUN;
       DATA all;
           MERGE ip fyff unemp;
           BY mon;
(5)        fy4dun = fyff4*dunemp;
       RUN;
       PROC REG DATA=all;
(6)        MODEL ipg = fyff4 dunemp / DWPROB;
(7)        OUTPUT OUT=out1 R=resid;
(8)        MODEL ipg = fyff4 dunemp fyff42 dunemp2 fy4dun / DWPROB;
(9)        TEST fyff42=0, dunemp2=0, fy4dun=0;
       RUN;
       DATA all;
```

```
        SET out1;
    RUN;
    PROC REG DATA=all;
(10)        MODEL resid = fyff4 dunemp fyff42 deunemp2 fy4dun;
    RUN;
```

SAS Program 7_3 설명

(1) 줄은 fyff42 = fyff4**2는 fyff4의 제곱을 만들어 그 이름을 fyff42로 하라는 명령이다. 제일 마지막 회귀분석에서 fyff4의 제곱항이 필요해서 만들어 놓는 것이다.

(2) 줄은 실업률 파일을 여는 과정이다.

(3) 줄은 실업률의 1차 차분한 값에 10을 곱하는 명령이다. 실업률을 1차 차분하지 않고 그대로 사용하면 통계적으로 전혀 유의하지 않지만, 1차 차분한 변수를 사용하면 상당히 유의하게 나온다. 실제, fyff4보다 절대값으로 더 큰 t 값이 나온다. 10을 곱하는 이유는 ipg 변수와 데이터 단위(unit)를 비슷하게 만들어 추정치의 단위가 10 이상이 나오지 않게 하기 위함이다.

(4) 줄은 실업률 unemp를 1차 차분한 값의 제곱을 만드는 명령이다.

(5) 줄은 연방펀드이자율에 실업률의 1차 차분한 값을 곱한 것이다. 두 설명변수를 서로 곱하여 비선형 설명변수로 만들어 사용하고자 한다.

(6) 줄은 비선형 설명변수가 하나도 없는, 선형인 fyff4와 dunemp만 설명변수로 있는 회귀모형이다.

(7) 줄은 회귀모형 (6) 줄을 추정한 후 얻을 수 있는 레지주얼(residuals)을 얻기 위해 필요한 명령들이다. 우선, OUTPUT은 위 회귀모형을 추정하고 나서 뭔가를 얻고자 한다는 SAS 명령이며, 그 다음에는 OUT이 나오고 OUT=out1은 회귀분석 결과(outputs)에서 얻는 변수(들)는 out1이라고 이름붙여진 데이터 바구니(data basket)에 넣으라고 바구니 이름을 지정해 주는 명령이며, R은 SAS의 변수 이름으로 Residuals를 뜻한다. R=resid는 Residuals의 이름을 사용자가 정한 resid라고 하라는 명령이다.

(8) 줄은 회귀모형으로 5개의 설명변수 중 3개가 비선형 변환(nonlinear trans-formation)을 한 설명변수를 포함하고 있다.

(9) 줄은 TEST, 즉 검정명령으로 3개 비선형 설명변수들의 계수값 모두가 0이라는 귀무가설을 F test로 검정하라는 명령이다. SAS의 가설검정은 디폴트 (Default)로 F 검정으로 한다.

(10) 줄은 (6) 줄에서 회귀분석한 후 얻은 레지주얼을 종속변수로 하고, (8) 줄에서 사용한 5개 설명변수를 모두 설명변수로 사용하여 회귀분석하는 모형이다. 이 회귀분석에서 얻는 R^2에 샘플 수 n을 곱하여 LM 검정통계치(Test Statistic)을 얻는다. 즉 $LM = nR^2$이다.

SAS Program 7_3 결과 설명

위 SAS Program 7_3 (6) 줄의 회귀모형은 설명변수 2개의 선형형태만 있는 귀무가설 회귀모형이다. 즉, fyff4와 dunemp 변수만 있고 이 변수들의 제곱이나, 두 변수를 곱한 비선형(nonlinear) 변수들의 계수들은 모두 0이라는 귀무가설 하에 얻은 회귀모형이다. 데이터 기간은 금융위기 이후기간인 2008년 1월부터 2018년 9월로 129개의 샘플이 있으며, 실제 사용된 샘플 수는 128개이다.

아래는 SAS Program 7_3 (6) 줄에 있는 명령을 실행한 결과이다.

The REG Procedure
Model: MODEL2
Dependent Variable: ipg

Number of Observations Read	129
Number of Observations Used	128
Number of Observations with Missing Values	1

Analysis of Variance

Source	DF	Sum of Squares	Mean Square	F Value	Pr > F
Model	2	1908.24162	954.12081	13.16	<.0001
Error	125	9063.59858	72.50879		

Corrected Total   127   10972

Root MSE		8.51521	R-Square	0.1739
Dependent Mean		0.25076	Adj R-Sq	0.1607
Coeff Var		3395.73614		

Parameter Estimates

Variable	DF	Parameter Estimate	Standard Error	t Value	Pr > |t|
Intercept	1	1.33093	0.89559	1.49	0.1398
fyff4	1	−2.05810	0.80488	−2.56	0.0118
dunemp	1	−1.50436	0.43229	−3.48	0.0007

2개의 설명변수만, fyff4와 dunemp, 사용하였고, 비선형으로 전환된 변수 3개는 위 회귀분석에 사용되지 않았기 때문에 위 회귀모형은 여기서 빠진 3개 변수들의 계수들은 모두 0이라는 귀무가설을 반영한 모형이다. 그러므로, 위 Sum of Squares of Error 값 9063.59858은 SSE_R 값이 된다. 우선 4달 전의 연방정부 이자율, fyff4와 실업률 1차 차분값, dunemp 변수들의 계수추정치들은 모두 음수(−)이며, 5% 유의수준(Significance Level)에서 통계적으로 유의하다(statistically significant). 즉, 이자율이 1% 상승하거나, 실업률이 1% 상승하면, 종속변수인 산업생산성장률이 각각 2.0581%, 1.50436%씩 감소한다. 이 회귀모형의 질적수준(Quality Level)을 보기 위해 오차항에 자기상관이 있는지 Durbin–Watson D 검정을 하여 그 결과를 아래에 표기하였다.

The REG Procedure
Model: MODEL2
Dependent Variable: ipg

Durbin–Watson D	1.849
Pr < DW	0.1648
Pr > DW	0.8352
Number of Observations	128
1st Order Autocorrelation	0.072

위 결과에서와 같이 민간실업률의 1차 차분 값, dunemp를 설명변수로 회귀식에 추가할 경우 fyff4의 계수추정치, t Value, Durbin–Watson D 값, Pr < DW 값 등에 상당한 변화가 발생한다. 우선 fyff4의 계수추정치는 −2.05810으로 fyff4 하나만 설명변수로 사용했을 때의 추정치 −2.90보다 그 크기가 큰폭으로 감소하였고, t value도 −3.61에서 −2.56으로 절대값이 상당폭 감소하였다. fyff4 하나만 설명변수로 사용하였을 때는 DW D 값이 1.478, Pr < DW 값은 0.0010으로 오차항에 자기상관이 없다는 귀무가설을 강하게 기각했었으나, dunemp 변수가 추가된 이후에는 DW D 값이 1.849로 증가하고, Pr < DW 값은 크게 상승하여 0.165가 되어, 결과적으로 귀무가설을 기각할 수 없게 되었다. 위 Durbin–Watson 검정결과는 fyff4와 dunemp, 2개의 설명변수가 있는 위 회귀모형의 오차항에 자기상관이 존재하지 않기 때문에 회귀모형의 "품질"에는 하자가 없다고 판단할 수 있다.

다음은 fyff4와 dunemp 설명변수들을 비선형으로 전환시킨 후 3개의 설명변수를 추가하여 회귀식 (7.16)을 만들었고, SAS Program 7_3 (8) 줄과 (9) 줄에 OLS 계수추정 명령과 F 검정명령을 표기하였다. 이 모형은 대안가설(Alternative hypothesis)을 적용하였기 때문에 이 모형의 레지주얼 제곱의 합, Residual Sum of Squares는 SSE_U가 되고, 위에 있는 SSE_R과 함께 사용하여 WALD, LR, LM 검정통계치(test statistics)를 구할 수 있다. 우선 (8) 줄에 있는 회귀모형을 추정한 결과를 아래 실었다. 데이터 기간은 금융위기 이후인 2008년 1월부터 2018년 9월로 129개의 데이터가 있으며, 실제 사용된 샘플 수는 128개이다.

The REG Procedure
Model: MODEL3
Dependent Variable: ipg

Number of Observations Read	129
Number of Observations Used	128
Number of Observations with Missing Values	1

Analysis of Variance

Source	DF	Sum of Squares	Mean Square	F Value	Pr > F
Model	5	2367.69972	473.53994	6.71	<.0001
Error	122	8604.14047	70.52574		
Corrected Total	127	10972			

Root MSE	8.39796	R-Square	0.2158	
Dependent Mean	0.25076	Adj R-Sq	0.1837	
Coeff Var	3348.97914			

Parameter Estimates

Variable	DF	Parameter Estimate	Standard Error	t Value	Pr > |t|
Intercept	1	2.97994	1.14931	2.59	0.0107
fyff4	1	−4.53298	2.51758	−1.80	0.0742
dunemp	1	−1.21387	0.54110	−2.24	0.0267
fyff42	1	0.63889	0.57609	1.11	0.2696
dunemp2	1	−0.31686	0.16134	−1.96	0.0518
fy4dun	1	0.11016	0.47451	0.23	0.8168

위 결과는 비선형 전환을 하여 설명변수로 사용한 3개 변수들의 계수들이 모두 사용된 회귀모형을 추정한 것이기 때문에 위 결과를 생성한 회귀모형은 대안가설(Alternative Hypothesis), 즉 Unrestricted를 사용한 모형이기 때문에, 통계치들 중 Sum of Squares of Error는 SSE_U가 되며, 값은 8604.14047이다. 5개의 설명변수들 중 실업률 1차 차분변수가 통계적으로 가장 유의하다는 것을 알 수 있다. 추정치는 −1.21386이고 t Value는 −2.24, Pr > |t| 값은 0.0267로 임계치 0.05보다 작아 통계적으로 유의하다는 것을 알 수 있다.

dunemp2 변수는 dunemp를 제곱하여 얻은 것으로 추정치는 −0.31686, t Value −1.96, Pr > |t|는 0.0518로 임계치 0.05보다 약간 더 커서 통계적으로 유의하다고는 할 수 없으나, 5개 변수들 중 2번째로 t Value가 큰, 절대값으로, 변수다. fyff4 변수를 제곱하여 만든 변수, fyff42나 fyff4와 dunemp 변수를 서로 곱하여 만든 fy4dun 변수는 통계적 유의성이 없다.

이러한 회귀분석 결과는 설명변수가 5개나 되어 변수들끼리 다중공선성(multi-collinearity)이 존재하여 계수추정에 영향을 미친 것 같다는 느낌이 든다. 그 증거로 설명변수가 fyff4, dunemp 2개뿐인 SAS Program 7_3 (6) 줄 결과의 R-Square=0.1739인 데 비해 설명변수가 5개인 위 회귀분석 결과의 R-Square=0.2158로 0.0419 더 크다. R^2가 더 큼에도 불구하고 위 결과에는 통계적으로 유의한 설명변수가 dunemp 하나뿐이다. 이러한 결과는 회귀모형의 설명변수들 간에 다중공선성이 존재할 때 나타나는 증상이라는 것을 설명한 바 있다. 다중공선성이 존재하는 회귀모형을 추정하였을 때 발견되는 영향 중의 하나가 R^2은 큰데, 통계적으로 유의한 계수추정치는 별로 없다는 것이다.

SAS Program 7_3 (9) 줄에 있는 TEST 명령은 비선형 설명변수들의 계수들이 모두 0이라는 귀무가설을 검정하는 명령이다. 그 검정결과 $F_{3,122}=2.17$이며 이 F 값의 p Value는 Pr > F=0.0948로 임계치(Critical Value) 0.05보다 2배 정도 커서 귀무가설을 기각할 수 없다.

The REG Procedure
Model: MODEL3

Test 1   Results for Dependent Variable ipg

Source	DF	Mean Square	F Value	Pr > F
Numerator	3	153.15270	2.17	0.0948
Denominator	122	70.52574		

위에 있는 $SSE_R=9063.59858$, $SSE_U=8604.14047$, $n=128$을 사용하여 WALD, LR, LM 검정통계치를 구하면 다음과 같다. WALD=6.835, LR=6.655, LM=6.490. 자유도가 3인 카이자승(Chi-square) 확률분포의 5% 임계치(critical value)가 7.815이기 때문에 이 세 가지 카이자승 검정통계치들 모두 비선형으로 변형한 세 가지 설명변수들의 계수들이 모두 0이라는 귀무가설을 기각하지 못한다. 이 결과는 위에서 얻은 F 검정과 같은 결론이다. F 검정의 Pr > F 값이 0.0948로 귀무가설을 기각 못하였듯이, 카이자승 검정에서도 Pr > χ^2 값도 비슷할 것

으로 짐작된다. 결국 미국의 산업생산성장률 ipg가 종속변수인 회귀모형에는 4달 전 연방펀드이자율 fyff4와 민간실업률의 1차 차분값 dunemp은 설명변수로 필요하나, 이들을 비선형으로 전환한 변수들은 설명변수로 적합하지 않다는 결론이다.

조건부이분산:
불확실성 측정 및 활용

제8장에 있는 최우추정법을 사용한 일부 실증분석을 실행하기 위해서는 SAS/ETS에 포함되어 있는 PROC AUTOREG 명령이 필요하다. 무료로 다운로드 받을 수 있는 SAS University Edition에는 SAS/ETS가 포함되어 있지 않아 독자들이 불편을 감내해야 할 것 같아 아쉽다. 신속한 미래에 University Edition에도 SAS/ETS가 포함되어 독자들이 불편없이 SAS를 배울 수 있길 바란다.

조건부(Conditional)이분산(Heteroskedasticity)이 경영학, 경제학뿐만 아니라 기업경영, 국가경영 등 다양한 분야에서 널리 활용되고 있는 이유는 조건부이분산을 활용하였을 때에 얻을 수 있는 혜택이 매우 크다는 점에 있다. 국가경제를 염려해야 하는 지도자들이나, 기업경영을 책임져야하는 높은 지위의 이사 및 CEO, 한국은행을 비롯한 경제관련 연구원들의 임원들은 국가경제를 둘러싼 불확실성, 미래에 대한 불확실성, 불확실성에 내제된 리스크(risk) 등에 상당히 민감할 수밖에 없다. 이런 사람들일수록 미래 불확실성에 대한 구체적이고 과학적인 추정치를 필요로 할 것이다. 사실 이런 국가경제의 지도자급이 아닌 평범한 사람들도 "불확실성"에 대해 민감하기는 만찬가지라고 생각한다. 거의 대부분의 사람들은 미래가 불확실하고, 염려스러우면 소비를 줄이고 저축을 늘린다. 불확실한 미래에 대비하고자 하는 인간들의 경제적 본능의 표출이라고 할 수 있다. 그러므로 인간들의 삶에 "불확실성"이 미치는 영향은 매우 크다는 것을 대부분의 사람들이 인지하고 있었으나 1982년 엥글(Engle)의 논문이 나오기 전까지는 "불확실성"에 대한 과학적 잣대가 없었고, 잣대가 없다보니 "불확실성"이 여러 경제·경영 변수에 미치는 영향을 추정할 수도 없었다.

경제·경영 전문가들이 여러 변수들의 미래값을 예측했을 때 그 예측오차(forecast error)의 크기가 클 때와 작을 때가 구분될 정도로 서로 몰려있다는, Clustering 현상이 있다는 것을 인식하고 있었다. 예측오차가 한 번 커지면, 큰 예측오차가 한동안 지속되고, 반대로 예측오차가 한 번 작아지면 작은 예측오차가 한동안 지속되는 현상이 지속적으로 발생하였다. 다시 말하면, 예측오차의 크기가 몰려있는 클러스터링(Clustering) 현상이 종종 발견되고 있었다는 것이다. 이런 예측오차 크기의 몰림 현상은 예측오차의 크기를 미리 예측할 수 있다는 것을 의미하기도 한다. 샘플데이터에서 발견되는 이러한 현상을 계량경제학적 기술로 회귀모형에 직접 반영한 시도가 조건부이분산(Conditional Heteroskedasticity) 모형이 되었다. 더 정확히 말하면 조건부이분산은 "시간에 따라 변화하는 조건부 분산"이라고 할 수 있다. 즉, 오차항의 분산이 변화하지 않고 일정한 분산, Homoskedasticity가 아니라 시간에 따라 변화하는 조건부 분산, Time-Varying Conditional Variance, 또는 조건부이분산, Conditional Heteroskedasticity라고 할 수 있다.

로버트 엥글(Robert Engle)이 1982년에 조건부이분산(Conditional Heteroskedasticity) 논문을 발표하고 나서 이 논문의 내용을 활용하고 발전시킨 논문들이 폭발적으로 증가하였으며, 새로 제시된 조건부이분산 모형도 그에 비례하여 대폭 증가하였다. 다양한 샘플데이터의 통계적 특성을 반영하고, 계량경제학 이론의 지평을 넓힌 조건부이분산들이 계속 발표되었다. 엥글의 초기 조건부이분산 모형인 ARCH, AutoRegressive Conditional Heteroskedasticity,에서 GARCH, Generalized ARCH, EGARCH, Exponential GARCH, Square-Root GARCH, Quadratic GARCH, Power GARCH 등, 많은 GARCH 모형들이 제시되었다. 이 특별한 창의적 공헌으로 엥글은 2003년에 노벨 경제학상을 수상하였다.

조건부이분산 모형이 연구자들뿐만 아니라, 실증분석가들로부터도 큰 호응을 받은 또 다른 이유는 조건부이분산의 용도에 있다. 경제학이나 경영학뿐만 아니라, 일반 기업경영에 중요한 변수들 중 하나는 불확실성을 대변하는 변수이다. 세계경제의 불확실성, 국가 거시경제의 불확실성, 증권시장의 불확실성, 환율의 불확실성 등 기업경영에 큰 영향을 미치는 변수로 '불확실성' 변수는 아주 중요하다고 믿어왔다. 그러나 이 중요한 '불확실성' 변수를 과학적인 방법으로 수치화하지는 못하여 회귀모형에 실제 사용할 수는 없는 아타까움으로 남아있었다. 엥글의 조건부이분산 모형이 이 갈증을 해소할 수 있는 꿀 같은 해법을 제시한 것이다.

조건부이분산 회귀모형의 계수들을 추정한 다음 부수적으로 얻게 되는 조건부이분산 값들은 회귀모형 종속변수의 '불확실성'을 구체적인 숫자로 나타내는 값이기 때문에, 다른 회귀모형에서 설명변수의 하나인 "불확실성 변수"로 사용하여 그 회귀모형의 종속변수가 불확실성에 얼마나 큰 영향을 받는지를 추정할 수 있도록 했다. 예를 들면, 주식가격에서 얻은 주식수익률(Stock Returns)의 시계열자료를 종속변수로 하고, 이자율, 산업생산성장률 등을 설명변수로 한 회귀모형의 오차항에 조건부이분산이 존재한다면 회귀모형의 계수들뿐만 아니라 조건부이분산의 계수들까지 모두 추정한 뒤, 추정된 모형에서 얻어지는 조건부이분산 값을 '총투자'를 종속변수로 하는 제2의 회귀모형에 설명변수로 추가하여 회귀모형을 추정하면 '주식수익률의 불확실성'이 '총투자'에 얼마나 큰 영향을 미치는지를 추정할 수 있다.

아래 예제를 이용하여 조건부이분산 모형을 추정하고, 여기서 얻은 '불확실성'을 설명변수로 하는 회귀모형을 통해 자세히 설명하고자 한다.

8.1   조건부이분산 모형의 장점

오차항에 존재하는 조건부이분산 모형을 회귀모형 추정에 반영하면 얻을 수 있는 혜택으로 2가지를 들 수 있다. 첫 번째로, 아래 식 (8.2)와 같이 회귀모형의 오차항에 조건부이분산이 존재한다는 것을 인지하고 아래 식 (8.4)와 같은 조건부이분산 모형을 식 (8.1)에 추가하여 β_0와 β_1뿐만 아니라 식 (8.4)의 조건부이분산 계수들도 같이 추정하면, 원래 회귀모형의 계수들인 β_0와 β_1을 추정하는 추정효율성이 증가한다. 즉, β_0와 β_1 추정치의 표준오차(Standard Error) 값이 감소한다. 이에 대한 직감적(intuitive) 설명은 다음과 같다. 오차항 u_t에 조건부이분산이 존재한다는 정보도 유용한 정보이다. 이 유용한 정보를 계수를 추정할 때 사용하면 사용하지 않았을 때보다 좋은 결과를 얻을 수밖에 없다. 즉, 유용한 정보를 사용한다는 것은 샘플데이터의 수가 증가하는 것에 비유할 수 있다. 회귀모형 추정에 좋은 데이터는 많으면 많을수록 좋은 것이기 때문에 오차항의 조건부이분산 정보를 사용하는 것은 데이터 수가 증가하는 것과 같은 효과를 발휘하여 Standard Error 값이 감소할 것이다. 이에 대한 수학적 증명은 엥글(Engle)의 1982년 Econometrica 논문을 참고하면 된다.

두 번째 혜택은 위에서 언급한 바와 같이 조건부이분산이 종속변수(dependent variable)의 '불확실성 또는 리스크'의 과학적 추정치로 활용 될 수 있다는 점이다. 미래 거시경제에 대한 불확실성이 증가하면, 소비가 감소하고 투자도 감소한다는 것은 잘 알려져 있다. 그러므로 거시경제의 불확실성을 대표할 수 있는 변수의 조건부이분산만 얻을 수 있다면 그 조건부이분산 값을 국가경제의 불확실성 추정치로 하여 그 추정치를 소비나 투자를 종속변수로 하는 회귀모형에 설명변수로 추가하여 '불확실성'의 영향을 분석할 수 있을 것이다.

8.2   조건부이분산 회귀모형

조건부이분산(Conditional Heteroskedasticity) 회귀모형은 오차항 u_t가 조건부 (conditional) 정규분포(Normal distribution)를 갖으며, 정규분포의 평균(mean)은 0이고 분산(variance), h_t는 시간에 따라 변화하는 공분산(homoskedasticity)이 아닌 이분산(heteroskedasticity), 즉 time-varying 하는 분산이라는 것이 모형의 핵심이다.

불필요한 복잡성을 피하기 위해 조건부 이분산을 단순회귀모형의 오차항에 표기하면,

$$Y_t = \beta_0 + \beta_1 X_t + u_t \tag{8.1}$$

$$u_t \mid \Omega_{t-1} \sim N(0,\ h_t) \tag{8.2}$$

단, $\Omega_{t-1} = (t-1)$기에 활용가능한 모든 정보의 집합

$$h_t = h(u_{t-1},\ u_{t-2},\ \cdots,\ \gamma_0,\ \gamma_1,\ \gamma_2,\ ...,\ \gamma_p) \tag{8.3}$$

식 (8.2)는 $(t-1)$기에 활용가능한 모든 정보 집합 Ω_{t-1}이 주어졌다는 조건 하에, 오차항 u_t의 조건부 확률분포(Conditional Probability Distribution)는 정규분포(Normal Distribution)이며 평균은 0이고, 분산은 시간에 따라 변화하는, 즉, time-varying하는 h_t라는 것이다. 식 (8.3)에 있는 바와 같이 시간에 따라 변화하는 분산 h_t는 $(t-1)$기와 그 이전 $(t-2)$, $(t-3)$ $\cdots$기의 오차항과 계수들 (parameters), $\gamma_0,\ \gamma_1,\ \gamma_2,\ \cdots,\ \gamma_p$ 의 함수(function)라는 것이다.

이분산 함수 $h(u_{t-1},\ u_{t-2},\ \cdots,\ \gamma_0,\ \gamma_1,\ \gamma_2,\ \cdots,\ \gamma_p)$는 여러 가지 다양한 형태의 식이 있다. 그 중에 가장 간단한 식으로 알려진 ARCH(1) 모형, 1st-order

AutoRegressive Conditional Heteroskedasticity, 식은 다음과 같다.

$$h_t = \gamma_0 + \gamma_1 u_{t-1}^2 \tag{8.4}$$

식 (8.4)의 ARCH(1) 조건부 이분산은 가장 간단한 조건부 이분산이며 t기의 조건부 이분산 h_t는 $(t-1)$기의 오차항 제곱 u_{t-1}^2에 의해서만 결정된다는 것이다. 이 모형보다 약간 더 보편화된 모형 ARCH(q) 모형은 다음과 같다.

$$h_t = \gamma_0 + \gamma_1 u_{t-1}^2 + \gamma_2 u_{t-2}^2 + \cdots + \gamma_q u_{t-q}^2 \tag{8.5}$$

위 식 (8.5)는 시계열분석 모형의 MA(Moving Average) 모형과 유사하다고 할 수 있다. 당연히 MA 모형과 유사한 ARCH 모형이 있다면, AR(AutoRegressive) 모형도 포함된 GARCH(p, q)(Generalized AutoRegressive Conditional Heteroskedasticity, q, p)모형도 가능할 것이다. 즉, 다음과 같다.

$$h_t = \gamma_0 + \gamma_1 u_{t-1}^2 + \gamma_2 u_{t-2}^2 + \cdots + \gamma_q u_{t-q}^2 + \delta_1 h_{t-1}$$
$$+ \delta_2 h_{t-2} + \cdots + \delta_p h_{t-p} \tag{8.6}$$

식 (8.6)은 GARCH(p, q)라고 부른다. 실증분석에 가장 많이 이용되고 있는 조건부이분산 모형은 GARCH(1, 1)으로 AR(1) 모형과 MA(1) 모형을 합친 조건부이분산 모형으로 다음과 같이 표기할 수 있다.

$$h_t = \gamma_0 + \gamma_1 u_{t-1}^2 + \delta_1 h_{t-1} \tag{8.7}$$

8.3 조건부이분산 검정

조건부이분산의 존재여부를 검정하는 방법으로 빈번히 사용되는 검정방법은 $LM = nR^2$ 검정이다. SAS 프로그램에서는 PROC AUTOREG 명령에서 MODEL 을 표기한 다음 옵션으로 / ARCHTEST;를 사용하면 아래 식 (8.8)을 추정하여 회귀모형의 오차항에 조건부이분산의 존재여부를 검정해 준다. 위 식 (8.1)의 본 회귀모형을 추정한 후 얻는 레지주얼 제곱, e_t^2,을 사용하여 다음과 같은 회귀모형을 추정한다.

$$e_t^2 = \varphi_0 + \varphi_1 e_{t-1}^2 + \varphi_2 e_{t-2}^2 + \cdots + \varphi_p e_{t-p}^2 + v_t \tag{8.8}$$

식 (8.8)의 R^2에 샘플 수 n을 곱해서 LM(Lagrange Multiplier) 검정통계치를 구한 후 카이제곱(Chi-Square) 확률분포의 임계치(critical value)와 비교하여 귀무가설(null hypothesis), "조건부이분산이 존재하지 않는다"를 기각하거나 기각할 수 없다는 결론을 내리면 된다. 만약 귀무가설이 맞다면, 식 (8.8)에 있는 계수들, φ_1, φ_2, $\cdots$, φ_p 가 모두 0이 되어야 한다. 그러므로, 귀무가설이 맞다면, R^2 값은 0에 가까워야 되고, nR^2 값도 0에 가까워서 귀무가설을 기각할 수 없어야 한다. 반대로 귀무가설이 틀리다면, 즉 조건부이분산이 식 (8.1)의 오차항에 존재한다면, R^2값은 비교적 큰 값이 되고 따라서 검정통계치 값도 검정임계치보다 커서 귀무가설을 기각해야 할 것이다.

조건부이분산의 존재 여부를 검정하는 SAS 프로그램은 다음 SAS Program 8_1에 표기하였다. 샘플데이터는 우리나라 KOSPI 지수와 재무부 3년 만기채권 이자율을 사용하고자 하였으나 회귀분석 결과가 경제학 이론이나 통용되는 직감과 거리가 멀어 결국 미국 시계열자료를 사용하였다. 2004년부터 2018년 9월까지 177개 우리나라 자료를 사용하면 산업생산성장률과 재무부 채권 이자율 간의 관계가 포지티브(+)로 나와서 이자율이 증가하면 산업생산성장률이 증가한다는 엉뚱한 결과가 나오고, KOSPI 수익률을 종속변수로 하여 얻은 조건부이분산 값을 산업생산성장률을 종속변수로 하는 회귀모형에 설명변수로 추가하여 분석하면 조건부이분산이 증가하면, 즉 불확실성이 증가하면, 산업생산성장률도 증가한다는 받아들이기 어려운 결과가 나왔다. 결국 우리나라 자료 사용을 포기하고, 1959년 1월부터 2012년 8월까지 644개의 미국 자료, 산업생산지수, ipg, S&P 500 수익률, spg, 연방펀드이자율, fyff를 활용하여 실증분석하였다.

/* S&P 500 지수의 월간 주식수익률의 조건부이분산을 불확실성 변수로
사용 */
/* 월간 데이터는 1957년 1월부터 2012년 8월까지 644개만 존재 */

```
(1)   DATA sp500;
          INFILE 'C;\DATA\sp500.prn';
          INPUT mon sp;
          logsp = LOG(sp);
(2)       spg = DIF(logsp)*1200;
          IF mon < 19590101 THEN DELETE;
(3)        num = _N_;
      RUN;
      DATA ip;
          INFILE 'C:\DATA\ip.prn';
          INPUT mon ip;
          logip = LOG(ip);
          ipg = DIF(logip)*1200;
          IF mon < 19590101 THEN DELETE;
(4)       IF mon > 20120801 THEN DELETE;
      RUN;
      DATA fyff;
          INFILE 'C:\DATA\fyff.prn';
          INPUT mon fyff;
          fyff4 = LAG4(fyff);
          IF mon < 19590101 THEN DELETE;
          IF mon > 20120801 THEN DELETE;
      RUN;
      DATA all;
          MERGE sp500 ip fyff;
          BY mon;
      RUN;
```

```
        PROC AUTOREG DATA=all;
(5)         MODEL spg = fyff / METHOD=ML MAXIT=200 ARCHTEST;
(6)         MODEL spg = fyff / METHOD=ML MAXIT=200 GARCH=(q=1,p=1);
        RUN;
```

SAS Program 8_1 설명

(1) 줄에서 월별(monthly) S&P 500 지수를 사용하기 위하여 데이터를 불러들인다.

(2) 줄에서 S&P 500 월별지수를 사용하여 연간 %로 된 주식수익률, spg를 구한다.

(3) 줄은 num 변수의 값을 _N_으로 생성하라는 명령으로 _N_는 1, 2, 3, …, n의 자연수를 생성하는 기능으로, 여기서 n은 샘플 총 개수, 즉 644,를 나타낸다.

(4) 줄은 월별 S&P 500 지수 자료가 2012년 8월까지만 있어서 2012년 8월 이후 ip 자료들은 삭제하는 명령이다. 2012년 8월 이후에는 월별 주가지수 자료를 구할 수 없는 것이 유감이다.

(5) 줄에서 PROC AUTOREG을 이용하고 최우추정법(Maximum Likelihood Estimation Method)을 사용하여 회귀분석한다. S&P 500 지수로 얻은 주가수익률 spg를 종속변수로, 연방펀드 이자율 fyff를 유일한 설명변수로 하였다. 한 가지 언급해야 할 것은 ipg를 종속변수로 사용했을 때는 fyff 변수의 4달 전 값인 fyff4를 사용하였으나, 현재의 종속변수는 주식수익률 spg이기 때문에 동기값(Contemporaneous Value) fyff를 사용하였다. 종속변수 spg가 주식수익률이기 때문에 오차항에 자기상관이 없어야 한다는 경영학 이론도 반영하고, 실제 NLAG =1으로 검정한 결과 자기상관이 존재하지 않는다는 것을 확인하였다. 이 줄에서 옵션으로 ARCHTEST를 사용하였다. 회귀모형 오차항에 조건부이분산의 존재를 LM 검정으로 검정하기 위한 옵션이다.

(6) 줄은 종속변수 spg로 한 회귀모형의 조건부이분산은 GARCH(1,1) 모형으로 하고, 최우추정법을 이용해서 추정하라는 명령이다. GARCH(1,1)은 GARCH의 MA 콤포넌트(component) 오더(order)는 1, $q=1$, AR 콤포넌트 오더

도 1, $p=1$이라는 표기이다.

SAS Program 8_1 결과 설명

우선 (5) 줄을 수행하여 얻은 ARCHTEST 결과를 먼저 설명한다. (5) 줄 옵션 (option)에 있는 ARCHTEST 명령은 위 식 (8.8)의 계수들에 대한 귀무가설, $\varphi_1 = \varphi_2 \cdots = \varphi_p = 0$ 을 LM 검정하라는 명령이다. 즉, $LM = nR^2$을 이용해서 귀무가설을 검정하는 것이다. 계수의 수를 나타내는 오더(order) p는 1에서 12까지 계산한 검정통계치(test statistic) LM과 그 확률값은 다음 결과와 같다.

The AUTOREG Procedure
Dependent Variable: spg

Ordinary Least Squares Estimates

SSE	1737010.07	DFE	642
MSE	2706	Root MSE	52.01560
SBC	6928.11349	AIC	6919.17809
MAE	38.9262959	AICC	6919.19681
MAPE	152.049689	HQC	6922.64537
Durbin–Watson	1.8854	Total R-Square	0.0017

Tests for ARCH Disturbances Based on OLS Residuals

Order	Q	Pr > Q	LM	Pr > LM
1	16.6330	<.0001	16.6260	<.0001
2	19.6135	<.0001	17.8300	0.0001
3	26.6834	<.0001	22.9333	<.0001
4	33.0786	<.0001	26.0052	<.0001
5	34.1474	<.0001	26.0448	<.0001
6	34.9282	<.0001	26.1589	0.0002
7	35.4245	<.0001	27.8248	0.0002
8	35.4305	<.0001	27.8302	0.0005
9	40.5662	<.0001	32.8484	0.0001
10	41.5276	<.0001	33.0638	0.0003

| 11 | 41.5290 | <.0001 | 33.0831 | 0.0005 |
| 12 | 41.5875 | <.0001 | 33.0920 | 0.0009 |

엥글(Engle)은 회귀모형의 오차항에 조건부이분산, ARCH Disturbances, 현상이 존재하는지 검정하는 방법으로 LM 검정을 추천하였다. 위 Q test는 Portmanteau Q test라고도 불리며 LM test보다 복잡하게 계산된다. 그러므로 본 저서에서는 LM 검정을 조건부이분산 검정으로 사용하고자 한다.

첫째 컬럼의 Order는 식 (8.8) $\cdots + e_{t-p}^2$의 p 값을 말하며, 1에서 12까지 사용하여 종속변수 S&P 500 지수의 수익률, spg,를 종속변수로 하고, 연방정부 이자율, fyff를 설명변수로 하는 회귀식 오차항에 "조건부이분산이 존재하지 않는다"는 귀무가설을 검정한 것이다. Oder 1부터 12까지 모든 검정확률값, Pr > LM, 이 임계값 0.05보다 상당히 작아서 어느 Oder를 선택하든지 상관없이 귀무가설을 모두 기각하고 있다. 즉, 주가지수 S&P 500으로 얻은 주가수익률 spg를 종속변수로 하고, 연방정부 이자율 fyff를 설명변수로 하는 회귀모형의 오차항에는 아주 강한 조건부이분산이 존재한다는 증거이다.

조건부이분산이 존재하지만 (5) 줄에서는 그 것을 활용하지 않고 회귀모형 MODEL spg = fyff;만 MLE로 추정하였다. 그 결과는 다음과 같다.

Parameter Estimates

Variable	DF	Estimate	Standard Error	t Value	Approx Pr > |t|
Intercept	1	9.4390	3.8355	2.46	0.0141
fyff	1	−0.6151	0.5854	−1.05	0.2938

위 결과를 보면, 유일한 설명변수인 fyff가 통계적으로 유의하지 않다는 것을 알 수 있다. 이 결과는 직감적이다. 왜냐하면, 종속변수가 주식수익률이기 때문에 어떤 설명변수던 통계적으로 유의한 설명력을 갖지 못할 것이라는 이론과 직감 때문이다. 월별자료라서 어떤 경우에는 통계적으로 유의한 설명변수를 발견할 수도 있겠지만, 그럴 가능성은 아주 낮다는 것이 저자의 직감이다. S&P 500은

선별된 500개 주식의 지수이기 때문에 그 수익률은 같은 달의 이자율에 의해 설명되어야 할 필요가 없고 도리어 설명된다는 것이 더 이상할 것이다. 오차항의 자기상관 AR(1)은 당연히 없어야 한다. 만약 오차항에 자기상관이 존재한다면 주식수익률이 예측가능하게 되어 경영학 이론과 배치되는 결과가 될 것이다. 이러한 이유로 오차항에 AR(1) 모형을 추가하라는 옵션 / NLAG = 1은 사용하지 않았다.

(6) 줄에서는 회귀모형의 계수뿐만 아니라 GARCH(1,1) 모형의 계수들도 추정하라고 명령하고 있다. 그 결과는 다음과 같다.

The AUTOREG Procedure

GARCH Estimates

SSE	1737185.4	Observations	644
MSE	2697	Uncond Var	3180.75108
Log Likelihood	−3434.028	Total R-Square	0.0016
SBC	6900.39456	AIC	6878.05607
MAE	38.8893726	AICC	6878.15011
MAPE	154.575062	HQC	6886.72427
		Normality Test	195.0101
		Pr > ChiSq	<.0001

위에 표기한 여러 통계량들에 대한 설명은 SAS Program 7_1 결과 설명을 참조하기 바란다. 우선 위에 Nomality Test는 Jarque and Bera가 1980년에 제시한 정규분포 검정으로 자세한 검정통계량은 여기서 다루기 적절치 않아 생략한다. Chi-Square 검정통계량을 이용하며, S&P 500 주가지수로 얻은 주식수익률, spg가 종속변수인 회귀모형의 "오차항이 정규분포를 갖는다"라는 귀무가설을 강하게 기각하고 있다.

아래는 (6) 줄을 실행하여 얻은 결과이다.

Variable	DF	Estimate	Standard Error	t Value	Approx Pr > |t|
Intercept	1	10.4060	3.9154	2.66	0.0079
fyff	1	−0.7509	0.5198	−1.44	0.1486
ARCH0	1	137.6998	50.2076	2.74	0.0061
ARCH1	1	0.1220	0.0271	4.51	<.0001
GARCH1	1	0.8347	0.0295	28.28	<.0001

(6) 줄은 GARCH=(q=1, p=1)으로 조건부이분산 모형을 지정하고 그 계수들을 회귀모형의 계수들과 함께 추정하라는 명령이다. (6) 줄의 명령은 (5) 줄의 명령과 같으나 (5) 줄에는 GARCH 명령이 없다. 그러므로 (6) 줄로 얻은 결과를 (5) 줄에서 얻은 결과와 비교하면, 즉, 회귀모형과 함께 오차항의 조건부이분산 모형을 함께 추정하였을 경우와 회귀모형만 추정하였을 경우의 결과값들을 비교하면 조건부이분산을 반영하여 추정하였을 때 어떤 혜택이 있는지를 명쾌하게 알 수 있을 것이다. (5) 줄과 (6) 줄에서 얻은 결과를 〈표 8-1〉에 표기하였다. 위에서 ARCH0는 식 (8.7)의 γ_0의 추정치, ARCH1은 γ_1의 추정치, GARCH1은 δ_1의 추정치이다.

〈표 8-1〉 조건부이분산이 없는 경우와 있는 경우 계수추정 결과 비교

조건부이분산이 없는 회귀모형 추정결과			
	Estimate	Standard Error	Approx. Pr > |t|
Intercept	9.4390	3.8355	0.0141
fyff	−0.6151	0.5854	0.2938
조건부이분산 GARCH=(q=1,p=1)이 있는 회귀모형 추정결과			
Intercept	10.4060	3.9154	0.0079
fyff	−0.7506	0.5198	0.1486

〈표 8-1〉에서 Intercept와 fyff의 Estimate, Standard Error, Approx. Pr > | t | 값들을 "조건부이분산이 없는 회귀모형 추정결과"와 "조건부이분산 GARCH=(q=1, p=1)이 있는 회귀모형 추정결과"를 비교해 볼 수 있다. 우선 표의 상단과 하단

의 추정치들을 비교해 보면, 조건부이분산을 포함하여 추정한 값들이 모두 절대값으로 크다. Standard Error를 보면, 절편, Intercept의 Stadard Error는 약간 증가하였지만, fyff의 Standard Error는 11% 넘게 감소하였다. 즉, fyff Standard Error만 보면, 엥글(Engle)이 보여준 대로, 회귀모형의 오차항에 존재하는 조건부이분산을 반영하여 회귀모형의 계수들을 추정할 때 조건부이분산 계수들도 함계 추정하면, 계수추정의 효율성(efficiency)이 증가한다는 것이다. 즉, 회귀모형의 계수추정치의 표준오차, Standard Error가 작아진다는 것이다. 약 2%의 작은 크기지만 Intercept 추정치의 Standard Error가 커지는 이유는 설명할 수 없다. 그럼에도 불구하고, fyff의 계수추정치 표준오차가 11% 넘게 감소한 것을 보면, 오차항에 조건부이분산이 존재한다면, 조건부이분산 계수들(parameters)도 회귀모형의 계수들과 함께 추정해야 하는 분명한 이유가 존재한다는 것을 확인할 수 있는 좋은 예제라고 판단된다. 위 결과를 보면, 조건부이분산 모형의 모든 계수들이 통계적으로 상당히 유의하다는 것을 알 수 있다. 즉, 아래 식 (8.7)의 γ_0의 추정치 ARCH0, γ_1의 추정치 ARCH1, δ_1의 추정치 GARCH1 모두 5% 유의수준에서 통계적으로 유의하다. 특히 ARCH1과 GARCH1의 계수들은 확률값이 <.0001일 정도로 매우 유의하다는 것을 알 수 있다.

$$h_t = \gamma_0 + \gamma_1 u_{t-1}^2 + \delta_1 h_{t-1} \tag{8.7}$$

아래 두 번째 조건부이분산 모형을 이용하여 조건부이분산으로 측정된 경제상황에 대한 불확실성을 산업생산성장률, ipg, 회귀모형에 설명변수로 추가하여 좋은 결과를 얻고 있다. 조건부이분산의 2가지 혜택을 모두 볼 수 있는 좋은 예제라고 판단된다.

/* S&P 500 수익률의 조건부이분산을 국가경제적 불확실성 변수로
취급하여 산업생산성장률, ipg, 회귀모형에 추가하여 회귀분석 */
/* 아래 DATA all; 윗줄의 DATA step 들은 **SAS Program 8_1**과 동일함 */

```
       DATA SP500;
              위 SAS Program 8_1의 DATA SP500;과 동일함
       RUN;
       DATA ip;
              위 SAS Program 8_1의 DATA ip;와 동일함
       RUN;
       DATA fyff;
              위 SAS Program 8_1의 DATA fyff;와 동일함
       RUN;
(1)    DATA unemp;
              INFILE 'C:\DATA\unemp.prn';
              INPUT mon unemp;
(2)           dunemp = DIF(unemp);
       RUN;
       DATA all;
              MERGE sp500 ip fyff unemp;
              BY mon;
       RUN;
       PROC AUTOREG DATA=all;
(3)           MODEL spg = fyff / METHOD=ML MAXIT=200 ARCHTEST;
(4)           MODEL spg = fyff / METHOD=ML MAXIT=200
              GARCH=(q=1,p=1);
(5)           OUTPUT OUT=out1 CEV=ht;
       RUN;
       DATA all;
(6)           SET out1;
(7)           st = SQRT(ht);
```

```
        RUN;
(8)     PROC GPLOT DATA=all;
(9)         PLOT spg*num=1  st*num=2 / OVERLAY;
(10)        SYMBOL1 V=NONE i=join C=blue;
(11)        SYMBOL2 V=STAR i=join C=black;
        RUN;
        PROC AUTOREG DATA=all;
(12)        MODEL ipg = fyff4 dunemp st / NLAG=1 METHOD=ML MAXIT=200
                ARCHTEST;
(13)        MODEL ipg = fyff4 dunemp st / NLAG=1 METHOD=ML MAXIT=200
                GARCH=(q=1, p=1);
        RUN;
```

SAS Program 8_2 설명

(1) 줄은 새로운 변수인 실업률(unemployment), unemp, 자료를 만드는 명령이다.

(2) 줄은 실업률의 1차 차분한 변수 dunemp를 만드는 명령이다. 이 변수는 종속변수가 산업생산성장률, ipg인 경우 설명변수로 사용하면 큰 t 값을 가지며 fyff4 변수만 사용했을 때 발생하는 오차항의 자기상관을 사라지게 하는 역할을 하기 때문에 종속변수가 ipg인 회귀모형에는 설명변수로 사용해야 하는 변수라고 판단된다.

(3) (4) 줄은 SAS Program 8_1과 동일하다.

(5) 줄은 위 (4) 줄에서 추정한 GARCH(1,1) 모형에서 얻은 "시차에 따라 변화하는 조건부이분산(time-varying conditional heteroscedasticity)"을 변수 ht라고 명명하는 명령이다. SAS의 조건부이분산 이름은 CEV, Conditional Error Variance,이며, CEV = ht는 사용자인 프로그래머가 조건부이분산 변수의 이름을 ht로 한다는 명령이다.

(6) 줄은 조건부이분산 ht가 들어 있는 데이터 바구니 out1을 데이터 바구니 all에 담으라는 명령이다.

(7) 줄은 조건부이분산 변수인 ht에 스퀘어루트, SQRT를 씌워서 만든 변수의 이름을 st라고 하는 명령이다. 즉 $st = \sqrt{ht}$. 조건부이분산은 분산값(variance)이 기 때문에 오차항 u_t의 제곱으로 만들어진 변수이다. 즉, $ht = E(u_t^2 \mid \Omega_{t-1})$이다. 그러므로, 다른 변수들과 유닛(unit)을 맞추기 위해서는 스퀘어루트를 씌워서 사용하는 것이 더 편할 때가 있다. 물론 스퀘어루트를 씌우지 않아도 상관없다.

(8) 줄 PROC GPLOT은 플롯팅(Plotting)하는 명령으로 PROC PLOT과는 달리 PROC GPLOT을 사용하면 아래 SYMBOL 옵션을 사용할 수 있어서 PLOT 명령보다 더 다양한 플롯팅을 할 수 있다.

(9) 줄은 실제 플롯팅하는 모형에 대한 명령이다. 여기서 *는 필수적이고 * 앞에 나오는 변수가 Y축(세로축) 변수이고, * 뒤에 나오는 변수는 X축(가로축) 변수가 된다. 여기서 X축은 num 변수로 num은 자연수, 1, 2, 3, ⋯ n으로 샘플 수에 자연수를 붙인 것이며, 이 자연수 행렬의 마지막 숫자는 샘플 총 수, 즉 644가 된다. 변수 num은 위 SAS Program 8_1의 (3) 줄에 설명하였다. 특히 (9) 줄에서는 두 개 변수 플롯팅을 서로 덮어씌우는 형식으로 플롯팅하는 / OVERLAY; 옵션을 사용하였다.

(10), (11) 줄의 SYMBOL 명령은 플롯팅할 값들의 표기할 때 데이터포인트를 구체적인 사인으로 표시하지 말라는 옵션, V (Value) = NONE을 사용하든가, 데이터 값을 * 기호로, 즉 V=STAR, 또는 V=PLUS, + 기호로 표기할 수 있다. i 는 Interpolation을 뜻하는 것으로 이 명령은 데이터 값과 데이터 값 사이, 즉 *와 *, 또는 +와 + 사이를 연결해야 하는지, i = join, 연결하지 말아야, i=없음, 하는지를 나타낸다. C (Color) = blue는 플롯팅할 때 파란색을 사용하라는 명령이며, C = black은 검정색을 사용하라는 명령이다.

(12) 줄에서는 ipg를 종속변수로 하고, fyff4, dunemp와 st를 설명변수로 사용하며, 회귀모형을 최우추정법, Maximum Likelihood Estimation Method를 사용하여 추정하라는 명령이다. 이 추정모형을 사용한 이유는 GARCH(1,1) 옵션이 없는 (12) 줄에서 얻는 회귀모형추정 결과와, GARCH(1,1)이 있는 아래 (13) 줄에서 얻는 추정결과를 비교하기 위해서이다. 아래 추정결과 설명에도 언급하였듯이 종속변수를 ipg로 하였을 때도 조건부이분산이 존재한다는 검정결과

가 있기 때문에 회귀모형추정 시에 조건부이분산 GARCH(1,1)을 추가하지 않았을 때와 추가했을 때의 결과가 어떻게 다른지를 비교·분석하기 위하여 두 개의 회귀모형을 추정하였다.

500개의 주가에서 얻는 S&P 500 지수는 30개의 주가에서 얻는 Dow Jones 지수보다 더 넓은 미국의 경제지평을 나타내기 때문에 S&P 지수에서 얻은 (5) 줄의 조건부이분산 ht는 미국 경제의 전반적인 불확실성을 나타낸다고 할 수 있다.

아래 줄 (12)와 (13)에서와 같이 월별(monthly) 실물경제를 대변하는 산업생산성장률 ipg에 경제전반에 대한 불확실성(uncertainty) st가 영향을 미치는지를 분석하는 것은 큰 의미가 있다고 판단된다. 한 가지 아쉬운 점은, 국가적 불확실성에 가장 큰 영향을 받는 변수로 알려진 '민간 투자' 자료를 종속변수로 사용할 수 없다는 것이다. 민간 투자 데이터는 분기별(quarterly)이 아니면 연간(annual) 자료만 존재하여, 월간 자료인 산업생산성장률로 대체했다는 것이 아쉬움으로 남는다.

(13) 줄은 위에서 설명한 대로 (12) 줄의 SAS 명령과 동일하나 옵션으로 조건부이분산 GARCH(1,1) 모형을 함께 추정하도록 한 것이다. 조건부이분산의 존재를 파악하고 그 모형으로 GARCH(1,1)을 사용하여 추정하였을 때 설명변수 fyff4, dunemp, st의 추정치가 어떻게 변화하는지를 비교하기 위해 마련하였다.

SAS Program 8_2 결과 설명

우선 (8) 줄의 GPLOT 결과를 보면 두 개의 PLOT을 OVERLAY 옵션을 이용하여 한 개의 그래프로 겹쳐서 그린 결과는 〈그림 8-1〉에서 볼 수 있다. 파란색이 S&P 500 지수의 연간 % 수익률을 나타내고, 검은선은 조건부이분산의 루트 값, 위 SAS Program 8_2의 (7) 줄에 있는 st 값을 나타낸다. 즉, S&P 500 지수의 연간 % 수익률에서 얻은 조건부이분산의 루트(square root) 값으로 S&P 500 지수의 연간 % 수익률 변동에 담겨있는 '불확실성 수치'를 나타낸다.

파란색 플로팅과 검은색 플로팅을 비교해 보면 굵고 짙은 검은색 플로팅이 파란색 플로팅의 변동성을 잘 나타내고 있는 것을 알 수 있다. 특히 〈그림 8-1〉에서 S&P 500의 연간 퍼센트(Percent) 주식수익률 346번째는 1987년 10월 값으로 −300에 근접한 −294.514로 가장 큰 폭으로 하락한 값을 보여준다. 이 점은

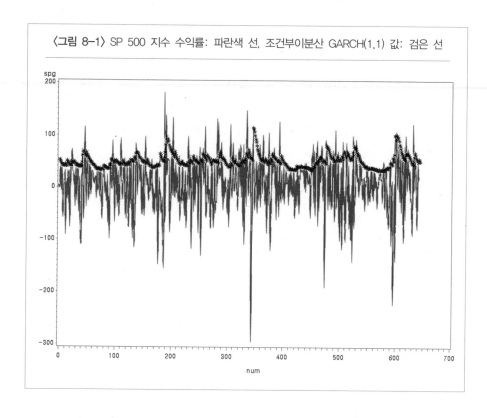

〈그림 8-1〉 SP 500 지수 수익률: 파란색 선, 조건부이분산 GARCH(1,1) 값: 검은 선

1987년 10월 19일 블랙먼데이(Black Monday)와 뒤이은 20일의 주가하락, 이틀 간의 큰 주가하락 때문이다. 주가의 급격한 하락은 불확실성을 크게 높인다는 것을 뒤따른 검은색 조건부이분산 st의 급격한 상승에서 확인할 수 있다. 1987년 10월 조건부이분산 st 값은 51.971이었으나, 11월에 115.462로 치솟은 후 12월 113.172, 그 다음해 1988년 1월 107.663, 1988년 2월 100.156으로 서서히 하락하기 시작했다. 즉, 주가수익률의 변동성으로 측정한 "미국 거시경제의 불확실성(Macroeconomic Uncertainty of the U.S.)"은 1987년 11월 크게 상승한 후 그 다음해 1988년 2월에도 매우 높은 수준을 유지하였다. 그 후로도 476번째 1998년 8월 주식수익률이 −189.10으로 거의 −200% 가까운 하락을 보이고 있으며, 이 때문에 조건부이분산 값도 상당히 상승하는 것을 볼 수 있다.

598번째, 즉, 2008년 10월, 금융위기(Financial Crisis)가 본격적으로 시작된 달 주식수익률은 −222.764였으나 그 달의 조건부이분산 st 값은 65.271에 지나지 않았다. 그러나 그 다음 달 11월 불확실성 값 st는 101.416으로 치솟고, 12월에는 100.146으로 거의 변화가 없었다. 다음 해 2009년 1월 st 값은 92.245, 2월 94.509, 3월 101.675, 4월 98.555로 상당히 높은 수준을 4개월 동안이나 유지하였다. 즉, 2008년 9월 연간 % 주가수익률이 −114.217을 기록한 달에도 조건부이분산은 52.137이었으나, 그 후 지속적으로 상승하여 2008년 11월부터 2009년 4월까지 6개월간 조건부이분산 값은 100 이상이거나 거의 100에 근접한 아주 높은 값이 지속되었다. 이렇게 미국경제전반의 불확실성이 매우 높은 상태가 6개월 이상 지속되어 세계경제에 커다란 충격을 주었고, 매우 높은 수준으로 지속된 불확실성 때문에 전 세계 경제는 깊고 긴 불황의 터널에 들어서게 되었다.

2008년의 재정위기, Finacial Crisis,로 대변되는 경제위기는 세계 대부분의 국가에서 심각한 불경기를 초래하였고, 이 불경기를 극복하기 위해 많은 국가가 유례없는 초저금리를 여러 해 동안 유지하였다. 역사상 유례가 없는 초저금리 덕분에 세계시장에서 유동성(Liquidity)은 넘쳐났으며, 이 덕분에 세계경제는 심각한 불황을 극복할 수 있었고, 2015년 말부터는 세계 중앙은행들이 과도한 경기활황에 따른 인플레이션(inflation)을 우려하여 점진적인 금리인상을 시작하게 되었다.

경제적 불확실성에 민감하다고 판단되는 투자, 소비, 기업매출 등에 이 '불확실성 변수'를 설명변수로 사용하면 이런 변수들이 경제적 불확실성에 얼마나 민감한지를 구체적으로 판단할 수 있다. 미국 경제전반에 걸친 불확실성 st가 산업생산성장률 ipg에 어떤 영향을 미치는지를 추정하기 위해 종속변수 ipg에 설명변수로 fyff4, dunemp, st를 상용하고, 오차항에 AR(1)의 존재를 가정하여 회귀분석한 결과를 (12) 줄에서 얻었다.

(12) 줄에 있는 MODEL ipg = fyff4 dunemp st/ 명령 결과는 다음과 같다.

Parameter Estimates

Variable	DF	Estimate	Standard Error	t Value	Approx Pr > |t|
Intercept	1	11.4835	1.7591	6.53	<.0001
fyff4	1	−0.3651	0.1182	−3.09	0.0021
dunemp	1	−16.7317	2.0745	−8.07	<.0001
st	1	−0.1284	0.0313	−4.11	<.0001
AR1	1	−0.1588	0.0415	−3.83	0.0001

위 회귀분석 결과에서 볼 수 있듯이 설명변수 계수추정치들의 사인(sign)은 모두 마이너스(−)로 제대로 나왔고, t 값들은 3개 모두 통계적으로 크게 유의하게 나왔다. 특히, 불확실성을 나타내는 설명변수인 st의 t 값의 절대치가 fyff4의 t 값 절대치보다 더 크게 나와서 불확실성 변수가 산업생산증가률에 연방정부 이자율보다 더 중요하다는 것을 잘 보여주고 있다. 민간실업률을 1차 차분한 변수인 dunemp의 t 값은 −8.07로 연방펀드 이자율의 4개월 전 변수 fyff4 t 값의 3배가 넘는 값이어서 종속변수 ipg를 설명하는 회귀모형에 상당히 중요한 변수임을 확인해 주고 있다.

(12) 줄 옵션으로 ARCHTEST를 사용하여 산업생산성장률 ipg 종속변수의 오차항에 이분산의 존재여부를 알아보았다. 그 결과 LM 검정통계치와 그 확률값 Pr > LM은 다음과 같다.

Tests for ARCH Disturbances Based on Residuals

Order	Q	Pr > Q	LM	Pr > LM
1	19.1206	<.0001	19.0138	<.0001
2	25.5867	<.0001	22.2502	<.0001
3	26.8613	<.0001	22.4142	<.0001
4	48.3115	<.0001	40.4432	<.0001
5	55.4415	<.0001	41.8378	<.0001
6	57.3122	<.0001	41.8447	<.0001
7	57.3594	<.0001	42.0749	<.0001
8	57.3611	<.0001	43.1726	<.0001
9	58.1713	<.0001	43.2713	<.0001
10	58.7747	<.0001	43.3115	<.0001
11	63.2949	<.0001	46.6014	<.0001
12	63.4683	<.0001	46.6977	<.0001

위에서 볼 수 있는 바와 같이 Pr > LM 값은 1에서 12까지 전체 오더(order)에 걸쳐 확률값이 모두 <.0001이다. 그러므로 산업생산성장률 ipg를 종속변수로 하는 회귀모형의 오차항에 이분산이 존재하지 않는다는 귀무가설은 강하게 기각되고 있다. 이 결과를 반영하여 (13) 줄에는 옵션으로 GARCH=(q=1,p=1)을 추

가하여 회귀분석하였고 그 결과는 다음과 같다.

The AUTOREG Procedure

GARCH Estimates

SSE	49648.0584	Observations	644
MSE	77.09326	Uncond Var	81.5076918
Log Likelihood	−2254.2881	Total R-Square	0.2277
SBC	4560.31775	AIC	4524.57616
MAE	6.12189048	AICC	4524.80293
MAPE	187.993433	HQC	4538.44529
		Normality Test	165.8118
		Pr > ChiSq	<.0001

Parameter Estimates

Variable	DF	Estimate	Standard Error	t Value	Approx Pr > |t|
Intercept	1	8.9506	1.4454	6.19	<.0001
fyff4	1	−0.3432	0.0987	−3.48	0.0005
dunemp	1	−14.0666	1.6199	−8.68	<.0001
st	1	−0.0757	0.0282	−2.69	0.0071
AR1	1	−0.0763	0.0542	−1.41	0.1596
ARCH0	1	12.6284	1.8967	6.66	<.0001
ARCH1	1	0.2456	0.0333	7.38	<.0001
GARCH1	1	0.5994	0.0386	15.54	<.0001

우선 조건부이분산 계수들인 ARCH0, ARCH1, GARCH1 추정치들은 모두 양 (+)수이고, Approx Pr > |t| 값들이 모두 <.0001으로 통계적으로 매우 유의하 다는 것을 알 수 있다. 여기서 ARCH0는 γ_0, ARCH1은 γ_1, GARCH1은 δ_1으로 아래 식 (8.7) 계수들의 추정치를 나타낸다.

$$h_t = \gamma_0 + \gamma_1 u_{t-1}^2 + \delta_1 h_{t-1} \tag{8.7}$$

ipg를 종속변수로 하는 회귀모형의 오차항에 조건부이분산이 존재하고, 회귀 모형의 계수들, fyff4, dunemp와 동시에 조건부이분산 계수들을 추정하였을 때

〈표 8-2〉 조건부이분산이 없는 경우와 있는 경우 계수추정 결과 비교

조건부이분산이 없는 ipg 회귀모형 추정결과			
	Estimate	Standard Error	Approx. Pr > |t|
Intercept	11.4835	1.7591	<.0001
fyff4	−0.3651	0.1182	0.0021
dunemp	−16.7317	2.0745	<.0001
st	−0.1284	0.0313	<.0001
AR1	−0.1588	0.0415	0.0001
조건부이분산 GARCH=(q=1,p=1)이 있는 ipg 회귀모형 추정결과			
Intercept	8.9506	1.4454	<.0001
fyff4	−0.3432	0.0987	0.0005
dunemp	−14.0666	1.6199	<.0001
st	−0.0757	0.0282	0.0071
AR1	−0.0763	0.0542	0.1596

예측할 수 있는 추정효율성(Estimation Efficiency)의 증가를 검증하기 위해 〈표 8-2〉에 변수들의 Estimate와 Standard Error, Approx Pr > | t |를 표기하였다.

〈표 8-2〉는 ipg를 종속변수로 하고, fyff4, dunemp, st를 설명변수로 하는 회귀모형의 오차항에 AR(1) 만을 추가하여 최우추정법으로 추정한 결과이며 상단에 표기하였다. 하단에 있는 결과들은 옵션(option)으로 GARCH=(q=1,p=1)을 사용하여 오차항의 조건부이분산 모형 GARCH(1,1)을 추가하여 전체 계수들을 최우추정법으로 추정한 결과이다. 우선 Intercept, fyff4, dunemp, st의 추정값 Estimate에서 조건부이분산을 추가하였을 때 그 절대값들이 하락하는 것을 알 수 있다. 예를 들면, fyff4 계수의 추정치는 GARCH(1,1)을 추가하지 않았을 때의 값인 −0.3651에서 −0.3432로 절대값으로 약간 작아졌으며, dunemp 계수 추정치는 −16.7317에서 GARCH(1,1)을 추가하였을 때는 −14.0666로 바뀌어 약 16% 정도 절대값이 하락하였다. 불확실성(uncertainty) 변수인 st의 계수추정치는 −0.1284에서 −0.0757로 변화하여 절대값이 41%나 하락하였다. 이러한 계수추정치들의 변화는 회귀식 오차항에 GARCH(1,1)을 추가함으로써 우도함수(Likelihood Function)가 다르게 되고, 그 변화된 우도함수를 극대화시키는 과정에서 추정치도 달라지게 되는 것이다.

중요한 것은 〈표 8-2〉에 있는 표준오차(Standard Error)의 비교이다. 조건부이분산 없이 추정한 절편(Intercept) 추정치의 표준오차는 1.7591이었으나, 오차항에 GARCH(1,1) 모형을 추가하여 얻은 절편의 표준오차는 1.4454로 17.83% 하락하였다. 즉, GARCH(1,1)을 추가함으로써 절편의 추정이 더 효율적으로 정확하게 되었다는 것이다. fyff4 계수추정치 표준오차를 보면, 0.1182에서 0.0987로 감소하여 약 16.50%의 추정효율(estimation efficiency) 개선이 달성되었다. dunemp 계수추정치의 표준오차는 2.0745에서 GARCH(1,1)을 추가하여 얻은 추정치의 표준오차 1.6199로 감소하여 약 21.91%의 추정효율이 개선되었다. 마지막으로 st 계수추정치의 표준오차는 0.0313에서 0.0282로 감소하여 9.9%의 추정효율이 개선되었다. 결국 회귀모형의 오차항에 조건부이분산이 존재할 경우 그 조건부이분산 모형을 구체적으로 반영하고 추정하면, 회귀모형의 계수추정 효율성이 증가하여 계수추정치의 표준오차, Standard Error,가 작아진다는 것을 실증분석을 통하여 확인하였다.

회귀모형의 오차항에 조건부이분산이 존재할 경우 회귀모형의 계수들만 추정할 때보다 오차항의 조건부이분산 모형도 함께 추정하면 계수추정효율(parameter estimation efficiency)이 높아진다는, 즉 계수추정치의 표준오차(Standard Error)가 작아진다는, 사실은 엥글(Engle)이 1982년 논문에서 증명하였다. 그 수학적 증명 결과를 〈표 8-1〉과 〈표 8-2〉에서 실증적으로 확인하였다.[1] 그러므로 조건부이분산모형은 여러 종류의 '불확실성(uncertainty)'을 과학적으로 측정하는 방법을 제공할 뿐만 아니라, 일반 회귀모형의 계수추정의 추정효율(estimation efficiency)도 높이는 혜택도 제공하기 때문에 그 기술을 습득할 가치가 충분하다고 판단된다.

여기서 추가적으로 언급해야 하는 것은 〈표 8-2〉의 하단에서 볼 수 있는 것과 같이, 조건부이분산을 반영하여 조건부이분산 계수들도 함께 회귀모형을 추정하면 오차항의 AR1 계수 추정치의 통계적 유의성이 사라진다는 사실이다. 〈표 8-2〉의 상단에 있는 AR1 추정치 −0.1588의 Pr > | t | 값은 0.0001으로 오차항의 자기상관성이 아주 높았으나, 표 하단의 AR1 추정치는 −0.0763으로 그 절대값이

---

1 〈표 8-1〉의 Intercept 추정치의 표준오차는 예외적으로 증가하였으며 그 이유는 미래연구 과제로 남는다.

크게 줄어들고, Pr > | t | 값은 0.1596으로 0.05의 3배 정도 되어 오차항에 자기상관이 없다는 가설을 기각할 수 없게 되었다. 상단에서 존재하던 오차항의 자기상관 AR1이 사라진 것이다. 반대로 해석하면, 오차항의 AR1의 존재가 조건부이분산을 반영하지 않아 생긴 모형설정오류, Model Specification Error 때문에 발생한 것이라고도 해석할 수 있다. 똑같은 회귀모형이고 오차항에 GARCH(1,1)을 추가한 것만 다른데 AR1 추정치의 통계적 유의성이 사라졌다면, 이것은 오로지 "오차항에 GARCH(1,1)을 추가했기 때문이다"라고 밖에 설명할 수가 없다. 여기서 AR1 추정치의 마이너스(−) 값은 SAS의 오차항의 시계열모형 표기방법이 다르기 때문에 발생한 것이다. 즉, SAS는 오차항의 AR(1) 모형을 $u_t - \alpha u_{t-1} = \epsilon_t$로 표기하기 때문에 보통의 교과서 표기 방법인 $u_t = \alpha u_{t-1} + \epsilon_t$로 하면, AR(1) α 추정치의 부호를 바꿔야 한다. 그러므로 위 AR1 추정치 −0.0763은 교과서 표기 방법으론 0.0763이다.

시계열분석과
미래 예측

제9장에 있는 최우추정법을 사용한 시계열분석을 실행하기 위해서는 SAS/ETS에 포함되어 있는 PROC ARIMA 명령이 필요하다. 무료로 다운로드 받을 수 있는 SAS University Edition에는 SAS/ETS가 포함되어 있지 않아 독자들이 불편을 감내해야 할 것 같아 아쉽다. 신속한 미래에 University Edition에도 포함되어 독자들이 불편없이 SAS를 배울 수 있길 바란다.

지금까지 논의하고 분석한 회귀분석모형들은 여러 학문분야에서 많이 애용되는 모형이고 통계학자들과 계량경제학자들에 의해 적절한 모형설정 방법과 모형의 계수추정 방법에 대해 많은 진전과 발전이 있어 왔다. 괄목할 만한 이론적 발전과 더불어 컴퓨터 성능의 빠른 발전이 더해져 회귀모형과 그 계수들의 추정, 검정 방법들은 20~30년 전과 비교할 수 없을 정도로 매우 정교해지면서도 (sophisticated), 일반화(generalized)되었으며, 높은 수준의 이론적 배경이 없는 사람도 어렵지 않게 모형의 계수를 추정하고 분석하고 검증할 수 있게 되었다.

그러나 회귀모형을 이용하였을 때 직면해야 하는 중요한 단점은 회귀모형을 이용하여 종속변수의 미래값을 예측(forecasting)하기가 대부분의 경우 거의 불가능하다는 사실이다. 예를 들면, 종속변수 Y_t가 '소비(consumption)'이고 설명변수 X_t가 '소득(income)'이라고 할 경우 소비의 $(t+1)$기 값을 예측한다는 것은 아래 식 (9.1)의 조건부 기대값 $E(Y_{t+1} \mid \Omega_t)$를 구한다는 것이다.

$$E(Y_{t+1} \mid \Omega_t) = E(\beta_1 + \beta_2 X_{t+1} + u_{t+1} \mid \Omega_t) \qquad (9.1)$$

단, Ω_t는 t기에 사용가능한 모든 정보의 집합을 나타낸다. 즉, 식 (9.1)은 종속변수 Y_{t+1}의 조건부 기대값(Conditional Expectation)을 나타내며 이것이 t기에 Y_{t+1}에 대한 예측치가 되는 것이다. 설명을 쉽게 하기 위해 위 식 (9.1)의 계수들인 β_1과 β_2가 알려졌다고 가정하자. 그러면 위 식 (9.1)은 다음과 같이 표기할 수 있다.

$$E(Y_{t+1} \mid \Omega_t) = \beta_1 + \beta_2 E(X_{t+1} \mid \Omega_t) + E(u_{t+1} \mid \Omega_t) \qquad (9.2)$$

만약 u_t가 고전적 가정(Classical Assumptions) 2번과 3번을 만족시키는 백색잡음(white noise)이라면, 위 식 (9.2)의 마지막 항 $E(u_{t+1} \mid \Omega_t)$은 0이 된다. 그렇

다면, 식 (9.2)는 다음과 같이 된다.

$$E(Y_{t+1} \mid \Omega_t) = \beta_1 + \beta_2 E(X_{t+1} \mid \Omega_t) \tag{9.3}$$

즉, $(t+1)$기의 종속변수 Y_{t+1}을 예측하기 위해서는 $(t+1)$기의 설명변수 X_{t+1}의 예측치가 필요하다는 것이다. 이런 경우에는 예측이 거의 불가능하게 된다. 왜냐하면, X_{t+1}의 예측치 $E(X_{t+1} \mid \Omega_t)$를 어떻게 구하여 식 (9.3)에 삽입하여 종속변수의 예측치 $E(Y_{t+1} \mid \Omega_t)$를 구했다 하더라도 그 예측치 분포의 복잡성이 너무 높거나 존재하지 않게 되어, 결과적으로 예측치에 대한 95% 신뢰구간은 설정할 수 없게 된다. 그러므로 일반적인 회귀모형을 이용한 미래예측은 매우 어렵다는 결론을 내릴 수 있다.

이와는 정반대로 시계열모형을 이용한 미래예측은 쉽고, 단기예측이든 장기예측이든 어려움 없이 할 수 있다. 시계열분석방법이 활용되는 큰 이유도 미래예측의 용이성에 있다고 볼 수 있다. 많은 거시경제 데이터들을 회귀분석에 이용하다 보면 오차항에 매우 높은 자기상관성이 있다는 것을 자주 발견하게 된다. 오차항의 자기상관성은 종속변수의 과거값들을 추가함으로써 대부분 제거할 수 있다. 즉, 오차항의 자기상관성은 종속변수가 시계열모형으로도 잘 표현될 수 있다는 것을 증거하는 것이라고 볼 수 있다. 결국 회귀모형이든 시계열모형이든 그 선택은 연구자의 목적에 따라 결정될 것이다. 이 두 모형들이 갖고 있는 장점과 단점은 다음 〈표 9-1〉에 비교하였다.

〈표 9-1〉에 회귀모형과 시계열모형의 장·단점이 잘 비교되어 있다. 서로의 장점이 다른 모형에는 단점이 되고, 역으로 한 모형의 단점은 다른 모형의 장점이 된다는 것을 알 수 있다. 그러므로, 연구의 목적에 따라 모형 선택이 이루어

〈표 9-1〉 회귀모형과 시계열모형의 장·단점

	회귀모형	시계열모형
장점	경제학, 경영학 등 전문분야의 이론이나 직감(intuition)을 반영하여 모형을 세울 수 있다.	모형을 이용하여 종속변수의 미래값을 예측하기가 용이하다.
단점	모형을 이용하여 종속변수의 미래값을 예측하기가 거의 불가능하다.	경제학, 경영학 등 전문분야의 이론이나 직감(intuition)을 반영하여 모형을 세울 수 없다.

져야 할 것이다.

　시계열모형은 특정분야의 이론이나 직감을 사용하여 모형이 결정되는 것이 아니고 오로지 데이터의 자기상관함수(AutoCorrelation Function, ACF)에 의해 결정되기 때문에 자기상관함수에 대해 충분한 지식을 축적해 놓는 것이 중요하다. 시계열모형은 종종 AutoRegressive(AR) 모형과 Moving Average(MA) 모형, 그리고 이 둘의 복합모형인 AutoRegressive Moving Average(ARMA) 모형으로 구분된다.

9.1 ## AutoRgressive(AR) 모형

　AR 모형 중에 가장 단순한 모형인 AR(1) 모형은 다음과 같이 표기할 수 있다.

$$Y_t = \mu + \alpha Y_{t-1} + \epsilon_t \tag{9.4}$$

단, $|\alpha| < 1$, ϵ_t는 고전적 가정 (2)와 (3)을 만족시키는 백색잡음(white noise)이다. 여기서 Y_t의 평균값 $E(Y_t) = \dfrac{\mu}{1-\alpha}$ 이 된다. 분석을 용이하게 하기 위하여 $\mu = 0$으로 가정한다. 즉, 분석에 편리한 AR(1) 모형은 다음과 같이 표기하여 사용하기로 한다.

$$Y_t = \alpha Y_{t-1} + \epsilon_t \tag{9.5}$$

　우선 $|\alpha| < 1$으로 제약을 두는 것은 Y_t 시계열의 안정성(Stationarity)를 보장하기 위함이다. 이에 대해서는 제10장에서 자세히 설명하겠다. 위 AR(1) 모형의 시계열적 특성은 다음과 같다. 예를 들어 $\alpha = 0.9$라고 가정하면, Y 변수의 t기 값인 Y_t는 Y 변수의 $(t-1)$기 값인 Y_{t-1}에 0.9를 곱하고, 거기에 백색잡음(White Noise)의 t기 값인 ϵ_t를 더해서 결정된다. 이 모형에서 짐작할 수 있는 바와 같이 AutoRegressive 모형의 시계열적 특성은 계수값, 즉 α 값과 AR의 오더(order)에 의하여 결정된다. 특히 계수값의 크기가 AR 특성을 좌우한다고 할 수 있고, AR(1)의 경우 결정적인 영향을 미친다. α 값에 따라 Y_t의 시계열자료 특성이 어떻게 달라지는지 알아보기 위해 $\alpha = 0.5$와 $\alpha = 0.9$를 사용하는 다음과 같

은 SAS 프로그램 9_1을 이용하여 데이터를 생성하고 플로팅(Plotting)해 보았다.

SAS Program 9_1

```
        /* 컴퓨터를 이용한 AR(1) 데이터 생성 및 플로팅 */

        DATA artif;
(1)         seed1 = 12;
(2)         seed2 = 14;
(3)         alpha = 0.9;
(4)         ylag = RANNOR(seed1)
(5)         DO i = 1 TO 500;
(6)             e = RANNOR(seed2);
(7)             y = alpha*ylag + e;
(8)             OUTPUT;
(9)             ylag = y;
(10)        END;
        RUN;
        PROC GPLOT DATA=artif;
(11)        PLOT y * i;
(12)        SYMBOL V=NONE i=JOIN C=BLACK;
        RUN;
```

SAS Program 9_1 설명

(1) 줄의 seed1은 SAS의 무작위수 생성함수 RANNOR( )에 들어가는 값을 지정하는 명령이다. (4) 줄에 RANNOR(seed1)으로 사용하였다. 이 값은 짝수를 추천하고 있고, 짝수로 지정하면 무작위로 산출된 수들이 정규분포에 더 가까워 진다고 한다. 그러나 이 값이 얼마이냐에 따라 산출된 수들의 특성이 달라지는 것은 아니므로 단순히 짝수로 하기만 하면 어떤 값이든지 상관없다.

(2) 줄은 seed2 값을 정하는 명령이다.

(3) 줄에서는 α 값을 지정해 주고 있다.

(4) 줄에서는 DO 룹(loop)이 시작되기 전에 식 (9.5)의 Y_{t-1}, 즉 ylag 값을 지정해 주는 명령이다. 이 줄이 없으면 DO 룹 $i = 1$일 때 (7) 줄에 있는 ylag 값이 없다고 에러(error)가 발생하게 된다. ylag 값을 지정할 때 인위적인 값, 예를 들면 0과 같은 값을 피하기 위하여 무작위로 추출된 값, 즉 RANNOR(seed1)을 사용하였다.

(5) 줄에서 500개 데이터를 생성하기 위한 DO 룹(loop)이 시작된다.

(6) 줄의 e = RANNOR(seed2); 명령은 식 (9.5)의 ϵ_t 백색잡음 값을 얻기 위한 명령이다.

(7) 줄은 식 (9.5)를 이용하여 Y_t 값을 생성하는 SAS 명령이다.

(8) 줄의 OUTPUT;는 DO 룹에서 생성되는 모든 값들을 기억하라는 명령이다. 이 명령이 없으면 SAS는 DO 룹을 500번 돌면서 생성한 데이터 중에 마지막에 생성한 데이터 하나만 기억하고 있게 된다. 그러므로 500개 자료를 만들기 위해서는 이 명령이 필수적이다.

(9) 줄은 DO 룹이 끝나는 END; 바로 위에 ylag 값을 업데이트(update) 해주는 명령이다. 업데이트가 안 되면 제대로된 AR 데이터를 만들 수 없다.

(10) 줄의 END;는 DO 룹(loop)의 마지막임을 선언하는 명령이다.

(11) 줄에서 SAS 소프트웨어에 의해 생성된 Y_t 변수의 플롯팅을 명령하고 있고, 가로축에는 Y_t, 세로축에는 i를 지정하였다.

(12) 줄의 V는 Value의 약자이며, NONE은 데이터 포인트에 별표(*)나 플러스(+) 등으로 표시하지 말라는 명령이다. i = JOIN은 Interpolation의 약자로 데이터와 데이터 사이를 서로 연결 JOIN하라는 명령이다. C는 Color의 약자이며 BLACK은 검은색을 사용하여 플롯팅(plotting)하라는 명령이다.

SAS Program 9_1 결과 설명

〈그림 9-1〉과 〈그림 9-2〉에서 볼 수 있는 바와 같이 AR(1)으로 생성된 데이터의 시계열적 특성이 분명하게 드러나고 있다. α 값이 증가할수록 샘플 값의

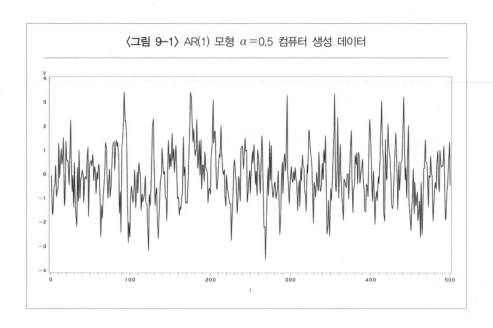

〈그림 9-1〉 AR(1) 모형 $\alpha = 0.5$ 컴퓨터 생성 데이터

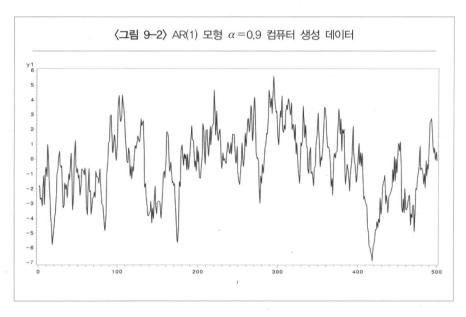

〈그림 9-2〉 AR(1) 모형 $\alpha = 0.9$ 컴퓨터 생성 데이터

끈적거림(Persistency) 또는 지속성이 증가하는 것을 알 수 있다. 즉, Y_t 값이 한 번 증가하기 시작하면 몇 번에 걸쳐 계속 증가하는 경향이 있고, 반대로 한 번 감소하기 시작하면 몇 번에 걸쳐 계속 감소하는 경향이 있다는 것을 알 수 있다.

α 값이 0이 되면 Y_t 값은 백색잡음(White Noise)이 되어 Y_t 값과 Y_{t-1} 값은 전혀 상관이 없는, 즉 지속성이 전혀 없는 시계열자료가 된다.

9.2   AR(1) 모형의 미래 예측 방법

위에서 시계열 모형의 가장 큰 장점은 "쉬운 미래예측"이라고 언급했는데, 실제 AR(1) 모형의 미래예측은 어떻게 하는 것인지를 설명하고자 한다. 우선 편의를 위해 위 식 (9.5)를 다시 쓰면,

$$Y_t = \alpha Y_{t-1} + \epsilon_t \tag{9.5}$$

미래예측은 우선 어떤 미래인지를 결정하고 그 값을 식 (9.5)와 같이 표기하는 것이 미래예측, 즉 forecasting의 첫발이 된다. 만약 1기 이후, 즉 Y_{t+1}을 예측하고자 한다면 Y_{t+1}을 우선 구체적으로 표기한다.

$$Y_{t+1} = \alpha Y_t + \epsilon_{t+1} \tag{9.6}$$

다음으로 식 (9.6)의 양변에 조건부기대(conditional expectation)를 표기한다. 즉,

$$E(Y_{t+1} \mid \Omega_t) = E(\alpha Y_t \mid \Omega_t) + E(\epsilon_{t+1} \mid \Omega_t) \tag{9.7}$$

여기서, Ω_t는 t기에 사용 가능한 모든 정보의 집합으로 이 안에는 Y_t, Y_{t-1}, Y_{t-2}, $\cdots$와 ϵ_t, ϵ_{t-1}, ϵ_{t-2}, $\cdots$가 들어 있다. 그리고 ϵ_t는 고전적 가정 (2)와 (3)을 만족시키는 백색잡음(White Noise)이기 때문에 ϵ_{t+1}은 예측 불가능하여 $E(\epsilon_{t+1} \mid \Omega_t) = E(\epsilon_{t+1}) = 0$이 된다. 예측하는 방법과 상관이 없는 트루(true)계수 α 값은 알려졌다고 가정하면, 위 (9.7)은 다음과 같이 요약할 수 있다.

$$E(Y_{t+1} \mid \Omega_t) = \alpha E(Y_t \mid \Omega_t) \tag{9.8}$$

Y_t는 조건부 정보 집합인 Ω_t에 포함되어 있기 때문에 위 식 (9.8)은 다음과 같게 된다.

$$E(Y_{t+1} \mid \Omega_t) = \alpha Y_t \qquad (9.9)$$

즉, t기에서 Y_{t+1}에 대한 예측치는 αY_t라는 것이다. 표기의 편의를 위해 위 식 (9.9)는 다음과 같이 표기한다.

$$Y_{t+1|t} = \alpha Y_t \qquad (9.10)$$

즉, $Y_{t+1|t}$는 t기의 정보를 이용하여 Y_{t+1}을 예측한 것이라는 표현이다.

t기에 Y_{t+2}를 예측하는 방법도 위에서 설명한 절차를 따르면 손쉽다. 우선

$$Y_{t+2} = \alpha Y_{t+1} + \epsilon_{t+2} \qquad (9.11)$$

을 구한 뒤 식 (9.7)에서와 같이 양변에 조건부기대값을 구한다. 즉,

$$E(Y_{t+2} \mid \Omega_t) = E(\alpha Y_{t+1} \mid \Omega_t) + E(\epsilon_{t+2} \mid \Omega_t) \qquad (9.12)$$

백색잡음 ϵ_{t+2}의 조건부기대값 $E(\epsilon_{t+2} \mid \Omega_t) = 0$이 되고, 위 식 (9.12)는 다음과 같이 표기할 수 있다.

$$Y_{t+2|t} = \alpha E(Y_{t+1} \mid \Omega_t) = \alpha Y_{t+1|t} = \alpha^2 Y_t \qquad (9.13)$$

식 (9.13)에서 마지막 $=$은 위 식 (9.10)을 이용하였다. 즉,

$$Y_{t+2|t} = \alpha^2 Y_t$$

이며, 일반적으로 t기에서 p기 앞의 Y 값을 예측하는 식은

$$Y_{t+p|t} = \alpha^p Y_t \qquad (9.14)$$

가 된다. 그러므로 AR(1)의 예측치는 예측하고자 하는 시점에 상관없이 쉽게 구할 수 있다. 위 식 (9.14)에서 유추할 수 있는 것은 예측시점이 t기에서 멀어질수록 예측값은 0에 수렴(converge) 한다는 것이다. $|\alpha| < 1$ 때문에, α^p는 p가 증가할수록 작아지고 0으로 수렴하여 예측치 $Y_{t+p|t}$는 0에 수렴하게 된다. 즉, Y_t의 평균값 $E(Y_t) = 0$으로 수렴하게 된다.

앞에서 언급한 대로 시계열모형은 경제학 이론이나 경영학 이론에 의해 결정되는 것이 아닌 샘플데이터에 있는 자기상관성 구조, 즉 자기상관함수에 의해 경정된다. 그러므로 맞는 시계열모형을 찾기 위해서는 무엇보다 먼저 시계열모형들의 자기상관함수(AutoCorrelation Function, ACF)에 대한 지식이 있어야 한다. 자기상관함수는 오더별 자기상관(Autocorrelations)의 집합체이기 때문에 1차 자기상관, 2차 자기상관, 3차 자기상관 등의 구조를 파악할 수 있어야 한다. AR(1), First-Order AutoRegressive Model, 1차 자기회귀모형,의 자기상관 구조를 파악하기 위해 AR(1) 식 (9.5)를 아래 다시 표기한다.

$$Y_t = \alpha Y_{t-1} + \epsilon_t \tag{9.5}$$

식 (9.5)를 이용하여 Y_{t-1}, Y_{t-2}를 표기하면

$$Y_{t-1} = \alpha Y_{t-2} + \epsilon_{t-1} \tag{9.15}$$

$$Y_{t-2} = \alpha Y_{t-3} + \epsilon_{t-2} \tag{9.16}$$

가 된다. 식 (9.15)에 있는 Y_{t-2} 대신에 식 (9.16)의 오른쪽 항들을 대입하면

$$Y_{t-1} = \alpha^2 Y_{t-3} + \epsilon_{t-1} + \alpha \epsilon_{t-2} \tag{9.17}$$

이 된다. 식 (9.5)에 있는 Y_{t-1}를 식 (9.17)의 = 우측에 있는 항들로 대입하면 식 (9.5)는 다음과 같이 표기할 수 있다.

$$Y_t = \alpha^3 Y_{t-3} + \epsilon_t + \alpha \epsilon_{t-1} + \alpha^2 \epsilon_{t-2} \tag{9.18}$$

이런 대입하는 작업을 Y_{t-3}, Y_{t-4}, Y_{t-5} …들을 사용하여 계속하면 다음과 같은 결과를 얻을 수 있다.

$$Y_t = \epsilon_t + \alpha \epsilon_{t-1} + \alpha^2 \epsilon_{t-2} + \alpha^3 \epsilon_{t-3} + \alpha^4 \epsilon_{t-4} + \cdots \tag{9.19}$$

식 (9.19)는 AR(AutoRegressive) 모형이 아닌 무한오더(infinite order) MA

(Moving Average) 모형이다. 식 (9.19) 모형을 이용하여 자기상관함수(Auto-Correlation Function)를 도출해 낼 수 있다. 우선 1차 자기상관(1st order auto-correlation) ρ_1 값, 즉 Y_t와 Y_{t-1}의 자기상관, Corr(Y_t, Y_{t-1})을 구하기 위해서는 우선 식 (9.20)에서 Y_t와 Y_{t-1}의 자기공분산, Autocovariance, Cov(Y_t, Y_{t-1})을 구하고, 식 (9.21)과 식 (9.22)에서 Y_t와 Y_{t-1} 분산들을 구해야 한다. 즉,

$$Cov((Y_t, Y_{t-1}) = E[(Y_t - E(Y_t))(Y_{t-1} - E(Y_{t-1}))] \tag{9.20}$$

$$Var(Y_t) = E[Y_t - E(Y_t)]^2 \tag{9.21}$$

$$Var(Y_{t-1}) = E[Y_{t-1} - E(Y_{t-1})]^2 \tag{9.22}$$

식 (9.19)를 이용하면, $E(Y_t) = 0$, $E(Y_{t-1}) = 0$임을 알 수 있다. 그러므로 식 (9.21)을 이용하면

$$Var(Y_t) = E(Y_t^2)$$
$$= E[(\epsilon_t + \alpha\epsilon_{t-1} + \alpha^2\epsilon_{t-2} + \alpha^3\epsilon_{t-3} + \alpha^4\epsilon_{t-4} + \cdots)^2]$$
$$= \frac{\sigma_\epsilon^2}{1 - \alpha^2} \tag{9.23}$$

그리고 $Var(Y_{t-1}) = Var(Y_t)$가 됨을 알 수 있다.

식 (9.20)의 자기 공분산, $Cov(Y_t, Y_{t-1})$을 구하기 위해 식 (9.20)을 정리하면,

$$Cov(Y_t, Y_{t-1}) = E(Y_tY_{t-1}) \tag{9.24}$$

이 되고

$$Y_{t-1} = \epsilon_{t-1} + \alpha\epsilon_{t-2} + \alpha^2\epsilon_{t-3} + \alpha^3\epsilon_{t-4} + \alpha^4\epsilon_{t-5} + \cdots \tag{9.25}$$

이므로

$$Cov(Y_t, Y_{t-1}) = E(Y_tY_{t-1})$$
$$= E(\epsilon_t + \alpha\epsilon_{t-1} + \alpha^2\epsilon_{t-2} + \alpha^3\epsilon_{t-3} + \alpha^4\epsilon_{t-4} + \cdots)$$
$$\times (\epsilon_{t-1} + \alpha\epsilon_{t-2} + \alpha^2\epsilon_{t-3} + \alpha^3\epsilon_{t-4} + \alpha^4\epsilon_{t-5} + \cdots)$$

$$= \frac{\alpha \sigma_\epsilon^2}{1 - \alpha^2} \tag{9.26}$$

이 된다. 그러므로 식 (9.23)과 (9.26)을 이용하고, $E(\epsilon_i \epsilon_j) = 0$, 단 $i \neq j$를 이용하여 1차 자기상관계수, 1st order autocorrelation coefficient, ρ_1을 구하면,

$$Corr(Y_t, Y_{t-1}) = \rho_1 = \frac{Cov(Y_t, Y_{t-1})}{\sqrt{Var(Y_t)} \sqrt{Var(Y_{t-1})}} = \alpha \tag{9.27}$$

이 된다. 2차 자기상관계수, 3차 자기상관계수, p차 자기상관계수 등을 구해보면 다음과 같은 공식을 얻을 수 있다. 즉 p차 자기상관계수는

$$Corr(Y_t, Y_{t-p}) = \rho_p = \alpha^p \tag{9.28}$$

가 된다. 여기서 $|\alpha| < 1$이기 때문에 p가 증가할수록 자기상관계수는 0에 수렴하게 된다는 것을 알 수 있다. $p = 1$일 때 0.9이던 자기상관계수는 $p = 11$이면 0.31로 거의 1/3로 줄어들며, $p = 20$이면, 자기상관계수는 0.12로 감소한다. 그러므로 AR(1)의 자기상관함수는 상당히 빠르게 감소하는 특징을 가지고 있다는 것을 알 수 있다. 〈그림 9-3〉에서 AR(1), $\alpha = 0.9$의 자기상관계수를 $p = 1, 2, \cdots,$

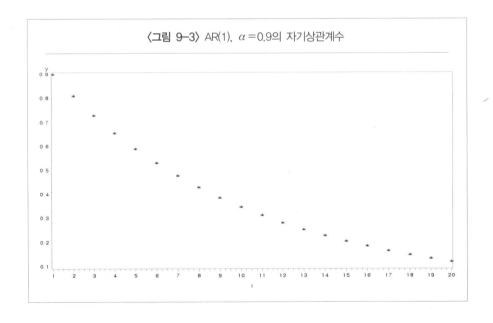

〈그림 9-3〉 AR(1), $\alpha = 0.9$의 자기상관계수

20까지 보여주고 있다.

AR(1)의 자기상관함수(AutoCorrelation Function, ACF)을 알았으므로 시계열 모형 AR(1)을 인식, identify, 할 수 있게 되었다. 주어진 데이터의 ACF가 〈그림 9-3〉과 같다면, 그 데이터에 합당한 시계열모형은 AR(1)이라는 것을 알 수 있다.

그러나 실제 데이터에 대한 정확한 시계열모형을 찾기 위해서는 위의 〈그림 9-3〉과 같은 ACF 패턴을 인식한다는 것은 매우 어려운 과제가 된다. 〈그림 9-3〉은 정확한 α^p, $p = 1, 2, \cdots, 20$ 값들을 플롯한 것이나 실제 데이터에서도 〈그림 9-3〉과 같은 정확한 ACF을 구할 수 있다고 기대하는 것은 어렵기 때문이다. 그러므로 〈그림 9-3〉과 같은 ACF 패턴(pattern)을 인식하는 어려운 방법보다 더 쉬운 인식방법이 필요하며, 그 인식방법으로 Partial AutoCorrelation Function(PACF, 부분자기상관함수)이 사용되고 있다.

9.4 부분자기상관함수(PACF)를 사용한 AR 오더 결정 방법

부분자기상관함수(Partial AutoCorrelaton Function, PACF)는 다음과 같이 정의되어 있다.

AR(1): $Y_t = \Phi_{11} Y_{t-1} + \epsilon_t$

AR(2): $Y_t = \Phi_{21} Y_{t-1} + \Phi_{22} Y_{t-2} + \epsilon_t$

AR(3): $Y_t = \Phi_{31} Y_{t-1} + \Phi_{32} Y_{t-2} + \Phi_{33} Y_{t-3} + \epsilon_t$

$\cdots$

AR(p): $Y_t = \Phi_{p1} Y_{t-1} + \Phi_{p2} Y_{t-2} + \cdots + \Phi_{pp} Y_{t-p} + \epsilon_t$

여기서 PACF는 $\{\Phi_{11}, \Phi_{22}, \Phi_{33}, ..., \Phi_{pp}, \cdots\}$ 계수들의 집합을 의미한다. 이 계수들이 어느 것은 0이고 어느 것은 0이 아닌지에 따라 AR 오더(order)를 결정할 수 있다. 즉, 어떤 샘플데이터의 PACF를 구해보니 Φ_{11}은 0이 아닌데, Φ_{22}, Φ_{33}, $\cdots$, Φ_{pp}, $\cdots$는 모두 0이라면 그 샘플데이터는 AR(1) 시계열모형으

로 생성된 것이라고 판단할 수 있다. 만약 Φ_{11}과 Φ_{22}는 0이 아닌데, 다른 모든 계수들은 0이라면, 그 데이터는 AR(2) 모형에 의해 생성되었다고 판단할 수 있다. 이렇게 AR의 계수나 계수추정치의 값을 기반으로 AR의 오더(order)를 결정한다면, 위에서 언급한 ACF의 패턴을 보고 오더를 판단하는 것보다 훨씬 더 수월해질 것이다.

AR의 오더를 파악했다면 다음 순서는 그 AR 모형에 맞는 계수들을 추정하는 것이다. AR(1) 모형인 경우, 첫 번째 자기상관계수 값을 알면 AR(1)의 계수 α 값을 알 수 있으나 다른 AR 모형의 경우 이렇게 쉽게 얻을 수 있지 않기 때문에 시계열모형의 계수값을 추정하는 SAS 프로그램을 통하여 추정치를 얻는 것이 정도일 것이다.

SAS Program 9_2: AR(1) 계수추정

```
    DATA artif;
         seed1 = 12;
         seed2 = 14;
         alpha = 0.9;
         ylag = RANNOR(seed1);
         DO i = 1 TO 500;
              e = RANNOR(seed2);
              y = alpha*ylag + e;
              OUTPUT;
              ylag = y;
         END;
    RUN;
(1) PROC ARIMA DATA = artif;
(2)      IDENTIFY VAR = y;
(3)      ESTIMATE p=1 q=0 METHOD=ML MAXIT=200 NOINT;
(4)      FORECAST LEAD = 12;
    RUN;
```

시계열분석방법을 설명하고 독자들이 쉽게 이해하게 하기 위하여 실제 데이터보다는 컴퓨터가 생성한 AR(1) 데이터를 사용하는 것이 더 좋을 것이라는 판단하에 위 SAS 프로그램 9_1에서 사용한 컴퓨터가 생성한 데이터를 사용하였다.

위 DATA artif; 과정은 SAS 프로그램 9_1과 동일하다.

(1) 줄 PROC ARIMA는 SAS의 시계열분석 Procedure이다.

(2) 줄은 PROC ARIMA 다음 줄에 와야 하는 명령으로 샘플자료의 시계열모형이 무엇인지를 가늠할 수 있는, IDENTIFY 할 수 있는, 몇 가지 분석결과를 제공하는 명령이다. VAR은 VARiable의 축약이고 IDENTIFY해야 할 변수는 y, VAR=y라는 명령이다.

(3) 줄은 시계열모형의 계수들을 추정하라는 명령으로 p=1은 AR(1)을 의미하고, q=0은 MA의 오더는 0이라는 것으로 MA 모형은 없으니 MA 계수는 추정하지 말라는 명령이다. ESTIMATE 명령에서 p는 AR 오더를, q는 MA 오더를 지칭한다. 추정방법은 최우추정법(Maximum Likelihood, ML)을 사용하고, 최대 반복추정, MAXIT는 200이다. NOINT는 회귀모형을 분석할 때 절편은 추정하지 말라는 옵션과 같이 여기서도 절편, 즉 상수항, Constant Term은 없다는 명령이다.

SAS 프로그램 언어의 장점 중 하나가 시계열분석방법이 쉽게 되어 있다는 것이다. 위 프로그램에서도 판단할 수 있듯이 AR이나 MA 모형들, 또는 ARMA 모형들의 추정이 쉽고 편하게 되어 있다.

(4) 줄은 예측, FORECAST, 명령이다. LEAD = 12는 샘플 끝점, 500에서 1기부터 12기 앞의 값, 12개, 즉 $Y_{501} \sim Y_{512}$를 예측하라는 명령이다.

위에 설명한 PROC ARIMA의 다음 명령 IDENTIFY VAR = y;의 결과로 프린트되는 것들이 아래 표기되었다.

첫째, 분석하고자 하는 변수의 이름은 y 라고 적시되었으며, Name of Variable

= y, 그 다음 줄에 y 변수의 산술평균은 -0.3766이고, 표준편차는 2.165776이다. 표준편차는 $\sqrt{Var(y_t)}$으로 아래 식 (9.29)에서

$$Var(y_t) = \frac{\sigma_\epsilon^2}{1 - \alpha^2} \tag{9.29}$$

이고, SAS Program 9_2에서 e=RANNOR(seed2);는 표준정규분포를 의미하므로 $\sigma_\epsilon^2 = 1$이 되고 $\alpha = 0.9$이므로, $Var(y_t)$는 약 5.26이고 Y_t의 표준편차 $\sqrt{Var(y_t)}$는 약 2.29이다. 아래 500개의 샘플로 추정한 Standard Deviation은 2.165776으로 추정되었다는 것을 알 수 있다. SAS의 RANNOR(seed) 함수(function)는 RANdom과 NORmal의 합성이름으로 실제는 Standard Normal Distribution을 갖는 무작위(Random)로 수(number)를 추출하는 함수를 의미한다.

위 (2) 줄의 IDENTIFY VAR = y; 명령이 다음과 같은 결과를 만든다. SAS의 PROC ARIMA 명령 다음에 오는 IDENTIFY 명령은 자동적으로 아래와 같이 "Autocorrelation Check for White Noise"를 생성한다. 즉, 시계열모형의 계수들을 추정하는 ESTIMATE 단계로 가기 전에 항상 주어진 시계열 데이터가 백색잡음인지를 검정하는 단계를 꼭 거치도록 하고 있다.

The ARIMA Procedure

Name of Variable = y

Mean of Working Series	−0.3766
Standard Deviation	2.165776
Number of Observations	500

Autocorrelation Check for White Noise

To Lag	Chi-Square	DF	Pr > ChiSq	Autocorrelations					
6	1302.77	6	<.0001	0.891	0.783	0.670	0.566	0.480	0.417
12	1597.79	12	<.0001	0.370	0.350	0.335	0.304	0.263	0.209
18	1631.77	18	<.0001	0.162	0.130	0.107	0.077	0.060	0.043
24	1633.67	24	<.0001	0.036	0.029	0.021	0.021	0.018	0.018

위 Autocorrelation Check for White Noise는 Y_t 시계열자료가 백색잡음이라는 가설을 검정한 결과를 보여주고 있다. 즉, Y_t 데이터에 대해 다음과 같은 다중가설검정 Joint Hypothesis Testing한 결과를 보여주는 표이다. 즉,

To Lag	귀무가설
6	$\rho_1 = \rho_2 = \rho_3 = \cdots = \rho_6 = 0$
12	$\rho_1 = \rho_2 = \rho_3 = \cdots = \rho_{12} = 0$

$\cdots$ 등 Lag 24까지, 귀무가설 $\rho_1 = \rho_2 = \rho_3 = \cdots = \rho_{24} = 0$ 을 Wald 검정통계치와 Chi-Square 분포를 사용하여 검정하고 있다. Chi-Square 칸은 Y_t 시계열자료에서 구한 Chi-Square 분포를 갖는 Wald Test Staistic 값을 표기하고 있고, 다음 칸의 $\rho_1 = \rho_2 = \rho_3 = \cdots = \rho_6 = 0$ 이 맞는데도 불구하고, Chi-Square 값이 1302.77이거나, 이보다 큰 값으로 나올 확률을 구한 것이다. Pr > ChiSq의 확률값이 < .0001이므로 임계치 0.05보다 훨씬 작기 때문에 귀무가설, "1차부터 6차까지의 자기상관은 0이다"를 강하게 기각하고 있다. 귀무가설의 기각은 당연하다. Y_t 시계열 데이터는 $\alpha = 0.9$인 AR(1)으로 500개를 생성한 시계열 데이터이기 때문에 백색잡음(white noise)은 전혀 아니기 때문이다.

위 테이블 우측의 Autocorrelations는 Y_t 시계열 자료의 자기상관계수 샘플 추정치를 나열한 것이다. 0.891은 1차 자기상관인, 1st Order Autocorrelation ρ_1의 추정치 $\hat{\rho}_1 = 0.891$이라는 것이고, 그 우측의 0.783은 $\hat{\rho}_2$이고, $\hat{\rho}_3 = 0670$ 등이다. 두 번째 줄의 0.370은 $\hat{\rho}_7$의 값이 된다.

아래 Trend and Correlation Analysis for y에는 4개의 플롯(plots)이 있는데 첫 번째는 Y_t 시계열 데이터 플롯이고, 오른쪽으로 두 번째는 자기상관함수인 ACF(AutoCorrelation Fuction) 플롯이며, 아래 왼쪽의 첫 번째는 부분자기상관함수, PACF(Partial ACF), 플롯이다. 위에서 설명한 대로 PACF 플롯에서 통계적으로 유의한 수직 바(Vertical Bar)는 첫 번째 바 하나이기 때문에 y_t 시계열 데이터의 AR oder는 1이라는 트루(true) 오더(order)를 추정할 수 있도록 알려주고 있다.

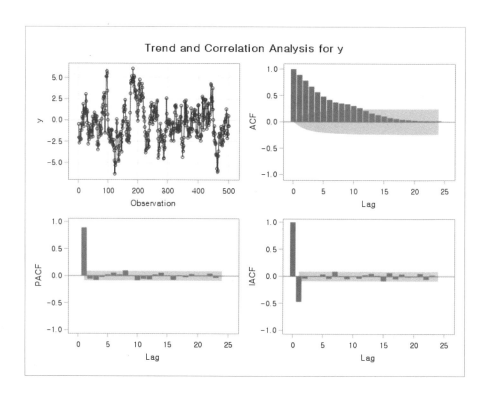

Trend and Correlation Analysis for y

아래 우측의 역자기상관함수(Inverse AutoCorrelation Function, IACF) 플롯은 부분자기상관함수(Partial AutoCorrelation Function, PACF)와 비슷한 것으로, 시계열 자료의 계절성(seasonality)이나 과도하게 1차 차분한 경우를 발견하기 쉽게 도와주는 플롯이지만 자주 사용하는 플롯이 아닌 관계로 본서에서는 ACF와 PACF에 초점을 맞춰 설명하고자 한다. SAS의 ACF 플롯은 0차 자기상관, 0 order Autocorrelation부터 플롯하기 때문에 첫 번째 ACF 플롯은 항상 1이다.

위 SAS Program 9_2의 (3) 줄이 생성한 결과는 아래 Maximum Likelihood Estimation에 표기되어 있다.

Maximum Likelihood Estimation

Parameter	Estimate	Standard Error	t Value	Approx Pr > |t|	Lag
AR1,1	0.89298	0.01997	44.72	<.0001	1

Variance Estimate	0.96675
Std Error Estimate	0.983234
AIC	1404.626
SBC	1408.841
Number of Residuals	500

AR1, 1은 AR(1) 모형의 계수 α를 지칭하는 것으로 이의 최우추정치, Maximum Likelihood Estimate은 0.89298이다. 트루(True) 값 0.9에 상당히 가깝다는 것을 알 수 있다. t Value는 44.72나 되고 매우 커서 통계적으로 아주 유의하다는 것을 알 수 있다.

Variance Estimate은 레지주얼 e_t를 이용하여 얻은 오차항 ϵ_t의 분산 σ_ϵ^2 추정치,

$$\hat{\sigma}_\epsilon^2 = \frac{1}{n}\Sigma_{t=1}^{n} e_t^2 \tag{9.30}$$

를 나타내며, 0.96695는 실제값 $\sigma_\epsilon^2 = 1$에 상당히 근접한 값이다. Std Error Estimate는 $\sqrt{\hat{\sigma}_\epsilon^2}$를 말하며, 이의 추정치 0.983234는 $\sqrt{0.96675}$이다.

AIC와 SBC는 정보기준(Information Criterion)들을 말하며, 이들은 시계열모형이나 회귀모형을 선택하는 데 사용되는 기준들이다. 이들은 구체적으로 다음과 같이 계산된다(아래 수식들은 저자에 따라 상수를 곱한 만큼씩, a constant multiple, 약간 다를 수 있다. 아래 표기한 AIC, SBC 값들은 SAS에서 계산해 주는 값들이다.).

(1) 아카이케 정보기준, Akaike Information Criterion,

$$AIC = -2\ln(L) + 2 * k \tag{9.31}$$

(2) 쇼츠 베이지안 정보기준, Schwarz Bayesian Information Criterion,

$$SBC = -2\ln(L) + \ln(N) * k \tag{9.32}$$

위에서 $\ln(L)$은 극대화된(Maximized) log 우도함수(Log Likelihood Function)의 값을 나타내며, k는 모형의 계수 수(number of parameters)를 나타낸다. AIC 값이나 SBC 값 모두 2개의 요소로 되어 있다. $-2\ln(L)$ 부분은 작으면 작을수록

좋은 값이고, $2 * k$와 $\ln(N) * k$ 부분은 페널티를(penalty) 부과하는 부분으로 모형의 계수 수에 따라 페널티를 부과하고 있다. 즉, AIC나 SBC 모두 작으면 작을수록 좋은 것이나, 두 번째 항에 + 값을 둠으로써 모형의 계수 수만큼 페널티 값을 더해서 정보기준을 계산하도록 되어 있다.

페널티 부분을 보면, SBC가 계수 하나가 추가되었을 때 부과하는 페널티 값, $\ln(N)$이 AIC가 부과하는 페널티 값 2보다 일반적으로 크기 때문에 SBC를 기준으로 모형을 선택한다면 AIC 기준으로 모형을 선택할 때보다 더 작은 모형이 선택될 수 있다. 왜냐하면, $\ln(8) > 2$이기 때문에 샘플 데이터 수가 8개보다 많으면 SBC의 페널티가 AIC의 페널티보다 더 커지기 때문이다. 물론 AIC가 선택한 모형과 SBC가 선택한 모형이 같을 경우가 더 빈번하다. AIC와 SBC 중 어떤 것을 이용하더라도 상관은 없으며, 그 값이 가장 작은 모형을 선택하면 된다. 참고로, AIC는 샘플이 무한대로 증가하였을 때 트루모형(True Model)을 찾아내는 것으로 알려져 있다. AIC와 SBC 값들의 계산식은 출처에 따라 약간씩 다르다.

AIC와 SBC 값들이 단독으로 단 하나씩 있을 경우에는 시계열모형 선택에 아무런 도움이 안 된다. 그래서 위 SAS Program 9_2에는 표기를 하지 않았지만, ESTIMATE p=2 q=0 METHOD=ML MAXIT=200;으로 틀린 모형의 계수들을 추정한 뒤 AIC 값과 SBC 값을 구하고, 아래 표에 표기하여, AR(1)으로 추정한 뒤 얻은 AIC 및 SBC 값과 비교해 보았다.

〈표 9-2〉 AR(1) 과 AR(2) 의 AIC 와 SBC 값 비교

	AIC	SBC
p=1 q=0	1404.626	1408.841
p=2 q=0	1405.001	1414.430

〈표 9-2〉의 AR(1)과 AR(2)의 AIC 값을 비교해보면, AR(1) 이 0.375의 차이로 AIC 값이 작아 $P=1$, 즉 AR(1)을 선택하고 있다는 것을 알 수 있다. 마찬가지로, SBC 값을 비교해 보면 $p=1$, 즉 AR(1)의 SBC 값이 5.589 더 작아 AR(1)을 선호하고 있음을 알 수 있다. 위에서 언급한 대로 SBC가 계수 하나 더 증가하는 것에 대해 더 큰 페널티를 부과하기 때문에 AIC보다 더 큰 차이로 AR(1)을

선호하고 있는 결과를 보여주고 있다. 컴퓨터가 생성한 500개 데이터는 AR(1)으로 생성한 것이기 때문에 두 개의 정보지수 모두 트루모형(True Model)을 선택하고 있다는 것을 알 수 있다.

AIC와 SBC 지수들에 담긴 시계열 모형구축 철학을 이해하는 것도 이 두 지수들을 이해하는 데 도움이 된다. 이 두 지수의 밑바탕에 흐르는 근본적인 철학은 "같은 값이면 작은 모형이 더 좋다"이다. 즉, "Principle of Parsimony"이다. 시계열모형을 구축할 때 "짠돌이 정신(Spirit of Parsimony)"을 활용하자이다. 데이터 생성모형이 AR(1)인 경우, 트루모형(true model)보다 더 큰 모형들인 AR(2), AR(3), … 등의 모형을 사용하더라도 그 레지주얼들에는 자기상관이 없을 것이고, 그러므로 이런 긴 모형들도 좋은 모형으로 선택될 수 있다. 그렇다면, 실제 트루시계열모형보다 더 큰 모형은 모두 좋은 모형으로 선택될 수 있다는 결론에 도달한다. 이런 선택은 어떤 면에서는 효율적(efficient)이지 않다고 판단할 수 있다. 왜냐하면, 더 작은 모형으로도 레지주얼의 자기상관을 모두 제거될 수 있는데 굳이 더 큰 모형을 사용할 필요는 없기 때문이다. AIC와 SBC의 페널티항은 이런 비효율(inefficiency)을 막기 위해 추가된 것이라고 할 수 있다.

다음은 모형진단, Model Diagnostics 과정의 결과들이다. 모형진단이란 수집된 데이터에 맞는 모형을 선정하여 모형의 계수들도 추정한 후 다시 한 번 모형을 뒤돌아 보면서 모형의 '적절성'을 판단하는 단계를 말한다. 만약 선정된 AR(1) 모형이 샘플데이터의 시계열 특성을 제대로 반영하고 있다면, 모형의 계수들(parameters)을 추정하고 남은 레지주얼(residuals)에는 어떤 형태의 자기상관 특성도 남아있지 않아야 할 것이다. 즉, 레지주얼은 백색잡음(white noise)이어야 한다는 것이다. SAS는 모형추정 후 레지주얼이 백색잡음인지 아닌지를 판단할 수 있도록 'Autocorrelaton Check of Residuals(ACR)' 결과를 제공한다. 이 ACR은 모형진단의 한 과정으로 ESTIMATE 명령 다음에 항상 제공된다.

Autocorrelation Check of Residuals

To Lag	Chi-Square	DF	Pr > ChiSq	Autocorrelations					
6	7.86	5	0.1642	0.053	0.062	0.001	−0.044	−0.074	−0.039

12	21.75	11	0.0264	−0.100	0.003	0.085	0.065	0.074	−0.018
18	26.68	17	0.0629	−0.059	−0.025	0.035	−0.051	0.006	−0.040
24	27.55	23	0.2335	0.005	0.008	−0.034	0.015	−0.007	0.011
30	32.01	29	0.3195	−0.015	0.027	−0.005	0.055	0.003	−0.066
36	34.67	35	0.4837	0.022	0.026	−0.031	0.007	0.013	0.051
42	40.40	41	0.4972	0.060	−0.037	−0.008	−0.047	−0.025	−0.051
48	44.83	47	0.5630	−0.068	−0.020	0.016	0.051	−0.011	0.007

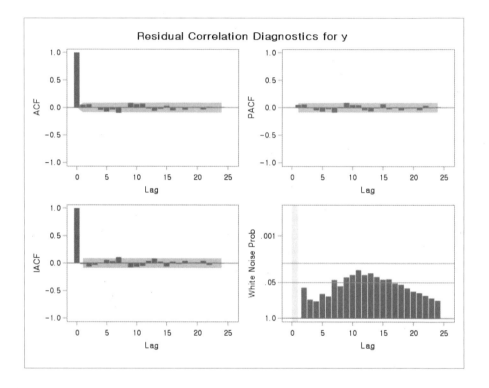

위 표의 ACR결과들은 위에서 설명한 "Autocorrelation Check for White Noise (ACWN)"와 같으나 그 대상이 다르다. 즉, ACWN은 아래 AR(1) 모형

$$Y_t = \alpha Y_{t-1} + \epsilon_t \tag{9.5}$$

Y_t의 Autocorrelation에 대한 백색잡음 검정결과를 나타낸 것이나, 위 ACR은 위 식 (9.5)의 오차항 ϵ_t의 백색잡음 여부에 대한 검정결과이다. 위 ACWN과 마찬

가지로 위 표의 첫 두 줄만 정리하면

To Lag	DF	귀무가설	Pr > ChiSq
6	5	$\rho_{e1} = \rho_{e2} = \rho_{e3} = \cdots = \rho_{e6} = 0$	0.1642
12	11	$\rho_{e1} = \rho_{e2} = \rho_{e3} = \cdots = \rho_{e12} = 0$	0.0264

이다. 여기서 ρ_{e1}은 ϵ_t의 추정치인 레지주얼 e_t의 1차 자기상관(First Order Auto-correlation)임을 나타내기 위해 아래첨자로 e를 사용하였다. 위 Autocorrelation Check of Residuals, ACR, 표는 다중귀무가설(Joint Hypothesis Testing)을 Chi-Square 검정통계량을 사용하여 검정하는 것이다. 여기서 DF, Degrees of Freedom이 To Lag 숫자보다 1이 작은 이유는 AR(1) 모형의 계수 숫자가 1이기 때문에 귀무가설의 자유도보다 모형의 계수 수 1을 뺀 값, 즉 5와 11이 된다.

To Lag 6에서는 Pr > ChiSq, 즉, 귀무가설 검정통계치의 확률값(Test Statistic Probability Value, TSPV)이 0.1642임으로 0.05보다 커서 귀무가설을 기각할 수 없으나, To Lag 12에서는 이 값이 0.0264로 0.05보다 작아서 백색잡음이라는 귀무가설을 기각하고 있다. 그러나 To Lag 18부터 48까지 Pr > ChiSq 값의 대부분은 0.05보다 훨씬 커서 레지주얼이 백색잡음이라는 귀무가설을 기각하지 못하고 있다. 즉, Y_t 자료로 수집된 데이터의 시계열모형으로 선택한 AR(1) 모형은 적절하다는 모형진단(Model Diagnostics) 결과이다.

선택된 시계열모형에 대한 모형진단을 위해 SAS가 제공하는 결과들은 위 Chi-Square 검정결과뿐만 아니라 그 아래 4개의 그래프도 있다. "Residual Correlation Diagnostics for y"로 제목이 붙은 4개의 플롯들이다. 첫 번째 플롯인 레지주얼의 ACF, AutoCorrelation Function,은, 0차 자기상관만 1이고, 다른 모든 차수의 자기상관 값들은 모두 음영처리된(shaded) 통계적유의성 임계치 안에 존재하기 때문에 통계적으로 유의하지 않다. 두 번째 그래프인 PACF(Partial Auto-Correlation Function)는 1차부터 24차 부분자기상관들(Partial AutoCorrelations)이 음영처리된 부분 안에 존재하여 모든 값들이 통계적 임계치보다 작다는 것을 알 수 있다. 그러므로 레지주얼, e_t들이 백색잡음이라는 귀무가설을 기각할 수 없다는 것을 보여주고 있다. 세 번째 플롯인 IACF는 PACF와 비슷한 것이고 단지 0차 IACF만 PACF와 다르기 때문에 결과는 PACF와 같은 결론을 내리고 있다. 마지막 플롯인 "White Noise Prob"는 레지주얼이 백색잡음인지를 확률값(Probability Value)으로 검증하도록 하는 것으로 확률값이 0.05보다 작은 Lag가 많으면 귀무가설인 백색잡음을 기각하고, 그 반대면 기각할 수 없는데, 0.05보다 커서 0.05값보다 작은 Lag는 총 24개 중에 9개에 불과하여 백색잡음 귀무가설을 기각하지 못하고 있다는 것으로 결론내릴 수 있다.

아래 "Model for variable y"는 위 SAS Program 9_2의 (4) 줄 FORCAST LEAD=12;에 의해 얻어진 결과이다. 즉, 1기부터 12기 미래값을 예측하라는 명령이며, 예측모형은 아래 식 (9.5)와 같다.

$$Y_t = \alpha Y_{t-1} + \epsilon_t \tag{9.5}$$

아래 "Autoregressive Factors"의 Factor 1: $1 - 0.89298\ B^{**}(1)$은

$$(1 - 0.89298B^1)Y_t = \epsilon_t \tag{9.33}$$

를 나타내며, 여기서 B^1은 백쉬프트 오퍼레이터(Backshift Operator)로 불리며 $B^1 Y_t = Y_{t-1}$이 되고, $B^2 Y_t = Y_{t-2}$ 등이 된다. 백쉬프트 오퍼레이터 대신 래그 오퍼레이터(Lag Operator) L을 같은 용도로 사용하기도 한다.

Model for variable y
No mean term in this model.

Autoregressive Factors
Factor 1: $1 - 0.89298\ B^{**}(1)$

Forecasts for variable y

Obs	Forecast	Std Error	95% Confidence Limits	
501	−0.6039	0.9832	−2.5310	1.3232
502	−0.5392	1.3182	−3.1229	2.0444
503	−0.4815	1.5337	−3.4876	2.5245
504	−0.4300	1.6860	−3.7345	2.8745
505	−0.3840	1.7982	−3.9084	3.1404
506	−0.3429	1.8829	−4.0332	3.3474

507	−0.3062	1.9477	−4.1237	3.5113
508	−0.2734	1.9980	−4.1894	3.6425
509	−0.2442	2.0371	−4.2369	3.7486
510	−0.2180	2.0678	−4.2709	3.8349
511	−0.1947	2.0920	−4.2949	3.9055
512	−0.1739	2.1111	−4.3115	3.9638

위 "Forecasts for variable y"는 SAS Program 9_2의 (4) 줄 FORECAST LEAD=12에 의해서 만들어진 결과다. 1기 미래예측치부터 12기 미래예측치가 "Forecast" 세로줄에 표기되어 있다. 이 예측치들은 다음과 같은 예측식으로 얻어진 결과다.

$$Y_{T+k|T} = a^k Y_T \qquad (9.34)$$

여기서 T는 샘플수 500, $a = 0.89298$이다. $Y_{T+k|T}$는 편의를 위해 축약한 표현방식으로 T 시점에서 사용가능한 모든 정보를 사용하여 Y_{T+k} 값을 예측한 것을 의미한다. 즉, $Y_{T+k|T} = E(Y_{T+k} | \Omega_T)$으로 예측치(forecast)는 조건부 기대값(Conditional Expected Value)이 되는 것이다. 여기서 Ω_T는 T기에 사용가능한 모든 정보의 집합을 나타낸다.

예를 들어 위 표의 501번째 예측치 −0.6039와 502번째 예측치는 다음과 같이 계산되었다.

$$Y_{501|500} = (0.89298)^1 Y_{500} = (0.89298)^1 (-0.67625) = -0.6039$$

$$Y_{502|500} = (0.89298)^2 Y_{500} = (0.89298)^2 (-0.67625) = -0.5392$$

등이다.

Forecast 오른쪽의 Std Error 세로줄은 Forecast 값의 표준에러(Standard Error)를 뜻하고, 95% Confidence Limits는 95% 신뢰구간을 의미하며, 음수 값은 95% 신뢰구간의 아래 임계치(Lower Critical Value), 즉 Lower Bound 값이며, 양수 값은 95% 신뢰구간의 위 임계치(Higher Critical Value), 즉 Upper Bound, 값이다. 모든 예측치의 95% 신뢰구간이 0을 포함하고 있어 예측치들 각

각이 0이라는 귀무가설은 기각할 수 없다.

사용자의 편의를 위해 SAS는 위 예측치들을 아래 그래프로도 그려서 제공하고 있고, 그래프에 음영처리된(shaded) 부분이 95% 신뢰구간을(95% Confidence Limits) 나타낸다. 거의 직선으로 표기된 예측치는 미래예측기간이 증가함에 따라 0에 가까워지는 것을 알 수 있다. 즉, 예측 기간이 증가하면서 예측치(Predicted Value)는 무조건부 기대값(Unconditional Expected Value), $E(Y_t) = 0$에 수렴하게 된다.

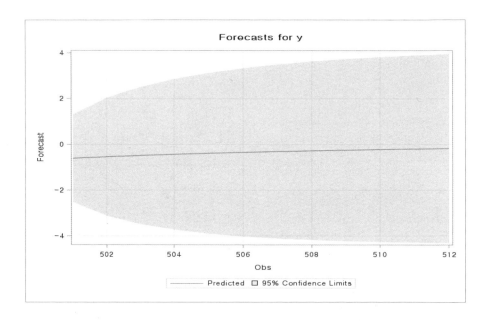

9.5   상수항이 있는 AR(1) 모형

만약 AR(1) 모형에 상수항, Constant,이 있다면, 즉, 시계열자료의 평균값이 0이 아니라면, 다음과 같이 표기할 수 있다.

$$Y_t = \mu + \alpha Y_{t-1} + \epsilon_t \tag{9.4}$$

위 식 (9.4)의 상수항 μ는 AR(1) 시계열모형 식 (9.5)와 동일한 시계열적 특성을 갖고 있다. 즉, 식 (9.4)의 자기상관함수, ACF, 부분자기상관함수, PACF, 역자기상관함수, IACF 등은 식 (9.5)와 동일하다. 그러나 Y_t의 평균값은

$$E(Y_t) = \mu(1 + \alpha + \alpha^2 + \alpha^3 + \cdots)$$

$$= \frac{\mu}{1 - \alpha} \tag{9.35}$$

가 된다. 즉, AR(1) 모형에 상수항이 있으면, Y_t의 무조건부 기대값, Unconditional Expectation이 위 식 (9.35)가 된다. 상수항 때문에 달라지는 것은 무조건부 기대값뿐만 아니라, 미래예측치도 변화한다. 예를 들어, t기에서 $(t+1)$기와 $(t+2)$기의 Y 값인, Y_{t+1}과 Y_{t+2}의 예측치는

$$Y_{t+1|t} = \mu + \alpha Y_t \tag{9.36}$$

$$Y_{t+2|t} = \mu + \alpha Y_{t+1|t}$$
$$= \mu + \alpha(\mu + \alpha Y_t)$$
$$= \mu(1 + \alpha) + \alpha^2 Y_t \tag{9.37}$$

가 된다. 그러므로 상수항이 있는 AR(1) 모형의 Y_{t+2} 예측치에는 상수항이 없을 때의 예측치 $\alpha^2 Y_t$에 $\mu + \alpha\mu$가 추가된다. 일반적으로 t기에서 Y_{t+k}의 예측는

$$Y_{t+k|t} = \mu(1 + \alpha + \alpha^2 + \cdots + \alpha^{k-1}) + \alpha^k Y_t \tag{9.38}$$

가 되어 상수항 μ가 없을 때의 예측식에 $\mu(1 + \alpha + \alpha^2 + \cdots + \alpha^{k-1})$항이 추가된다는 것을 알 수 있다. 물론 실제 예측에서는 μ의 추정치 $\hat{\mu}$과 α의 추정치 $\hat{\alpha}$, 즉 "AR1,1"을 이용하여 예측해야 한다. SAS는 상수항 μ의 추정치를 "MU"로 표기하여 제공하고 있다.

9.6 AR(2) 모형

AR(2) 모형은 다음과 같이 표기된다.

$$Y_t = \alpha_1 Y_{t-1} + \alpha_2 Y_{t-2} + \epsilon_t \tag{9.39}$$

AR(2) 모형은 AR(1) 모형보다 계수가 하나 더 있는 모형이지만 이 모형의 자기상관함수를 직접 구하는 것은 시간이 걸리는 계산을 요한다. 그러므로, 이 모형에 대한 ACF는 구하지 않고 대신 컴퓨터로 생성된 AR(2) 데이터를 통해 ACF 형태를 확인하고자 한다. AR(2)의 PACF는 AR(1)과 비슷할 것이나 두 번째 부분자기상관(Partial AutoCorrelation) 값이 통계적으로 유의해야 한다. 그러므로 AR(2) 모형의 PACF는 대부분 두 개의 PAC가 통계적으로 유의하게 돌출되어 나와 있다.

AR(2) 모형에 대해서는 우선, AR(2) 데이터 생성에 필요한 SAS 프로그램 작성, 모형추정에 필요한 SAS 프로그램 작성, 미래예측 방법을 중심으로 설명하고자 한다. AR(1)에서 설명한 이론적 배경에 대한 자세한 언급은 생략하고자 한다. 우선 위 식 (9.39)의 $\alpha_1 = 0.6$, $\alpha_2 = 0.3$으로 가정하고 AR(2) 데이터를 생성하고 생성된 데이터를 AR(2) 모형으로 추정하는 SAS 프로그램은 다음의 SAS Program 9_3과 같다.

SAS Program 9_3: AR(2) 데이터 생성, 모형추정, 및 예측

```
     DATA ar2;
             seed1 = 12;
             seed2 = 14;
(1)          seed3 = 16;
(2)          alpha1 = 0.6;
(3)          alpha2 = 0.3;
(4)          ylag1 = RANNOR(seed1);
(5)          ylag2 = RANNOR(seed2);
             DO i = 1 TO 500;
```

```
                    e = RANNOR(seed3);
(6)                 y = alpha1*ylag1 + alpha2*ylag2 + e;
                    OUTPUT;
(7)                 ylag2 = ylag1;
(8)                 ylag1 = y;
            END;
      RUN;
(9)       PROC GPLOT DATA = ar2;
                 PLOT y*i;
                 SYMBOL V=NONE i=JOIN C=BLACK;
      RUN;
      PROC ARIMA DATA = ar2;
            IDENTIFY VAR = y;
(10)        ESTIMATE p=2 q=0 METHOD=ML MAXIT=200 NOINT;
            FORECAST LEAD = 12;
      RUN;
```

SAS Program 9_3 설명 및 결과 설명

위 SAS Program 9_3은 SAS Program 9_2와 유사하나 몇 가지 점에서 다르다. 우선 (1) 줄에 seed3가 추가되었다. AR(1) 모형에서는 seed1과 seed2만 있었는데, AR(2) 모형의 데이터를 생성하기 위해서는 seed가 3개 필요하다. (2) 줄과 (3) 줄에 AR(2) 계수값들(Parameter Values), $\alpha_1 = 0.6$과 $\alpha_1 = 0.3$으로 지정하였다. 참고로, 두 계수값들의 합이 1 미만이어야 시계열자료의 안정성(stationarity)을 확보할 수 있다. AR(2) 모형의 오른쪽에는 Y_t의 과거값들이 2개, Y_{t-1}과 Y_{t-2}, 있기 때문에 ylag 값들도 (4) 줄과 (5) 줄에서와 같이 2개, ylag1과 ylag2 값들이 DO loop 시작하기 전에 필요하다. (6) 줄은 SAS 언어로 표현한 AR(2) 모형이다. (7) 줄 (8) 줄이 업데이팅(updating) 줄로서, DO loop을 한 바퀴 돌 때마다 ylag1과 ylag2 값들은 업데이트되어야 하며, (7) 줄에서 먼저 ylag2를 업데이트하고, (8) 줄에서 ylag1을 업데이트 시켜줘야 한다. 이 순서가 뒤바뀌면 ylag1 = ylag2 = y가 되어 AR(2) 데이터를 생성할 수 없게 된다. (9) 줄에서

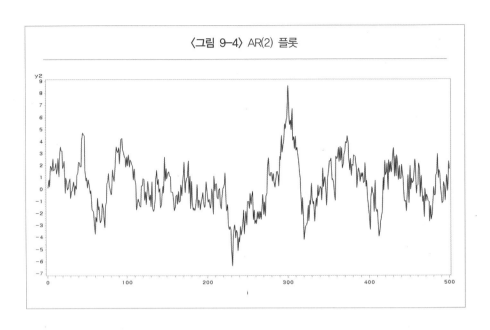

〈그림 9-4〉 AR(2) 플롯

얻은 PROC GPLOT 결과는 〈그림 9-4〉와 같다.

〈그림 9-4〉는 AR(1) 그림인 〈그림 9-2〉와 약간 다르다. 육안으로 비교하였을 때 AR(2) 데이터를 플롯한 〈그림 9-4〉가 AR(1)을 플롯한 〈그림 9-2〉보다 '지속성(consistency)'이 약간 덜한 것 같다. 추측컨데 AR(2) 모형의 ar1 계수값은 0.6이고, AR(1) 모형의 ar 계수값은 0.9로 AR(2)의 ar1 계수값보다 작아서 발생하는 현상이라고 판단된다. 아무튼, AR(1) 플롯과 AR(2) 플롯을 구분하는 것은 쉽지 않다. 특히, 모형의 계수값들에 큰 차이가 없을 때 더욱 그런 것 같다.

아래 Y 변수에 대한 백색잡음 검정결과를 보면 모든 Lag에서 Pr > Chi-Sq 값들이 0.05보다 훨씬 작은 <.0001이다. Chi-Square 값들도 1000이 넘고 2000에 가까워지고 있다. 이 결과는 당연한 것이지만, AR(2)로 생성한 데이터가 백색잡음은 절대 아니라는 증거를 제시하고 있다.

The ARIMA Procedure

Name of Variable = y2

Mean of Working Series	0.307714
Standard Deviation	2.094941
Number of Observations	500

Autocorrelation Check for White Noise

To Lag	Chi-Square	DF	Pr > ChiSq	Autocorrelations					
6	1607.18	6	<.0001	0.854	0.817	0.746	0.687	0.643	0.585
12	2191.20	12	<.0001	0.544	0.493	0.446	0.410	0.368	0.318
18	2278.19	18	<.0001	0.271	0.216	0.162	0.121	0.076	0.044
24	2281.04	24	<.0001	0.013	−0.007	−0.022	−0.025	−0.038	−0.051

아래 Trend and Correlation Analysis for y에 AR(2)로 생성된 데이터를 이
용하여 얻은 4개 플롯(plots)이 있다. 이 플롯들은 PROC ARIMA의 IDENTIFY
VAR=y;가 도출해 낸 결과들이다. 첫 번째 플롯은 〈그림 9-4〉의 축소판이고,
ACF 플롯은 위 AR(1)의 ACF 플롯하고 다르다는 것을 알 수 있다. AR(2)의
ACF 플롯은 Lag가 증가하면서 거의 직선으로 감소하는 형태를 보이고 있다. 즉
Lag가 증가하면서 자기상관의 감소속도가 AR(1)의 ACF 플롯보다 더 느리다, 즉
끈적거림이 더 심하다는 것을 알 수 있다.

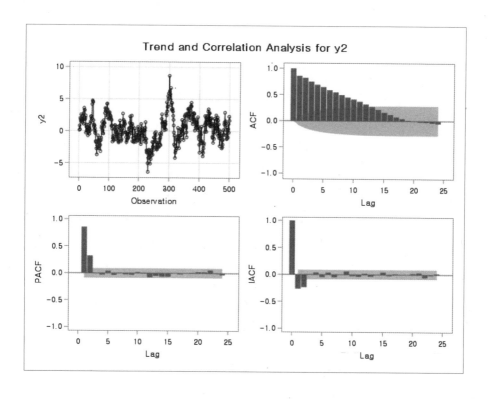

PACF(Partial AutoCorrelation Function) 플롯을 보면, 예측한 바와 같이 음영처리된 0을 중심으로 한 95% 신뢰구간 밖으로 튀어나온 바(bar)는 첫 번째 바와 두 번째 바 2개로, y2 변수의 데이터가 AR(2) 시계열모형으로 생성됐음을 보여주고 있다. PACF와 비슷하게 IACF(Inverse ACF) 플롯에도 2개의 바가 95% 신뢰구간 밖에 존재하는 것을 볼 수 있다.

다음은 (10) 줄의 ESTIMATE p=2 q=0의 결과이다. AR(2)의 첫 번째 계수인 α_1의 추정치, AR1,1은 0.57854로, 트루값(true value)인 0.6보다 작게 추정되었다는 것을 알 수 있다. 두 번째 계수인 α_2의 추정치, AR1,2는 0.32411로 α_1과는 다르게 트루값인 0.3보다 크게 추정되었다.

Maximum Likelihood Estimation

Parameter	Estimate	Standard Error	t Value	Approx Pr > |t|	Lag
AR1,1	0.57854	0.04232	13.67	<.0001	1
AR1,2	0.32411	0.04237	7.65	<.0001	2

Variance Estimate	1.063236
Std Error Estimate	1.031134
AIC	1453.135
SBC	1461.564
Number of Residuals	500

AIC와 SBC가 실제 트루모형(True Model)을 찾아내는지를 알아보기 위해 P=3 q=0 모형을 추정하고 얻은 AIC와 SBC 값들을 위 AIC와 SBC 값들과 비교하였다. 〈표 9-3〉에서 볼 수 있는 바와 같이 AIC와 SBC 모두 AR(2) 모형이 AR(3) 모형보다 더 좋은 모형이라고 판단할 수 있는 근거를 제시하고 있다.

〈표 9-3〉 AR(2) 와 AR(3) 모형의 AIC, SBC 값

	AIC	SBC
p=2 q=0	1453.135	1461.564
p=3 q=0	1455.077	1467.721

AR(2) 모형과 AR(3) 모형의 SBC 값 차이는 두 모형의 AIC 값 차이의 2배에 이른다. SBC 값의 차이가 더 큰 이유는 모형의 계수가 하나 더 늘어날 때마다 부과하는 페널티가 $\ln(500) = 6.215$이고, AIC는 2이기 때문이다.

아래 Autocorrelation Check of Residuals는 데이터를 AR(2) 모형으로 추정한 후 모형이 데이터의 시계열특성을 반영한 좋은 모형인지를 진단, 점검하는 Diagnostic Checking 단계의 검정이다. 즉, 모형을 추정한 후 남은 레지주얼에 자기상관이 아직도 존재하는지를 검정하는 것이다. 만약 레지주얼에 자기상관이 아직도 존재한다면, 추정된 모형은 잘못 선정되었다는 결론에 도달하게 된다. 이런 경우, 다른 모형을 선정하기 위해 Identification 단계로 다시 돌아가야 한다. 그러나 아래 Pr > ChiSq 세로줄을 보면 To Lag 6부터 48까지 모든 값들이 0.05를 크게 초과하는 값들이기 때문에 귀무가설인 $\rho_1 = \rho_2 = \cdots = \rho_k = 0$, 여기서 $k = 6, 12, 18, \cdots, 48$,를 기각할 수 없다. 즉, 아래 Pr > ChiSq 값들은 모든 k에 대해 0.05보다 훨씬 커서 8개의 귀무가설을 기각할 수 없다는 것을 알 수 있다. 그러므로, AR(2) 모형추정 후 얻어지는 레지주얼이 백색잡음(White Noise)이라고 할 수 있고, 그렇기 때문에 AR(2) 모형은 500개 샘플데이터에 적절하고 좋은 모형이라고 판단할 수 있다.

Autocorrelaiton Check of Residuals

To Lag	Chi-Square	DF	Pr > ChiSq	Autocorrelations					
6	2.12	4	0.7128	0.005	0.020	0.007	−0.033	0.047	−0.020
12	5.37	10	0.8650	0.034	0.009	−0.028	0.035	0.053	0.018
18	8.89	16	0.9180	0.039	−0.002	−0.047	−0.009	−0.045	−0.031
24	14.60	22	0.8787	−0.051	−0.053	−0.041	0.027	0.033	0.044
30	20.37	28	0.8506	−0.050	−0.083	−0.006	−0.016	−0.033	0.005
36	26.21	34	0.8278	0.062	0.028	−0.049	−0.022	0.047	−0.034
42	35.26	40	0.6832	0.023	−0.056	−0.079	−0.037	−0.071	−0.015
48	42.09	46	0.6367	0.067	−0.033	0.046	−0.036	0.042	−0.039

아래 Residual Correlation Diagnostics for y2는 위에서 직접 가설검정을 한

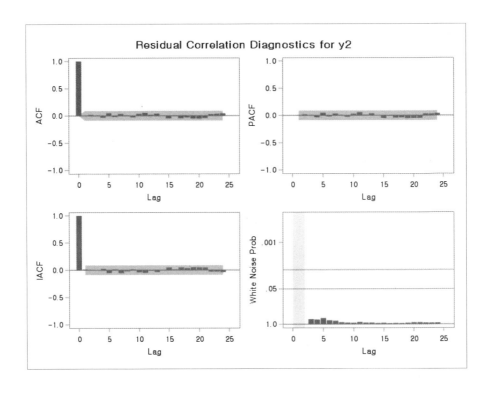

것과 약간 다른 방법으로 선정된 모형의 적절성을 판단하도록 제공되는 결과들이다. 여기서 y2는 위 y와 같은 변수를 지칭한다. 4개의 그래프 중 왼쪽 위에 있는 그래프는 ACF 그래프이다. 값이 1.0인 0(zero) 오더(order) 자기상관(Autocorrelation) 값을 제외하고는 자기상관값들 모두가 0을 중심으로 한 95% 신뢰구간 안에 들어와 있다. 그러므로 1st 오더(order)부터 24th 오더(order)까지 자기상관 값들은 모두 0이라는 가설을 기각할 수 없다. 결국 레지주얼에는 자기상관이 존재하지 않는다는 결론을 내릴 수 있다.

PACF 그래프도 ACF 그래프와 동일한 결론을 내리고 있다. 1st 오더부터 24th 오더까지 부분자기상관값들(Partial AutoCorrelation Values)은 모두 0이라는 귀무가설은 기각할 수 없다. Inverse ACF 그래프도 동일한 결론을 내리고 있으며, 마지막으로 White Noise Prob 그래프도 검정통계량들(Test Statistics)의 모든 확률값은 0.05보다 큰 영역에 있기 때문에 레지주얼이 백색잡음(White Noise)이라는 귀무가설을 기각할 수 없다.

MA 모형은 AR 모형과 달리 종속변수 Y_t가 백색잡음(White Noise)에 의해서만 표현된다. 즉, p 오더(order) MA 모형, MA(p)는 다음과 같이 표현된다.

$$Y_t = \epsilon_t + \beta_1 \epsilon_{t-1} + \beta_2 \epsilon_{t-2} + \cdots + \beta_p \epsilon_{t-p} \tag{9.40}$$

식 (9.40)의 오른쪽 편에는 백색잡음인 ϵ만 있으며 그들의 기대값은 모두 0이고 그들끼리의 자기상관도 모두 0이다.

MA 모형 중 가장 작은 모형은 1st 오더 Moving Average 모형, MA(1)이며 아래와 같이 표기한다.

$$Y_t = \epsilon_t + \beta \epsilon_{t-1} \tag{9.41}$$

여기서 ϵ_t는 백색잡음(White Noise)으로 $E(\epsilon_t) = 0$, $E(\epsilon_t^2) = \sigma_\epsilon^2$이다. AR 모형과는 달리 위 MA(1) 계수(Parameter) β의 크기에 대한 제한은 없다. 그 이유는, AR(AutoRegressive) 모형과는 달리 모든 한정된 오더(Finite Order) Moving Average 모형들은 모두 안정적(Stationary)이기 때문이다.

MA 모형은 AR 모형과 시계열적 특성면에서 상당히 다르다. 예를 들어 위 MA(1) 모형으로 정의된 Y_t가 전혀 예측불가능한 백색잡음 ϵ_t에 어떤 영향을 받는지를 생각해 보자. 만약 ϵ_t가 2.0이었다면 Y_t 값은 t기에 바로 2.0만큼 증가한다. 다음 $(t+1)$기가 되었다면, $Y_{t+1} = \epsilon_{t+1} + \beta \epsilon_t$가 되어 $(t+1)$기에도 2.0β만큼 영향을 미친다. 그러나 $(t+2)$기가 되면 $Y_{t+2} = \epsilon_{t+2} + \beta \epsilon_{t+1}$가 되어 ϵ_t의 영향은 2기 만에 모두 사라지게 된다. 만약 Y_t가 AR(1), $Y_t = \alpha Y_{t-1} + \epsilon_t$으로 정의된 경우 $\epsilon_t = 2.0$이었다면 이 ϵ_t 값은 Y_{t+1}, Y_{t+2}, 뿐만 아니라 먼 미래의 Y_t 값에도 영향을 계속 미칠 것이다. 물론 그 영향의 크기는 점점 줄어들지만 MA 모형에서 처럼 그 영향이 어느 한 시점에서 0으로 아주 없어지지는 않는다. 그러므로 MA 모형과 AR 모형의 시계열적 특성은 상당히 다르다고 할 수 있다. 이러한 차이점을 반영하여 MA 모형의 자기상관함수, AutoCorrelation Function, ACF는 AR의 ACF와 크게 다르다. 우선 $\beta = 0.9$로 하여 MA(1) 모형으로 데이터 500

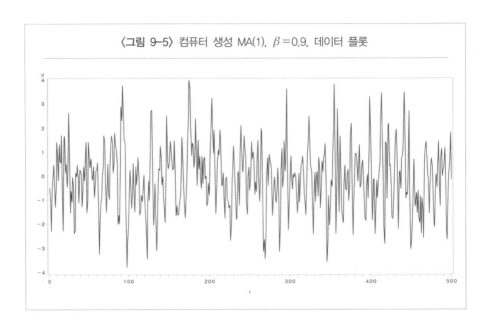

〈그림 9-5〉 컴퓨터 생성 MA(1), $\beta = 0.9$, 데이터 플롯

개를 생성하여, 플롯하고, $\alpha = 0.9$로 AR(1) 데이터 500개를 생성하여 플롯한 것과 비교하면 MA(1)의 시계열적 특성을 이해하는 데 도움이 될 것이다.

〈그림 9-5〉는 위 식 (9.41)의 MA(1) 모형에서 $\beta = 0.9$로 하여 SAS 프로그램으로 얻은 500개 데이터를 플롯, PROC GPLOT 해서 얻은 것이다.

〈그림 9-5〉는 〈그림 9-2〉에 있는 $\alpha = 0.9$, AR(1) 모형으로 생성한 500개 데이터 플롯과 상당한 차이가 있다는 것을 명확하게 인식할 수 있다. AR(1) 플롯을 보면 데이터에 오르락 내리락 하는 패턴(pattern)이 존재한다는 것을 눈으로 확인할 수 있으나, 위 MA(1) 플롯에서는 패턴이 존재하는지를 발견하는 것 자체가 쉽지 않다.

MA(1) 플롯을 백색잡음(White Noise) 플롯과 비교하기 위해서 〈그림 9-6〉에 컴퓨터를 이용해 생성한 백색잡음 500개 데이터를 플롯하였다. 두 플롯을 비교하면, 아주 미미한 차이가 존재한다는 것을 인식할 수 있다. 백색잡음 플롯과 비교하면 MA(1) 플롯은 약간의 오르락 내리락 하는 패턴이 약하게 나마 존재한다는 것을 발견할 수 있다.

MA(1) 모형의 자기상관함수, AutoCorrelation Function(ACF)은 다음과 같이 구할 수 있다. 식 (9.41)에서 $E(Y_t) = E(\epsilon_t + \beta\epsilon_{t-1}) = 0$이므로 Y_t의 분산은

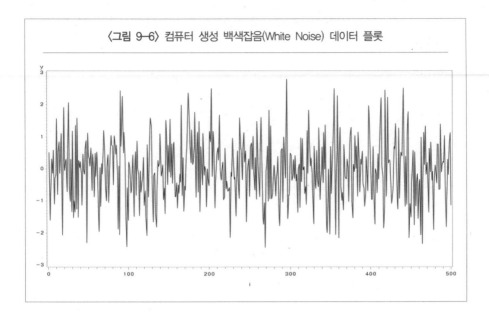

$$\gamma_0 = E(\epsilon_t + \beta\epsilon_{t-1})^2 = (1 + \beta^2)\sigma_\epsilon^2 \tag{9.42}$$

이 된다. 1차 자기공분산, 1st order AutoCovariance, $\gamma_1 = E(Y_t Y_{t-1})$은

$$\gamma_1 = E(\epsilon_t + \beta\epsilon_{t-1})(\epsilon_{t-1} + \beta\epsilon_{t-2}) = \beta\sigma_\epsilon^2 \tag{9.43}$$

이 된다. 2차 자기공분산 $\gamma_2 = E(Y_t Y_{t-2})$는

$$\gamma_2 = E(\epsilon_t + \beta\epsilon_{t-1})(\epsilon_{t-2} + \beta\epsilon_{t-3}) = 0 \tag{9.44}$$

이 된다. 식 (9.44)의 2차 자기공분산에서 알 수 있는 바와 같이 3차, 4차, 5차 등 모든 자기공분산들은 0이 된다는 것을 파악할 수 있다. 그러므로 MA(1)의 ACF는

$$\rho_1 = \frac{\gamma_1}{\gamma_0} = \frac{\beta}{(1 + \beta^2)} \tag{9.45}$$

$$\rho_2 = \frac{\gamma_2}{\gamma_0} = 0$$

$$\rho_3 = \frac{\gamma_3}{\gamma_0} = 0, \cdots$$

등이 된다. 즉, MA(1)의 ACF는 1st 오더 AC만 0이 아니고, 모든 오더의 AC는 0이 된다.

MA(2) 모형은

$$Y_t = \epsilon_t + \beta_1 \epsilon_{t-1} + \beta_2 \epsilon_{t-2} \tag{9.46}$$

이 되고 위에서와 같이 ACF를 구하면 다음과 같다.

$$\rho_1 = \frac{\gamma_1}{\gamma_0} = \frac{\beta_1 + \beta_1 \beta_2}{1 + \beta_1^2 + \beta_2^2} \tag{9.47}$$

$$\rho_2 = \frac{\gamma_2}{\gamma_0} = \frac{\beta_2}{1 + \beta_1^2 + \beta_2^2} \tag{9.48}$$

$$\rho_3 = \frac{\gamma_3}{\gamma_0} = 0, \cdots$$

즉, MA(2) 모형의 ACF는 ρ_1과 ρ_2만 0이 아니고, 다른 모든 자기상관(AC)들은 0이다. MA의 이러한 특성으로 인하여 MA의 오더는 ACF를 이용하여 판단할 수 있다. AR의 오더는 PACF로 판단할 수 있던 것과 달리 MA의 오더는 ACF를 통하여 판단할 수 있다.

MA(1) 모형의 PACF는 다음과 같이 구할 수 있다. 우선 MA(1) 모형 식 (9.41)을 다음과 같이 표현할 수 있다.

$$Y_t = \epsilon_t + \beta \epsilon_{t-1} = (1 + \beta B^1) \epsilon_t = [1 - (-\beta) B^1] \epsilon_t \tag{9.49}$$

여기서 B^1은 후진함수, Backshift Operator로 위 식 (9.49)를 다시 표현하면,

$$\frac{Y_t}{[1 - (-\beta) B^1]} = \epsilon_t \tag{9.50}$$

가 된다.

식 (9.50)의 좌측 분자, 분모는 무한수열의 합과 같은 것으로 다음과 같이 변형할 수 있다.

$$\{1 + [(-\beta)B]^1 + [(-\beta)B]^2 + [(-\beta)B]^3 + \cdots\} Y_t = \epsilon_t \tag{9.51}$$

식 (9.51)은 다시 다음과 같이 표기할 수 있다.

$$Y_t - \beta Y_{t-1} + \beta^2 Y_{t-2} - \beta^3 Y_{t-3} + \beta^4 Y_{t-4} - \cdots = \epsilon_t \tag{9.52}$$

이 식은 다시 다음과 같은 AR(∞)로 표현할 수 있다.

$$Y_t = \beta Y_{t-1} - \beta^2 Y_{t-2} + \beta^3 Y_{t-3} - \beta^4 Y_{t-4} + \cdots + \epsilon_t \tag{9.53}$$

위 식 (9.53)은 MA(1) 모형을 AR(∞) 전환한 것이며, 이런 전환은 AR(1)을 MA(∞)으로 전환한 것과 같이 MA(1) 모형도 AR(∞) 모형으로 전환할 수 있음을 보여주고 있다. 특히 위 식 (9.53)을 보면, MA(1) 모형의 부분자기상관계수들, Partial AutoCorrelation Coefficients는 양수(+) 계수와 음수(−) 계수가 교차해서 나오는 패턴을 보이며, 만약 $|\beta| < 1$이면 AR(1)에서와 같이 부분자기상관계수들도 오더가 증가할수록 감소할 것이라는 것을 짐작하게 한다.

9.8 MA 모형을 이용한 미래예측

우선 아래 MA(1) 모형의 미래예측 방법부터 알아보고자 한다.

$$Y_t = \epsilon_t + \beta \epsilon_{t-1} \tag{9.41}$$

예측방법은 먼저 예측하고자 하는 변수를 식으로 표현해야 한다. 즉, 만약 $(t+1)$기의 Y 값을 예측하고자 한다면

$$Y_{t+1} = \epsilon_{t+1} + \beta \epsilon_t \tag{9.54}$$

가 되고 식 (9.54)의 조건부기대값 $Y_{t+1|t}$을 구하면 된다.

$$Y_{t+1|t} = E(Y_{t+1} \mid \Omega_t) = E(\epsilon_{t+1} + \beta \epsilon_t \mid \Omega_t)$$
$$= \beta \epsilon_t \tag{9.55}$$

여기서 Ω_t는 t기에 사용가능한 모든 정보의 집합을 나타내며, 이 집합은 $\{Y_t,$ $Y_{t-1}, Y_{t-2}, \cdots, \epsilon_t, \epsilon_{t-1}, \epsilon_{t-2}, \cdots\}$로 표시할 수 있다. 식 (9.55)는 Y_{t+1}을 예측

하기 위해서는 백색잡음인 ϵ_t를 알아야 한다는 것이다. t기에 사용가능한 정보의 집합에 ϵ_t가 포함되어 있으나 백색잡음을 실제 예측에 사용할 수 있다고 하는 것은 무리다. 그러므로 식 (9.55) 대신에 실제 사용가능한 다른 식을 구할 필요가 있다. 이를 위해서 Y_{t+1} 값에서 예측치를 빼면 $Y_{t+1} - Y_{t+1|t} = \epsilon_{t+1}$이 되므로

$$\epsilon_t = Y_t - Y_{t|t-1} \tag{9.56}$$

이 된다. 그러므로 t기에서 Y_{t+1} 예측식은 다음과 같이 표기할 수 있다.

$$Y_{t+1|t} = E(Y_{t+1} \mid \Omega_t) = \beta(Y_t - Y_{t|t-1}) \tag{9.57}$$

즉, t기에서 Y_{t+1}의 예측치 $Y_{t+1|t}$는 β 곱하기 t기에 실현된(realized) 예측오차 (Forecaset Error) $(Y_t - Y_{t|t-1})$이다. t기에 실현된 예측오차란 Y_t에서 $(t-1)$기에 Y_t를 예측한 값 $Y_{t|t-1}$을 뺀 값이다.

Y의 미래값을 예측하기 위해 t기와 과거에 실현된 예측오차를 사용하는 것이 MA 모형을 이용한 예측방법의 핵심이다. 2기 앞 Y 값의 예측인 $Y_{t+2|t}$는 $Y_{t+2} = \epsilon_{t+2} + \beta\epsilon_{t+1}$에 미래 ϵ만 존재하므로 Y_{t+2}의 예측 $Y_{t+2|t}$는 0이 된다. 그러므로, MA(1) 모형의 예측치는 Y_{t+1}에 대한 예측지만 제외하고 모든 예측치는 $0 = E(Y_t)$가 된다.

위에 설명한 것들을 SAS를 이용해 데이터를 생성하고 ACF, PACF, 예측치 등을 구하기 위해 MA(1) 데이터 생성 프로그램 SAS Program 9_4를 아래와 같이 작성하였다.

SAS Program 9_4: MA(1) 데이터 생성 및 모형추정, 미래예측

```
      DATA ma1;
            seed1 = 12;
            seed2 = 14;
(1)         beta = 0.9;
(2)         elag = RANNOR(seed1);
            DO i = 1 TO 500;
```

```
                        e = RANNOR(seed2);
(3)                     y = e + beta*elag;
                        OUTPUT;
(4)                     elag = e;
                END;
        RUN;


        PROC ARIMA DATA=ma1;
                IDENTIFY VAR=y;
(5)             ESTIMATE p=0 q=1 METHOD=ML MAXIT=200 NOINT;
(6)             FORECAST LEAD=5;
        RUN;
```

SAS Program 9_4 설명

(1) 줄에서 β 값을 0.9로 하여 AR(1)의 α 값과 같게 하여 AR 모형과 MA 모형의 차이를 느낄 수 있도록 하였다.

(2) 줄에서는 MA(1) 모형 데이터 생성에 필요한 ϵ_{t-1} 값을 elag라고 명명하였다. AR 데이터 생성 때와 마찬가지로, elag의 첫 값을 임의로 정하지 않고 무작위수 생성함수인 RANNOR를 사용하여 무작위 추출 정신을 고집하였다.

(3) 줄에서 MA(1) 모형을 구체적으로 명시하였다.

(4) 줄에서 DO loop에 필요한 전기 값을 업데이트(updating)하는 과정으로 elag 값을 업데이트하기 위해 e 값으로 전환하는 명령이다.

(5) 줄에서 MA(1) 모형의 β 계수를 최우추정법(Maximum Likelihood)으로 추정하는 명령이며, 이 모형의 상수항은 없다는 NOINT 옵션을 추가하였다.

(6) 줄에서 미래 예측을 하라는 명령이며, Y_{501}부터 Y_{505}까지 예측치를 구하라는 명령이다.

SAS Program 9_4 결과 설명

아래는 IDENTIFY VAR = y; 결과로 얻어진 값들이다. 먼저 Mean of Working Series -0.07005는 생성된 500개 데이터의 산술평균을 나타내며 실제 값 $E(Y_t)$ $=0$의 추정치이다. Standard Deviation 1.34782는 Y_t의 표준편차를 말하며, Y_t 의 분산, $E(Y_t^2) = (1+\beta^2)\sigma_\epsilon^2$이며, 여기에 $\beta = 0.9$, $\sigma_\epsilon^2 = 1.0$을 대입하면 1.81이 고, 여기에 $\sqrt{1.81} = 1.3536$이 트루(true) 값인데 1.34782가 샘플 추정치이다.

The ARIMA Procedure

Name of Variable = y

Mean of Working Series	−0.07005
Standard Deviation	1.34782
Number of Observations	500

Autocorrelation Check for White Noise

To Lag	Chi-Square	DF	Pr > ChiSq	Autocorrelations					
6	172.99	6	<.0001	0.545	0.073	−0.003	−0.089	−0.123	−0.134
12	200.14	12	<.0001	−0.124	−0.010	0.109	0.132	0.088	−0.016
18	206.52	18	<.0001	−0.082	−0.039	−0.010	−0.036	−0.039	−0.036
24	207.09	24	<.0001	−0.015	−0.009	−0.026	−0.011	0.002	−0.003

위 Autocorrelation Check for White Noise는 앞에서 설명한 대로 SAS로 생성된 500개 Y_t 값들이 백색잡음, White Noise인지를 검정하는 표로 그 첫 번째 줄을 설명하면, To Lag 6는 $\rho_1 = \rho_2 = \rho_3 = \cdots = \rho_6 = 0$ 를 의미하며, Chi-Square 값은 이 귀무가설의 검정통계치, Test Statistic이 172.99라는 것이며, 이 검정의 자유도(DF)는 6이고, Pr > ChiSq는 Chi-Square 검정통계치의 확률값, Probability Value는 <.0001이라는 것이다. 즉, 위의 귀무가설이 맞는데도 불구 하고, Chi-Square 값이 172.99이거나, 이보다 큰 값이 나올 확률은 0.0001보다 작다는 것이다. 그러므로 위 귀무가설은 기각되어 주어진 500개의 Y_t 값들은

백색잡음이 아니라는 증거가 된다. Autocorrelations에서 첫 줄의 0.545는 1st Order Autocorrelation, 즉 ρ_1,의 추정치로, 트루값은 $\rho_1 = \dfrac{\beta}{1+\beta^2} = 0.4972$이다. 두 번째 값인 ρ_2부터 트루값은 모두 0이기 때문에 To Lag의 마지막줄인 24까지 모든 값들이 0에 가까운 값들이다.

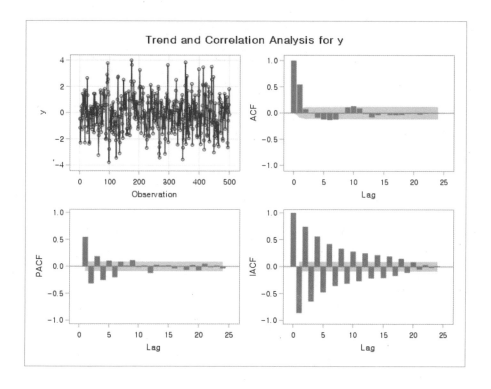

위 Trend and Correlation Analysis foy y에는 첫 번째, 500개 샘플자료의 플롯, 그 오른쪽에 ACF 플롯이 나와 있다. 위에 정리한 이론에서 설명한 바와 같이 MA(1)은 첫 번째 자기상관계수 ρ_1만 0이 아니고, ρ_2부터 모든 Autocorrelation 값들은 0이기 때문에 위 ACF 플롯에서 보는 것처럼, 첫 번째를 제외한 다른 모든 Autocorrelation 값들은 95% 신뢰구간인 음영처리된(shaded) 구간 안에 존재하고 있다. 아래쪽의 부분자기상관함수, PACF는 위 이론에서 설명했듯이 MA(1)을 AR(∞)으로 전환했을 경우 AR의 계수 값들의 부호가 +와 −를 반복하는 형태였는데 위 PACF 플롯이 이러한 사실을 그대로 보여주고 있다. 역자기상관함

수, Inverse AutoCorrelaton Function, IACF는 PACF와 비슷한 형태를 보이고 있다.

SAS 프로그램의 ESTIMATE p=0 q=1 METHOD=ML MAXIT=200 NOINT;로 얻은 결과는 아래 있다.

Maximum Likelihood Estimation

Parameter	Estimate	Standard Error	t Value	Approx Pr > |t|	Lag
MA1,1	−0.89734	0.02025	−44.30	<.0001	1

Variance Estimate	0.969743
Std Error Estimate	0.984755
AIC	1406.211
SBC	1410.426
Number of Residuals	500

우선, MA1,1은 첫 번째 MA 계수를 나타내며, 우리 모형에서는 β를 나타낸다. β의 최우추정법으로 얻은 추정치는 0.89734이다. 여기서 SAS의 모형 표기와 우리의 모형 표기가 달라 추정치에 −가 붙은 것이다. 즉, SAS가 사용하는 모형 표기방법은 다음과 같다.

$$Y_t = (1 - \beta B^1)\epsilon_t \tag{9.58}$$

그러므로 MA(1) 계수 β에 − 부호가 붙어있어 우리가 사용하는 모형의 부호와 다르다. 따라서, SAS 추정치 값의 부호가 −일 경우는 +로, +일 경우는 반대로 −로 바꿔야 우리가 사용하는 모형과 일치한다.

t Value 값은 44.30으로 매우 커서 이 값의 확률값은 <.0001이다. Variance Estimate 0.969743은 σ_ϵ^2의 추정치이며 Standard Error Estimate 0.984755는 σ_ϵ의 추정치이다. 물론 이들의 트루값들은 모두 1.0이다.

트루모델인 MA(1)과 트루모델이 아닌 MA(2)를 비교하기 위해 AIC와 SBC 값들을 〈표 9-4〉에 표기하였다.

〈표 9-4〉 MA(1) 과 MA(2)의 AIC와 SBC 값 비교

	AIC	SBC
p=0 q=1	1406.211	1410.426
p=0 q=2	1407.106	1415.535

AIC와 SBC 모두 트루모형인 MA(1) 모형을 선호하고 있다는 것을 알 수 있다. 추가된 계수(Parameter) 하나당 더 큰 페널티(Penalty)를 부과하는 SBC 값이 AIC 값보다 더 큰 격차를 보이며 MA(1) 모형을 선택하고 있다.

선택된 모형 진단과정인 Diagnostic Checking 과정의 하나인 아래 Atuto-correlation Check of Residuals는 500개 데이터에 MA(1) 모형을 추정하고 얻는 Residuals에 자기상관이 남아있는지를 검정한 결과를 보여주고 있다. 즉, 레지주얼에 대해 귀무가설인 $\rho_1 = \rho_2 = \cdots = \rho_k = 0$, 여기서 k=6, 12, 18, ⋯, 48을 Chi-Square 검정통계치을 이용하여 귀무가설을 테스트하는 것이다. 여기서 검정 자유도인 DF 값이 Lag 값보다 1씩 작은 이유는 이 검정은 레지주얼에 대한 검정이고 레지주얼은 MA(1)을 추정하고 얻은 것이기 때문에 MA(1) 모형의 계수 β 하나를 추정하고 얻어야 하기 때문에 자유도 1을 잃게 되어 DF 값들이 Lag 값들보다 1이 작은 것이다.

Pr > ChiSq 세로줄을 보면 To Lag 12에서만 검정통계치 확률값이 0.0237로 0.05보다 작아 귀무가설인 백색잡음 가설을 기각하나, 나머지 Lag 6, 18, 24, 30, 36, 42에서는 모두 백색잡음 귀무가설을 기각하지 못한다. 그러므로, MA(1) 모형추정 후 얻어지는 레지주얼이 백색잡음(White Noise)이라고 할 수 있고, 그렇기 때문에 MA(1) 모형은 주어진 500개 샘플데이터에 적절하고 좋은 모형이라고 판단할 수 있다.

Autocorrelation Check of Residuals

To Lag	Chi-Square	DF	Pr > ChiSq	Autocorrelations					
6	7.97	5	0.1581	0.044	0.058	−0.007	−0.047	−0.081	−0.041
12	22.08	11	0.0237	−0.106	0.003	0.082	0.062	0.073	−0.021
18	27.37	17	0.0529	−0.062	−0.023	0.033	−0.055	0.008	−0.041

24	28.31	23	0.2044	0.004	0.009	−0.036	0.015	−0.006	0.013
30	33.25	29	0.2677	−0.020	0.032	−0.012	0.062	−0.002	−0.062
36	36.26	35	0.4096	0.016	0.032	−0.036	0.012	0.011	0.052
42	42.21	41	0.4184	0.062	−0.038	−0.005	−0.050	−0.022	−0.052
48	46.36	47	0.4989	−0.065	−0.022	0.023	0.046	−0.007	0.008

위에서 설명한 레지주얼에 자기상관이 존재하는지를 검정하여 선택된 MA(1) 모형을 다시 한 번 진단(Diagnostics)하는 또 다른 방법으로 SAS PROC ARIMA 는 아래 Residual Correlation Diagnostics for y를 제공한다.

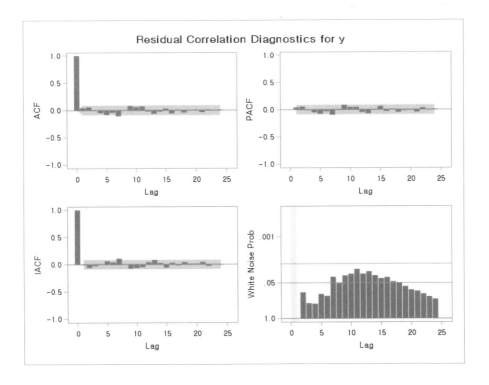

제공된 4개의 플롯 중 ACF는 제로 오더(0 order) 자기상관(AutoCorrelation)인 1만 제외하고는 모든 자기상관값들이 0을 포함하는 95% 신뢰구간 안에 존재하기 때문에 레지주얼이 백색잡음이라는 귀무가설을 기각하지 못한다. PACF 플롯도 ACF 플롯과 같은 결론에 도달하게 되며, IACF 플롯도 마찬가지이다. 마지막

White Noise Prob는 24개의 확률값 중에 0.05보다 작은 값들은 9개이며, 15개가 0.05보다 큰 값들이기 때문에 MA(1) 추정 후 얻은 레지주얼이 백색잡음이라는 귀무가설을 기각하지 못한다고 판단된다.

어떤 시계열모형이던 추정하고 나서 얻는 레지주얼에 자기상관이 전혀 없다면 선택된 모형진단과정(Model Diagnostics)에서 큰 문제가 없다는 것이다. 하지만, 그렇다고 해서 오버피팅, Over fitting, 문제를 벗어나는 것은 아니다. 오버피팅은 트루모형은 MA(1)인데 MA(2)를 선택하고 모형을 추정하는 것이다. 트루모형이 MA(1)이기 때문에 MA(2)로 추정하고 얻은 레지주얼로 모형진단을 해도 레지주얼은 백색잡음이 되어 좋은 모형이라고 판단하게 된다. MA(2)를 선택한다고 해서 아주 잘못된 것은 아니지만, 모형선정의 긴축철학, Principle of Parsimony, 입장에서는 틀린 것이다. 왜냐하면, MA(1)으로도 충분한데 MA(2)를 선정하여 필요없이 1개의 계수(Parameter)를 추가한 모형을 선택한 것이다. 물론 MA(2)를 선정해서 모형을 추정한다고 해도 MA1,2 계수 추정치는 0에 가까울 것이기 때문에 미래예측 등 실제 실증분석을 하는 데 큰 오차가 발생하지는 않을 것이다.

위 그래프 중 마지막 그래프인 White Noise Prob를 분석하는 데 주의할 점은, 위 AR 모형 추정후 검정하는 단계에서도 설명하였듯이, White Noise Prob의 막대그래프는 크기가 클수록 검정확률값, Test Statistic Probability Value는 작아져서 0.05 값보다 더 큰 막대들은 0.05보다 작은 테스트확률을 나타내기 때문에 귀무가설을 기각해야 한다는 것이다. 그러므로 White Noise Prob의 막대들이 0.05보다 작은 것이 많을수록 테스트확률값은 0.05보다 커지기 때문에 귀무가설인 백색잡음 가설을 기각할 수 없다는 결론을 내리게 된다.

9.9 MA(2) 모형

MA(2) 모형은 MA(1) 모형과 유사한 모형으로 계수가 하나 더 많은 모형이다. 즉,

$$Y_t = \epsilon_t + \beta_1 \epsilon_{t-1} + \beta_2 \epsilon_{t-2} \tag{9.59}$$

이다. 그러므로 MA(2)의 자기상관값 중 1st order와 2nd order 두 개만 0이 아니

고 다른 오더의 모든 자기상관값은 0이 된다. MA(2)의 ACF 플롯에는 첫 2개의 자기상관계수만 95% 신뢰구간 밖으로 나올 것이며, 나머지는 모두 0을 포함하는 95% 신뢰구간 안에 있을 것이다. PACF는 MA(1)의 PACF와 비슷하게 플러스 값과 마이너스 값이 반복되는 형태이며 MA(1)보다 약간 더 복잡한 형태를 띨 것이다.

MA(2) 모형의 예측방법은 MA(1) 모형 예측방법의 연장이라 어려움 없이 쉽게 구할 수 있다. 즉, t기에서 Y_{t+1} 예측치 $Y_{t+1|t}$는

$$Y_{t+1|t} = E(Y_{t+1} \mid \Omega_t)$$
$$= \beta_1(Y_t - Y_{t|t-1}) + \beta_2(Y_{t-1} - Y_{t-1|t-2}) \tag{9.60}$$

가 된다. Y_{t+2} 예측치 $Y_{t+2|t}$는

$$Y_{t+2|t} = E(Y_{t+2} \mid \Omega_t) = \beta_2(Y_t - Y_{t|t-1}) \tag{9.61}$$

이며, Y_{t+3}와 이보다 더 먼 미래값에 대한 예측치는 모두 0이 된다.

이런 예측치를 SAS로 구하기 위해서는

```
(1)    PROC ARIMA DATA=ma2;
           IDENTIFY VAR=y;
(2)        ESTIMATE p=0 q=2 METHOD=ML MAXIT=200 NOINT;
(3)        FORECAST LEAD=12;
       RUN;
```

과 같이 코딩하면 된다. 위 (1) 줄에서 ma2 데이터 바구니가 DATA STEP에 준비되어 있다고 가정한 것이다. (2) 줄에서 p＝0 q＝2로 MA(2) 모형을 선택하고, 최우추정법으로 모형을 추정하라는 명령이며, 모형에 상수항, INTercept는 없다는 옵션, NOINT를 사용하고 있다. (3) 줄에서 미래예측은 12개를 하라는 LEAD＝12, 명령이다.

위에서 언급한 것과 같이 12개의 미래예측값들 중, 첫 2개만 0이 아닌 값으로 나오고, 나머지는 모두 0으로 나올 것이다.

AR(1) 모형과 MA(1) 모형이 합쳐진 모형이 ARMA(1,1) 모형이다. 즉,

$$Y_t = \alpha Y_{t-1} + \epsilon_t + \beta \epsilon_{t-1} \tag{9.62}$$

이 ARMA(1,1) 모형이다. 여기서 $Y_t = \alpha Y_{t-1} + \epsilon_t$은 AR(1) 모형이며, $Y_t = \epsilon_t + \beta \epsilon_{t-1}$은 MA(1) 모형이다. AR(1)과 MA(1) 이 합쳐져 있으므로, ACF와 PACF 도 AR(1)과 MA(1)의 ACF와 PACF 들이 합쳐진 형태가 될 것이다. 이론적으로 ACF와 PACF를 계산하는 것은 약간 복잡하고 큰 의미가 없어서 ARMA(1,1) 모형으로 500개 샘플데이터를 생성하고, 이 데이터를 사용하여 ARMA(1,1)의 ACF와 PACF를 구하고 그 특성들을 판단하는 것이 좋을 것 같다. 우선, ARMA(1,1) 모형을 사용하여 500개 샘플데이터를 생성하기 위해 필요한 SAS 프로그램은 아래와 같다.

SAS Program 9_5: ARMA(1,1) 모형을 이용한 데이터 생성 및 모형 추정, 예측

/* 위 식 (9.62)의 α = 0.9, β = 0.6 */

```
(1)    DATA arma11;
(2)        seed1 = 12;
(3)        seed2 = 14;
(4)        seed3 = 16;
(5)        alpha = 0.9;
(6)        beta = 0.6;
           ylag = RANNOR(seed1);
           elag = RANNOR(seed2);
(7)        DO i = 1 TO 500
(8)            e = RANNOR(seed3);
(9)            y = alpha*ylag + e + beta*elag;
(10)           OUTPUT;
```

```
(11)            ylag = y;
(12)            elag = e;
        END;
    RUN;
(13) PROC ARIMA DATA=arma11;
(14)        IDENTIFY VAR=y;
(15)        ESTIMATE p=1 q=1 METHOD=ML MAXIT=200 NOINT;
(16)        FORECAST LEAD=12;
    RUN;
(17) PROC GPLOT DATA=arma11;
(18)        PLOT y*I;
(19)        SYMBOL V=NONE i=JOIN C=BLACK;
    RUN;
```

SAS Program 9_5 설명

(1) 줄에서 arma11 이름의 데이터 바구니(data basket)를 만드는 작업을 실행한다.

(2), (3), (4) 줄에서 seed1, seed2, seed3에 숫자를 정의해 놓고 아래 표준정규분포, Standard Normal Distribution을 이용하여 무작위 숫자를 생성할 때 RANNOR 함수를 사용하고자 한다. 반복 설명하지만, seed 값들에 대해 크게 염려할 필요는 없다. 그냥 짝수로 지정해 주면, 생성된 데이터가 표준정규분포를 약간 더 잘 만족시킨다는 설명이 SAS 매뉴얼에 쓰여 있고 실제 주어진 값에 어떤 영향이 있는지에 대해서는 설명이 없다.

(5) 줄에서 alpha = 0.9로 지정한다.

(6) 줄에서 beta = 0.6으로 지정한다.

(7) 줄에서 DO loop를 시작하여 500개 샘플데이터 생성을 시작한다.

(8) 줄에서 seed1을 사용하여 표준정규분포를 갖는 백색잡음, White Noise를 생성한다.

(9) 줄에서 ARMA(1,1)인 Y_t 값을 계산한다.

(10) 줄은 DO loop를 500회 실행할 때 생성된 모든 변수의 값들을 기억하라

는 명령이다. 이것 없이 DO loop를 사용하면, 500개의 샘플데이터를 구하는 것이 아니라, 마지막 500번째 DO loop이 실행되었을 때 계산된 마지막 변수값만 SAS가 기억하여 샘플데이터 수는 1개 밖에 없게 된다.

(11), (12) 줄들은 DO loop에서 꼭 필요한 변수값들 업데이트(update)하는 과정이다. DO loop 맨 밑에서 맨 처음부터 다시 시작되기 전에, 전기 값들은 현재 값으로 업데이트시킨 후에 DO loop이 다시 시작되어야 한다. ylag=y와 elag=e는 어느 것이 먼저든 상관없다.

(13) 줄은 시계열분석을 하기 위한 명령이다.

(14) 줄은 PROC ARIMA 다음 줄에 나와야 하는 IDENTIFY VAR=y 줄이다.

(15) 줄은 IDENTIFY 줄 다음에 나오는 시계열 모형을 추정하는 명령이며, 여기서 추정해야 할 모형은 p=1 q=1에 의해 ARMA(1,1)이며, 추정방법은 최우추정법, Maximum Likelihood Estimation Method를 사용하고, 최대 반복추정 횟수는 200번, 그리고 상수항은 없다는 옵션을 사용한다. 즉 NOINT 옵션을 사용하였다.

(16) 줄은 Y_{501}부터 Y_{512}까지 미래예측치 12개를 구하라는 명령이다.

(17) 줄은 플롯팅(Plotting)하는 데 필요한 첫줄이다.

(18) 줄은 Y_t 변수를 Y축, 세로축,에 1, 2, 3, … 500, 자연수인 i 변수를 X축, 가로축으로 해서 플롯하라는 명령이다.

(19) 줄은 플롯한 그래프에 들어가는 심볼들에 대한 명령이다. 우선 플롯해야 하는 Y_t 변수값들을 *나 + 표시로 하지 말고 아무 표시로도 하지 말라는 것이다. 만약 V=STAR라고 했으면 Y_t 변수값들을 *로 표시했을 것이다. i = JOIN 은 변수값들을 연결하라는, JOIN 명령이며, C=BLACK은 색깔은 검은색으로 하라는 명령이다.

SAS Program 9_5 결과 설명

〈그림 9-7〉은 SAS로 생성한 ARMA(1,1) 모형의 플롯이다. 데이터의 끈적거림,(persistency) 또는 메모리가 긴(long memory) 것은 오로지 AR(1) 모형의 계수값 0.9에서 발생하는 것이다. 계수값이 1에 가까울수록 끈적거림은 증가한다.

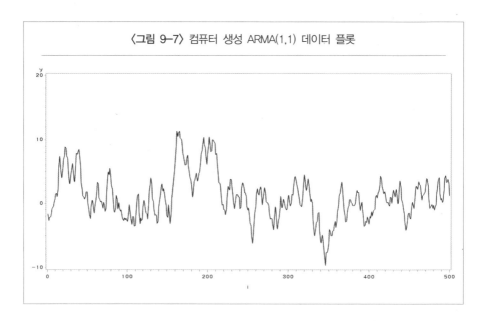

〈그림 9-7〉 컴퓨터 생성 ARMA(1,1) 데이터 플롯

즉, Y_t 시계열값이 한번 증가하기 시작하면 지속 증가하는 기간이 길어지고, 역으로 한번 감소하면 지속 감소하는 기간이 길어지는 '끈적거림'은 AR(1) 계수에 의해 결정된다. 그 이유는 다음과 같다. t기의 백색잡음 ϵ_t의 영향은 Y_t로 전해지고, Y_{t+1}에는 $0.9\epsilon_t$만큼 전해지며, Y_{t+2}에는 $0.9^2\epsilon_t$만큼 전해지는 등 지속적으로 미래 Y 값에 영향을 미치게 된다. 그 영향의 크기는 더 먼 미래로 갈수록 점점 작아지지만 AR(1) 모형의 계수값이 1에 가까울수록 그 영향은 더 크게 오랫동안 지속된다. 이렇게 오랫동안 영향을 미치는 모형의 특성 때문에 시계열 플롯에 끈적거림이 존재하게 되는 것이다.

이런 AR(1)의 특성에 비해 MA(1)은 끈적거림의 특성이 없는 시계열모형이다. 왜냐하면, t기의 백색잡음 ϵ_t의 영향은 Y_t로 전해지고, Y_{t+1}에는 $0.6\epsilon_t$만큼 전해지지만, Y_{t+2}부터 더 먼 Y의 미래값에는 전혀 영향을 미치지 못하기 때문이다. 즉, ϵ_t의 영향은 Y_t와 Y_{t+1}에 국한되기 때문에 메모리(Memory)가 짧은, 끈적거림이 없는 시계열모형이라고 한다.

〈그림 9-7〉 플롯은 〈그림 9-2〉 AR(1) $\alpha = 0.9$와 상당히 유사하다는 것을 알수 있다.

The ARIMA Procedure

Name of Variable = y

Mean of Working Series	1.070427
Standard Deviation	3.524674
Number of Observations	500

위의 The ARIMA Procedure에서 Mean of Working Series는 $E(Y_t)=0$의 추정치를 계산한 것으로 1.070427은 트루값 0과 상당한 차이가 나는 값이다. 그 이유는 500개의 시계열자료를 사용하였다 하더라도, 상당히 높은 데이터의 '끈적거림' 현상 때문에 y의 평균 추정치가 트루값 0에서 상당히 벗어난 값이 된 것이다. Standard Deviation의 이론적 값을 구하기 위해서는 ARMA(1,1)의 식 (9.62)를 다음과 같이 표기하여 계산해야 한다.

$$Y_t = \alpha Y_{t-1} + (1 + \beta B^1)\epsilon_t \tag{9.63}$$

식 (9.63)을 MA(∞) 식으로 전환하면, 다음과 같다.

$$Y_t = (1 + \beta B^1)[\epsilon_t + \alpha^1 \epsilon_{t-1} + \alpha^2 \epsilon_{t-2} + \alpha^3 \epsilon_{t-3} + \cdots] \tag{9.64}$$

식 (9.64)을 이용해 Y_t의 분산, 즉 $Var(Y_t)$를 구하면,

$$Var(Y_t) = \frac{(1+\beta)^2}{1-\alpha^2}\sigma_\epsilon^2 \tag{9.65}$$

이 된다. 여기에 $\beta = 0.6$, $\alpha = 0.9$를 대입하면, $Var(Y_t) = 13.4737$이 되며, Y_t의 트루 표준편차, $\sqrt{13.4737}$는 3.670654가 된다. 이에 비해 표준편차의 추정치 Standard Deviation은 3.524674이다.

아래 Autocorrelation Check for White Noise는 ARMA(1,1)으로 생성된 500개 Y_t 샘플데이터를 사용해 샘플데이터가 귀무가설 백색잡음(White Noise)을 기각하는지를 검정하기 위해 마련된 자료이다. 500개 샘플데이터로 추정한 1차 자기상관부터 6차 자기상관까지 모두 0이라는 $\rho_1 = \rho_2 = \rho_3 = \cdots \rho_6 = 0$, 귀무가설을 검정한 결과가 첫줄 To Lag 6에 나와 있다. 테스트통계치인 Chi-Square 값

은 1787.31이고 귀무가설의 자유도는 0으로 가정된 자기상관의 개수가 6이기 때문에 6이다. Chi-Square 검정통계치, Test Statistic에 대한 확률값, Pr > ChiSq는 <.0001로 0.05보다 상당히 작아 귀무가설을 기각하게 된다. To Lag 24까지 Pr > ChiSq 값이 <.0001로 작기 때문에 백색잡음 귀무가설은 강하게 기각된다고 판단할 수 있다.

Autocorrelation Check for White Noise

To Lag	Chi-Square	DF	Pr > ChiSq	Autocorrelations					
6	1787.31	6	<.0001	0.949	0.861	0.783	0.715	0.651	0.591
12	2402.92	12	<.0001	0.539	0.496	0.461	0.424	0.386	0.355
18	2674.99	18	<.0001	0.335	0.320	0.308	0.292	0.268	0.243
24	2783.76	24	<.0001	0.216	0.192	0.177	0.174	0.177	0.175

Trend and Correlation Analysis for y에 있는 4개의 플롯들도 위에서 내린 결론과 같은 결론을 내리고 있다는 것을 알 수 있다. 우선, ACF 플롯을 보면 AR(1) ACF와 거의 같다는 것을 알 수 있고, PACF 플롯은 부분자기상관값이 양(+)수였다가 음(−)수 값으로 변화하는 것을 반복하여, MA(1) PACF와 거의 같다는 것을 알 수 있다. 즉, ACF 플롯에서 첫 번째 바(bar)만 통계적으로 유의한 MA(1)은 여러 개 바가 통계적으로 유의한 AR(1)에 의해 압도당하여 AR(1) ACF를 닮았고, PACF에서는 하나의 바만 통계적으로 유의한 AR(1)의 PACF는 여러 개의 바가 통계적으로 유의한 MA(1)의 PACF에 의해 압도당한 결과가 플롯되어 있다는 것을 발견할 수 있다. 마지막 플롯인 ICAF는 PACF를 닮았으며, 이 플롯 또한 MA 컴포넌트, Component,가 샘플데이터에 존재한다는 것을 증거하고 있다.

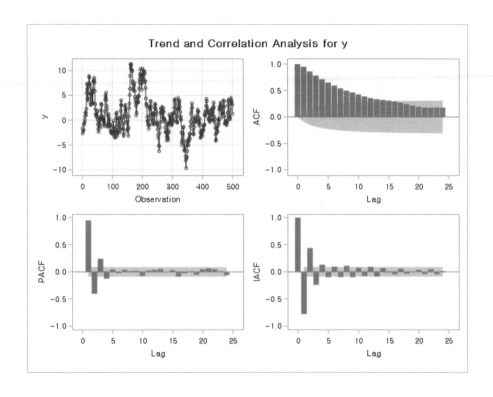

Trend and Correlation Analysis for y

아래 Maximum Likelihodd Estimation에서는 ARMA(1,1) 모형의 계수들을 최우추정법으로 추정한 결과를 나타내고 있다. MA1,1은 우리 시계열 모형의 β 값 0.6의 추정치로 -0.56659는 SAS 표기방식 트루값 -0.6과 약간의 차이가 있으며, AR1,1은 α 0.9의 추정치 0.91202로 MA 계수보다는 추정의 정확도가 더 높다고 할 수 있다. t Value들은 모두 커서 Approx Pr > | t | 확률값들은 모두 <.0001로 계수들의 트루값이 0이라는 귀무가설을 강하게 기각하고 있다.

Maximum Likelihood Estimation

Parameter	Estimate	Standard Error	t Value	Approx Pr > |t|	Lag
MA1,1	−0.56659	0.03793	−14.94	<.0001	1
AR1,1	0.91202	0.01859	49.05	<.0001	1

Variance Estimate	0.953008
Std Error Estimate	0.976222
AIC	1399.872
SBC	1408.301
Number of Residuals	500

아래 Autocorrelation Check of Residuals는 500개 샘플데이터를 ARMA(1,1)으로 추정한 뒤 얻은 레지주얼, 즉 아래 e_t에 자기상관이 존재하는지 여부를 검정하는 것으로 귀무가설은 레지주얼 e_t는 백색잡음이라는 것이다.

$$Y_t = \hat{\alpha} Y_{t-1} + e_t + \hat{\beta} e_{t-1} \tag{9.66}$$

아래 Residual Correlation Diagnostics for y는 위 식 (9.66)의 레지주얼 e_t를 가지고 계산한 ACF, PACF, IACF 플롯들이다. 0 오더, zero order에서의 ACF 값과 IACF 값 1.0을 제외하고는 모든 플롯들이 0을 포함하는 95% 신뢰구간 안에

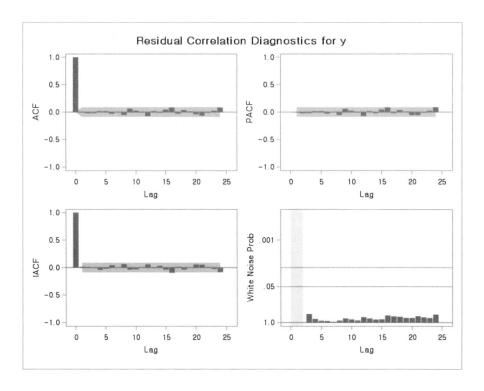

존재하여 레지주얼 e_t가 백색잡음이라는 가설을 기각하지 못하고 있다. 마지막 White Noise Prob 플롯에서도 모든 확률값들이 0.05보다 훨씬 커서 백색잡음 귀무가설을 기각하지 못하고 있다.

결국 Residual Correlation Diagnostics for y도 레지주얼이 백색잡음이어서, ARMA(1,1) 모형은 SAS가 생성한 500개 샘플데이터에 맞는 좋은 모형이라는 것을 증거하고 있다고 할 수 있다.

일반적인 ARMA(p, q) 모형은 AR(p) 모형과 MA(q) 모형이 합쳐진 것이기 때문에 ARMA(p, q) 모형의 ACF, PACF, IACF 플롯들도 위에서 설명한 것과 같이, ACF 플롯은 AR(p) 플롯이 압도하게 되고, PACF 플롯과 IACF 플롯은 MA(q) 플롯이 압도하는 플롯이 될 것이다. ARMA(1,1) 모형보다 p나 q의 오더가 높은 모형들은 이론적 ACF나 PACF를 구하기가 복잡하기 때문에 여기서 직접 그것들을 다룰 가치는 별로 없다고 판단된다.

9.11 실제 ipg 데이터의 시계열 모형 찾기 및 미래 예측

앞에서 진행한 시계열모형 및 자료 분석 작업들은 모두 SAS 소프트웨어가 무작위로 만들어 낸 가상 시계열자료 500개를 대상으로 하였다. 그 이유는 시계열분석이라는 낯선 분야의 관련된 이론과 분석방법을 분명하고 명쾌하게 설명하기 위해서였다. 컴퓨터로 생성한 가상의 자료를 사용하지 않고 직접 실제 자료들을 사용하여 시계열분석에 관련된 이론과 분석방법을 독자들에게 쉽게 설명하기란 거의 불가능하다고 판단된다. 그러므로 위에서 활용한 가상 시계열자료와 시계열 모형들의 통계학적 특성, 모형선택(model identification) 방법, 선택된 모형의 진단(diagnostics)방법 등에 대한 설명들은 시계열분석과 관련된 필요한 기본 지식들을 제대로 쌓기 위해 필요한 것들이었다.

이제 가상이 아닌 실제 시계열자료를 분석하는 데 필요한 기초지식이 충분히 축적되었다는 판단하에, 실제 데이터를 대상으로 그 데이터를 만들어 낸 트루 (true) 시계열모형이 어떤 모형인지를 판단하고(Identify), 선택된 모형의 계수들을 추정하고(Estimate), 선택된 모형이 제대로 된 선택이었는지를 진단(Diagnostics)

하는 절차를 진행하고자 한다. 분석 대상의 시계열자료는 이 책에서 많이 이용한 종속변수인 산업생산성장률, ipg로 하고자 한다. 왜냐하면, ipg는 시계열모형을 선정하기가(Identify) 너무 어렵지 않고, 아주 쉽지도 않아 적절한 분석 대상이라고 판단된다.

실제 데이터를 시계열분석하고자 할 경우 제일 먼저 해야 할 일은 이 데이터의 ACF(AutoCorrelation Function)와 PACF(Partial AutoCorrelation Function)를 얻는 것이다. 이 두 개의 함수들은 시계열자료를 생산해낸 트루(true) 시계열모형(time series model)이 어떤 것인지를 알아내는 데 필수적이다. 그러므로 SAS PROC ARIMA의 IDENTIFY 명령을 진행하고 그 결과를 분석하는 것부터 진행해야 한다.

SAS Program 9_6: 실제 데이터 ipg 시계열 분석 1

```
(1)   DATA ip;
          INFILE 'C:\DATA\ip.prn';
          INPUT mon ip;
          logip = LOG(ip);
          ipg = DIF(logip)*1200;
          IF mon < 19590101 THEN DELETE;
          num = _N_;
      RUN;
(2)   PROC ARIMA DATA=ip;
(3)       IDENTIFY VAR=ipg;
      RUN;
```

SAS Program 9_6 설명

(1) 줄에서 DATA ip;로 필요한 시계열자료 ipg의 생성을 시작한다.

(2) 줄에서 시계열자료 분석을 시작한다.

(3) 줄에서 분석해야 하는 시계열자료는 ipg임을 지정하고, ipg 자료를 사용

하여 ACF, PACF 등 필요한 자료를 생성하도록 명령한다.

SAS Program 9_6 결과 설명

(3) 줄 IDENTIFY VAR=ipg; 명령 결과는 다음과 같다.

Name of Variable = ipg

Mean of Working Series	2.821557
Standard Deviation	9.983463
Number of Observations	643

Autocorrelation Check for White Noise

To Lag	Chi-Square	DF	Pr > ChiSq	Autocorrelations					
6	161.32	6	<.0001	0.367	0.234	0.206	0.121	0.007	0.053
12	189.04	12	<.0001	0.092	0.112	0.109	0.076	0.019	−0.056
18	192.13	18	<.0001	−0.036	−0.047	−0.016	−0.011	−0.021	0.019
24	215.33	24	<.0001	−0.040	−0.062	−0.093	−0.036	−0.023	−0.137

위 Autocorrelation Check for White Noise는 분석 대상 시계열데이터 ipg가 백색잡음(White Noise)인지를 검정할 수 있는 검정통계치와 그 확률값들을 제공하고 있다. 즉, ipg 데이터를 이용하여 자기상관계수를 추정하여 ipg는 백색잡음이라는 귀무가설을 검정한다. 즉, To Lag 6와 To Lag 12를 예로 들면,

To Lag	DF	Chi-Square	귀무가설	Pr > ChiSq
6	6	161.32	$\rho_1 = \rho_2 = \rho_3 = \cdots = \rho_6 = 0$	<.0001
12	12	189.04	$\rho_1 = \rho_2 = \rho_3 = \cdots = \rho_{12} = 0$	<.0001

위 표를 보면 4개의 귀무가설 $\rho_1 = \rho_2 = \rho_3 = \cdots = \rho_k = 0$, $k=6$, 12, 18, 24, 모두 강하게 기각되는 것을 알 수 있다. 이 귀무가설들의 4개 확률값 Pr > ChiSq 모두 <.0001이기 때문이다. 그러므로 시계열자료 ipg는 백색잡음이 아니고 ipg 데이터를 생산한 트루(true) 또는 적절한(appropriate) 시계열모형(time series model)을 찾아내야 한다.

ipg 시계열데이터를 생산한 시계열모형을 알아내기 위해서는 아래 플롯(plot)들을 분석하는 것이 중요하다.

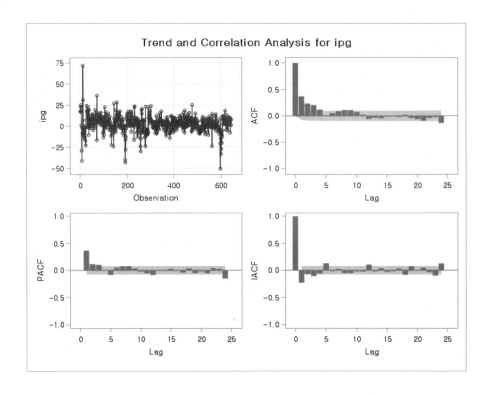

위 Trend and Correlation Analysis for ipg 플롯의 ACF 플롯을 보면 최소한도 AR(1) 이 존재한다는 것을 암시하고 있다. 2번째 막대(bar)부터 상당히 빠르게 감소하고 있는 막대들이 AutoRegressive 콤포넌트(component)가 있다는 것을 암시하기 때문이다. ACF에서 한 가지 더 고려해야 할 점은 95% 신뢰구간 경계에 존재하는 8번째와 9번째 자기상관 값들이다. 상당히 빠르게 감소하던 자기상관 값들이 6번째에서부터 상승하기 시작하여 8번째와 9번째에 와서 로컬(local) 피크(peak)를 이루고 있어서 MA(8)이나 MA(9) 정도도 고려해야 하는 것이 아닌가 하는 의심이 든다.

PACF 플롯을 보면 AR(1)의 존재를 강하게 암시하고 있다. 첫 번째 막대가

95% 신뢰구간 훨씬 밖으로 나와있는 것이 증거이다. 2번째, 3번째 막대들은 신뢰구간 경계에 있는 것 같기 때문에 AR(2)나 AR(3)가 존재하는지는 확실치 않다. 마지막으로 고려해야 할 것은 5번째 값이 마이너스(−) 값이고, 6번째부터 10번째까지는 플러스(+) 값을 유지하다, 11번째와 12번째에도 마이너스(−)로 다시 바뀌는 형태를 보이고 있다. 이런 형태는 아마도 긴 MA 모형, 즉 MA(8) 등이 존재해서 발생한 것이 아닌가 하는 의심이 든다.

SAS Program 9_7: 실제 데이터 ipg 시계열 분석 2

```
     PROC ARIMA DATA=ip;
             IDENTIFY VAR=ipg;
(1)          ESTIMATE p=1 q=0 METHOD=ML MAXIT=200;
(2)          ESTIMATE p=2 q=0 METHOD=ML MAXIT=200;
(3)          ESTIMATE p=1 q=1 METHOD=ML MAXIT=200;
(4)          ESTIMATE p=1 q=2 METHOD=ML MAXIT=200;
(5)          ESTIMATE p=1 q=(1,8) METHOD=ML MAXIT=200;
(6)          ESTIMATE p=1 q=(1,8,9) METHOD=ML MAXIT=200;
     RUN;
```

SAS Program 9_7 설명

(1) 줄은 AR(1) 모형을 추정하라는 명령이다. p = 는 AR 오더를 지정해주고, q = 는 MA 오더를 지정해 준다.

(2) 줄은 AR(2) 모형을 추정하라는 명령이다.

(3) 줄은 ARMA(1,1)을 추정하라는 명령이다.

(4) 줄은 ARMA(1,2)를 추정하라는 명령이다.

(5) 줄은 ARMA(1, (1,8))을 추정하라는 명령이며, 이 모형에 대한 자세한 설명은 아래를 참조하기 바란다.

(6) 줄은 ARMA(1, (1,8,9))를 추정하라는 명령이다.

여기서 MA(8)과 MA(9) 등을 선정한 것은 IDENTIFY VAR=ipg;에서 얻은

ACF 플롯의 8번째와 9번째 값들이 95% 신뢰구간보다 약간 더 큰 것에서 힌트를 얻었다. 이러한 분석결과를 바탕으로 하여 적절한 시계열모형들을 추정(estimate)해 보고, 계수추정치와 함께 계산되어지는 AIC와 SBC 값들을 기준으로 모형을 선정하면 될 것 같다.

SAS Program 9_7 결과 설명

〈표 9-5〉에 6개 시계열모형들의 AIC와 SBC 값들을 기록하였다.

〈표 9-5〉 6개 시계열모형들의 AIC, SBC 값 비교

시계열모형	AIC	SBC
p=1 q=0	4694.452	4703.384
p=2 q=0	4687.640	4701.038
p=1 q=1	4683.366	**4696.764**
p=1 q=2	4685.082	4702.946
p=1 q=(1,8)	**4680.795**	4698.660
p=1 q=(1,8,9)	4681.240	4703.570

〈표 9-5〉를 보면 AIC 값을 사용하여 시계열모형을 선택하면 p=1, q=(1,8) 모형의 AIC 값이 가장 작은 것을 알 수 있다. 선택된 모형 p=1 q=(1,8)은 다음과 같은 모형이다.

$$Y_t = \mu + \alpha_1 Y_{t-1} + \epsilon_t + \beta_1 \epsilon_{t-1} + \beta_2 \epsilon_{t-8} \tag{9.67}$$

SAS ARIMA의 ESTIMATE 명령에 p와 q를 지정할 때 위 식 (9.67)에서와 같이 ϵ_{t-1}과 ϵ_{t-8}만 필요하고, 1과 8 사이의 MA 오더, 즉 ϵ_{t-2}, $\cdots$, ϵ_{t-7}은 필요 없다면 위 테이블에 있는 것과 같이 $q=(1,8)$로 괄호를 사용하여 지정하면 된다. 맨 마지막 줄의 p=1 q=(1,8,9)는 식 (9.67)의 $\beta_2 \epsilon_{t-8}$뿐만 아니라 $\beta_3 \epsilon_{t-9}$도 있는 시계열모형을 의미한다. AIC가 선택한 모형 식 (9.67)을 추정한 결과는 다음과 같다.

Model for variable ipg
Estimated Mean 2.880212

Autoregressive Factors
AR Factor 1: 1 − 0.69635 B**(1)

MA Factor 1: 1 − 0.40096 B**(1) + 0.0786 B**(8)

Maximum Likelihood Estimation

Parameter	Estimate	Standard Error	t Value	Approx Pr > |t|	Lag
MU	2.87594	0.80493	3.57	0.0004	0
MA1,1	0.40096	0.08540	4.70	<.0001	1
MA1,2	−0.07860	0.03693	−2.13	0.0333	8
AR1,1	0.69635	0.06710	10.38	<.0001	1

Constant Estimate	0.873274
Variance Estimate	84.36409
Std Error Estimate	9.184993
AIC	4680.795
SBC	4698.66
Number of Residuals	643

위 결과의 AR Factor 1과 MA Factor 1을 이용하여 ipg의 시계열모형을 표기하면 다음과 같다.

$$(1 - 0.69635B^1)ipg_t$$

$$= 2.87594 + (1 - 0.40096B^1 + 0.0786B^8)\epsilon_t \qquad (9.68)$$

위 식 (9.68)을 보면 위 결과의 Estimate에 있는 계수추정치들의 부호와 다르다는 것을 알 수 있다. SAS 표기 방법은 위 식 (9.68)과 같이 백쉬프트 오퍼레이터(Backshift Operator) B를 사용하여 표기하고, 마이너스(−)를 부호로 붙이기 때문에 Estimate에 있는 부호와 반대가 된다. MA1,1, MA1,2, AR1,1 계수들 모두 5% 유의수준에서 통계적으로 유의하다는 것을 알 수 있다.

AIC가 선정한 위 모형 식 (9.68)이 제대로 잘 선택된 것인지를 확인하기 위해 모형진단 과정으로 아래 Autocorrelation Check of Residuals를 살펴보면, 식

(9.68)은 ipg 시계열데이터에 아주 잘 맞는 모형은 아니라는 것을 알 수 있다. 우선, 레지주얼이 백색잡음이라는 귀무가설을 검정하는 Chi-Square 검정치의 확률값, Pr > ChiSq를 보면 To Lag 6, 12, ..., 48, 모든 값들이 하나만 제외하고는, 즉 To Lag 18, 모두 0.05보다 작다는 것을 알 수 있다. 즉, 귀무가설인 레지주얼 이 백색잡음(White Noise)이라는 것을 기각하고 있다.

Autocorrelation Check of Residuals

To Lag	Chi-Square	DF	Pr > ChiSq	Autocorrelations					
6	12.61	3	0.0056	0.006	−0.031	0.065	0.019	−0.117	−0.012
12	19.56	9	0.0208	0.038	−0.015	0.039	0.035	−0.002	−0.078
18	22.96	15	0.0849	−0.008	−0.036	0.006	0.018	−0.016	0.056
24	42.48	21	0.0037	−0.016	−0.028	−0.078	0.020	0.046	−0.140
30	50.60	27	0.0039	−0.025	0.036	−0.084	−0.004	0.052	0.021
36	56.31	33	0.0069	0.006	0.038	0.053	−0.059	−0.015	0.020
42	58.91	39	0.0212	−0.026	−0.052	−0.003	0.018	0.003	−0.009
48	62.43	45	0.0435	−0.019	−0.015	−0.013	0.041	−0.011	−0.050

이러한 결과는 아래 있는 Residual Correlation Diagnoistics for ipg에서도 발견되고 있다. 여기서 ACF, PACF, IACF 플롯들은 보면, Lag 5와 Lag 24에서 95% 신뢰구간을 초과하는 값들을 발견할 수 있고, 특히 White Noise Prob 플롯을 보면 5번째와 24번째 검정확률 값이 0.01보다 더 작다는 것을 확인할 수 있고, 다른 확률값들 중 0.05보다 작은 값들도 8개나 된다. 24개 확률값들 중 0.05보다 큰 값들은 모두 11개 정도가 된다. 즉, 백색잡음이라는 귀무가설은 24번 중, 11번 기각되지 않고, 나머지 13번은 기각된다는 결론이다.

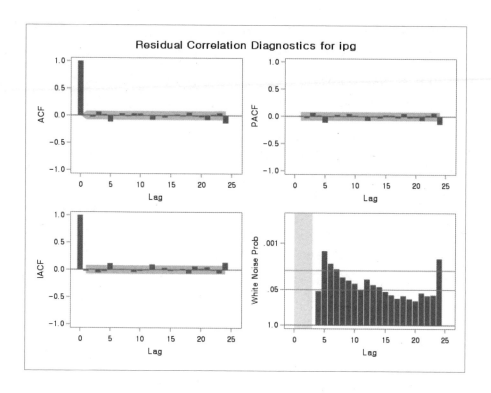

Residual Correlation Diagnostics for ipg

SBC 값이 가장 작게 나온 시계열모형 p=1 q=1, 즉 ARMA(1,1) 모형의 추정결과는 다음과 같다.

Maximum Likelihood Estimation

Parameter	Estimate	Standard Error	t Value	Approx Pr > |t|	Lag
MU	2.86927	0.72484	3.96	<.0001	0
MA1,1	0.38619	0.08710	4.43	<.0001	1
AR1,1	0.69330	0.06803	10.19	<.0001	1

Constant Estimate	0.879999
Variance Estimate	84.84146
Std Error Estimate	9.210942
AIC	4683.366
SBC	4696.764
Number of Residuals	643

시계열모형 p=1 q=1의 결과를 보면, MA1,1과 AR1,1 계수추정치 모두 통계적으로 상당히 유의하다는 것을 알 수 있다. SBC가 선택한 ARMA(1,1) 모형이 제대로 잘 선택된 모형인지를 판단하기 위해 아래에 Autocorrelation Check of Residuals와 Residual Correlation Diagnostics for ipg를 실었다.

Autocorrelation Check of Residuals

To Lag	Chi-Square	DF	Pr > ChiSq	Autocorrelations					
6	11.16	4	0.0249	0.004	−0.033	0.053	0.012	−0.114	−0.014
12	23.47	10	0.0091	0.040	0.063	0.070	0.048	0.004	−0.078
18	27.38	16	0.0375	−0.020	−0.038	0.006	0.006	−0.015	0.061
24	46.19	22	0.0019	−0.021	−0.031	−0.076	0.019	0.049	−0.135
30	53.59	28	0.0025	−0.022	0.036	−0.085	−0.006	0.042	0.015
36	58.74	34	0.0053	0.009	0.030	0.047	−0.060	−0.023	0.017
42	61.02	40	0.0177	−0.023	−0.047	−0.003	0.019	0.011	−0.011
48	64.36	46	0.0380	−0.017	−0.015	−0.013	0.036	−0.010	−0.052

AIC가 가장 좋은 시계열모형으로 선택한 p=1 q=(1,8) 모형의 Diagnostics에서와 같이 위 Autocorrelation Check of Residuals의 결과는 선택된 시계열모형 ARMA(1,1)의 레지주얼이 백색잡음이 아니라는 것을 보여주고 있다. 위 8개 To Lag 6, 12, ..., 48 결과 모두 레지주얼이 백색잡음이라는 귀무가설을 기각하고 있다. 즉, 레지주얼에 아직도 자기상관(autocorrelation)이 존재한다는 증거를 보여주고 있다. Pr > ChiSq 값이 모두 0.05보다 작다. 이러한 결과는 다음의 플롯에서도 확인할 수 있다.

ACF, PACF, IACF 플롯들은 위에서 설명한 시계열모형 p=1, q=(1,8)에서 얻은 것과 유사한 결과라는 것을 알 수 있다. Lag 5와 24 값들이 95% 신뢰구간 밖으로 튀어나온 것을 확인할 수 있다. 마지막 White Noise Prob 플롯을 보면, 5번 플롯부터 24번 플롯까지 3개만 제외하고 모든 검정확률값들이 0.05보다 작다. 그러므로 귀무가설인 "ARMA(1,1) 모형의 레지주얼이 백색잡음이다"를 기각하고 있다.

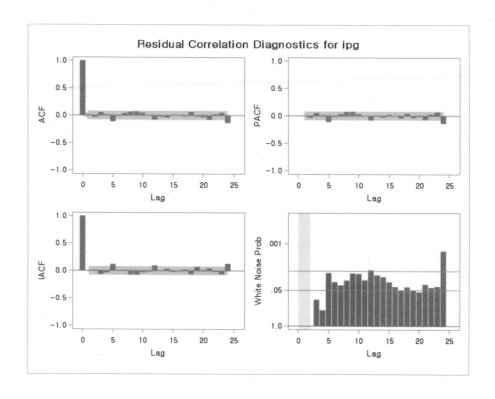
Residual Correlation Diagnostics for ipg

실제 시계열데이터인 ipg 데이터의 시계열특성을 분석하여 ipg 변수에 맞는 시계열모형을 AIC와 SBC 값을 비교하여 결정하고, 결정된 모형의 계수들을 추정한 후, 결정된 시계열모형이 ipg 데이터에 적절하고 좋은 모형인지를 진단해 보았다. AIC와 SBC로 선택된 두 개의 시계열모형 모두 진단과정에서 잘못된 선택일 수 있다는 판단을 유도하는 결과가 도출되었다. 그러므로 모형선정과정을 다시하여 더 좋은 모형을 발견할 수 있을 때까지 모형 찾는 작업을 계속할 수도 있다. 즉, 레지주얼이 백색잡음이라는 결과를 얻기 위해서 위에서 선정한 6개의 시계열모형보다 훨씬 더 많은 모형들을 선정하고 검정해봐야 할 것이다.

특히 ipg 시계열 데이터로 얻은 Trend and Correlation Analysis for ipg의 ACF와 PACF 플롯들을 참고하여 다른 시계열모형들도 선정해야 할 모형의 후보들로 추정해 볼 수 있다. ACF 플롯을 보면 8번째와 9번째, 그리고 24번째 자기상관값이 95% 신뢰구간 밖으로 나온 것을 볼 수 있고, PACF 플롯에서도 24번째 플롯이 튀어나온 것을 알 수 있다. 참고로, 시계열모형 p=1 q=(1, 8, 24)로 추정하면 AIC=4664.714, SBC=4687.044로 AIC와 SBC 값들이 위 모형 p=1 q=(1, 8)보다 더 작게 나오고, 레지주얼 진단결과도 더 잘 나온다. 그러나 MA 오더 24가 있는 모형이라 2년 전 값과도 자기상관이 있다는 것은 너무 긴 모형으로 미래예측에 큰 도움이 되지 않을 것 같아 차선의 모형인 P=1 q=(1, 8)을 선택했다. 이 모형을 이용하여 FORECAST LEAD=12;로 얻은 ipg의 미래예측치들은 다음과 같다.

Forecasts for ipg by p=1 q=(1,8) Model

Autoregressive Factors
Factor 1: 1 − 0.69635 B**(1)

Moving Average Factors
Factor 1: 1 − 0.40096 B**(1) + 0.0786 B**(8)

Forecasts for variable ipg

Obs	Forecast	Std Error	95% Confidence Limits	
644	4.7174	9.1850	−13.2848	22.7197
645	4.3893	9.5773	−14.3819	23.1606
646	3.9558	9.7619	−15.1772	23.0888
647	2.5797	9.8502	−16.7262	21.8857
648	3.3783	9.8927	−16.0110	22.7676
649	3.0333	9.9132	−16.3962	22.4629
650	2.8620	9.9232	−16.5870	22.3111
651	3.2854	9.9280	−16.1731	22.7439
652	3.1611	9.9721	−16.3840	22.7061
653	3.0745	9.9935	−16.5124	22.6614
654	3.0142	10.0038	−16.5929	22.6213
655	2.9722	10.0088	−16.6447	22.5891

우선 위 예측모형을 구체적으로 표기하면,

$$(1 - 0.69635B^1)ipg_{643+k}$$

$$= 2.87594 + (1 - 0.40096B^1 + 0.0786B^8)\epsilon_{643+k}$$

즉, 산업생산성장률 ipg의 미래예측모형은

$$ipg_{643+k} = 2.87594 + 0.69635 ipg_{642+k} + \epsilon_{643+k}$$
$$- 0.40096\epsilon_{642+k} - 0.0786\epsilon_{635+k}$$

단, $k = 1, 2, \cdots, 12$이다. 위 MA 시계열모형 예측방법에서 설명하였듯이, 아래 식

$$E(\epsilon_{642+k} \mid \Omega_{643}) = (ipg_{642+k} - ipg_{642+k \mid 641+k})$$

을 이용하면 된다. 위 테이블의 ipg 미래예측치들을 보면, 산업생산성장률 미래예측치는 644번째부터 647번째까지 지속 감소하다 648번째는 반짝 증가한다. 그러나 649번과 650번까지는 다시 감소하다 651번째는 다시 증가하고, 652번째부터는 서서히 감소하는 추세를 보이고 있다. 오르막, 내리막이 존재하는 미래예측치는 MA 콤포넌트(component), $q = (1, 8)$ 때문에 발생한다고 판단된다. 특히 $q = (8)$의 존재 때문에 예측치가 일시적으로 상승하거나 하락하는 패턴을 보일 수 있다. 위 테이블에 있는 ipg 미래예측치들을 그림으로 플롯하면 다음과 같다.

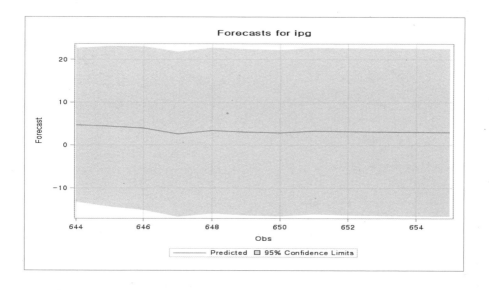

위 그림에서도 ipg 미래예측치의 작고 일시적인 내리막과 오르막이 있다는 것을 분간할 수 있다. 그러나 12개의 ipg 미래예측치들의 95% 신뢰구간은 모두 0

을 포함하고 있어서 미래예측치들이 통계적으로 유의하다고는 할 수 없다. 그럼에도 불구하고, 일단 어느 시계열데이터에 적절한 시계열모형을 선정했다면, 그 모형을 이용한 미래예측은 손쉽게 할 수 있다는 것을 알 수 있다.

어떤 샘플데이터든 간에 적절하고 좋은 시계열모형을 찾는 작업은 적지 않은 시간과 인내심을 요구한다. 어떤 때는 사용한 시간만큼 더 나은 모형을 발견하지 못하는 경우도 종종 있다. 그러므로, 진단(diagnostics) 검정의 결과를 어느 정도 선까지 허용할 것이냐라는 비과학적인 기준도 마련해야 할 때가 있다. 그럼에도 불구하고, SAS Program은 시계열분석을 하는 여러 프로그램 중 탑 1, 2에 들 정도로 추천할 만한 소프트웨어라고 판단된다. 쉽고, 간편하고, 정확하게 할 수 있도록 시계열분석에 필요한 자세한 결과들을 제공한다는 점에서 훌륭한 소프트웨어라고 할 수 있다.

불안정 시계열모형 검정
(Testing of Nonstationary Time Series Model)

지금까지 다룬 시계열모형에서 불안정성, Nonstationarity에 대해 언급하지 않았지만 실제로 AR(1) 모형에서 $|\alpha| < 1$이라고 가정한 것은 모형의 안정성, Stationarity를 보장하기 위한 것이었다. 만약 $|\alpha| \geq 1$이라면, AR(1) 모형은 불안정한 AR(1), 즉, Nonstationary AR(1) 시계열모형이 된다. 예를 들어, 아래 AR(1) 모형은 불안정 AR(1)이다.

$$Y_t = Y_{t-1} + \epsilon_t \tag{10.1}$$

식 (10.1)은 랜덤워크, Random Walk라고 불리는 불안정 시계열모형이며, 주식가격을 시계열모형으로 표시할 때 자주 사용되는 모형이다. 위에서 설명한 AR(1)의 경우 Y_{t-1}의 계수 α 값이 $-1 < \alpha < 1$을 만족한다는 가정을 했는데, 위 식 (10.1)은 $\alpha = 1$이기 때문에 이 조건을 만족시키지 못하고 있다. $\alpha = 1$의 경우 위에서 분석한 안정적 시계열 AR(1)과 다른 통계적 특성을 갖고 있는, 불안정시계열모형, Non-Stationary Time Series Model이기 때문에 좀 더 깊이 있는 분석을 해야 할 필요가 있다. 식 (10.1)을 MA(∞)으로 전환하면,

$$Y_t = \epsilon_t + \epsilon_{t-1} + \epsilon_{t-2} + \epsilon_{t-4} + \cdots \tag{10.2}$$

이 된다. 식 (10.2)에서 볼 수 있는 바와 같이 Y_t 값은 백색잡음 ϵ_t들의 무한 합으로 이 합은 이전의 AR(1)과 같이 가중치가 곱해진 합이 아닌, 가중치가 모두 1이라서, t기에서 먼(far away) 백색잡음이나, t기에 가까운 백색잡음 모두 동일하게 가중치 1을 가지고 있다. 다시 말하면, 어떤 특정의 백색잡음은 Y_t에 가중치 없이 100% 영향을 미치며, 이 영향은 사라지지 않고 영원히 남아있다. 그래서 혹자는 이 랜덤워크의 백색잡음 ϵ_t를 랜덤트렌드, Random Trend라고 말하기도 한다.

식 (10.1)을 다시 표현하면,

$$(1 - B)Y_t = \epsilon_t \tag{10.3}$$

이 되고, $(1 - B)$를 $(1 - Z)$로 표기하여 $(1 - Z) = 0$으로 하여 Z의 근(root)을 구하면, $Z = 1$이 된다. 이전의 AR(1) 식을 같은 형태로 표현하면,

$$(1 - \alpha B)Y_t = \epsilon_t \tag{10.4}$$

이 되고, 백시프트오퍼레이터, Backshift Operator, B 대신에 Z로 표기하면, $(1 - \alpha Z) = 0$로 하여 Z의 근(root)을 구하면, $Z = \dfrac{1}{\alpha}$이 된다. 그러므로, Z의 근이 1보다 크면, 즉 $0 < \alpha < 1$이면, Y_t는 안정시계열모형, Stationary Time Series Model이 되고, 근 $\dfrac{1}{\alpha}$이 1보다 작거나 같으면 불안정시계열모형, Nonstationary Time Series Model이 된다. 참고로, $\alpha < 0$일 때는 그 절대치 $|\alpha|$로 설명하면 동일하게 된다.

안정시계열모형과 불안정시계열모형을 구분해주는 통계적 특성은 "어떤 특정 백색잡음이 종속변수 Y_{t+k}에 미치는 영향의 크기가 세월이 갈수록, 즉 k가 증가할수록 점점 작아지는지, 아니면 전혀 작아지지 않고 그대로인지에 따라 구분된다. 어떤 특정 백색잡음의 영향이 세월의 흐름과 함께 점점 작아지는 현상을 갖고 있으면 그 시계열은 안정시계열모형이 되고, 세월이 가는데도 불구하고 그 영향의 크기가 전혀 감소하지 않는 시계열은 불안정시계열모형이 된다.

식 (10.1)에 상수항 μ를 추가하면,

$$Y_t = \mu + Y_{t-1} + \epsilon_t \tag{10.5}$$

이 된다. 그러므로,

$$Y_{t-1} = \mu + Y_{t-2} + \epsilon_{t-1}$$
$$Y_{t-2} = \mu + Y_{t-3} + \epsilon_{t-2}$$

이 되어 식 (10.5)는 다음과 같이 다시 표현할 수 있다.

$$Y_t = k\mu + Y_{t-k} + \epsilon_t + \epsilon_{t-1} + \epsilon_{t-2} + \cdots + \epsilon_{t-k+1} \tag{10.6}$$

식 (10.6)은 불안정시계열의 특징이 무엇인지를 잘 보여주는 식이다. 즉, AR모형을 MA 모형으로 변환하고자 하면, 상수항 μ와 백색잡음 ϵ_t와 그 과거값들이 지속적으로 더해진다는 사실이다. 우선 상수항이 지속적으로 더해지기 때문에 식 (10.6)의 종속변수 Y_t는 상수항 μ 값에 따라, 지속적으로 상승하거나 하락하는 트렌드, $k\mu$에 백색잡음은 계속 더해지는 시계열이 된다. 그러므로, Y_t 플롯은

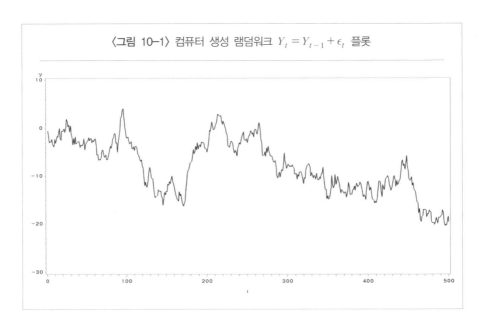

〈그림 10-1〉 컴퓨터 생성 램덤워크 $Y_t = Y_{t-1} + \epsilon_t$ 플롯

기울기가 μ인 직선에 램덤워크 시계열모형이 더해진 복잡한 형태를 띨 것이다.

　시각적 확인을 위해 위 식 (10.1)으로 표기된 램덤워크, Random Walk, Y_t와, 식 (10.5)로 표기된 불안정시계열 Y_t 플롯을 〈그림 10-1〉과 〈그림 10-2〉에 담았다. 〈그림 10-1〉의 램덤워크 플롯은 안정적인 시계열모형을 갖는 Y_t와는 사뭇 다르다는 것을 알 수 있다. 특히 그림의 좌측에서 우측으로 음(-)의 기울기가 존재하는 것처럼 보이는 플롯은 안정적시계열모형에서는 볼 수 없는 것이다.

　또 다른 특이점은 한 번 하락하기 시작한 Y_t 값은 상당히 오랫동안 지속적으로 하락하는 추세를 보이고 있고, 한 번 상승하기 시작한 Y_t 값은 상당히 오랫동안 상승한다는 것을 보여주고 있다. 이러한 시계열적 특징들이 불안정 시계열모형에서 발견되는 것들이다. 위에서 언급한 시계열 데이터의 끈적임, Persistency가 최고조에 달하고 있는 상태라고 할 수 있다.

　〈그림 10-2〉에 있는 불안정 시계열모형은 상수값, Constants 때문에 플롯 자체가 다른 안정시계열모형이나, 불안정 시계열모형보다 상당히 다르다. 〈그림 10-2〉는 불안정 시계열모형이라기보다, 우상향하는 트렌트(trend) 주위를 경기순환 변수가 오르락 내리락하며 호경기와 불경기를 나타내고 있는 "트렌트 스테이쇼너리, Trend Statonsary"한 변수를 플롯한 것 같다. 그러므로 불안정 시계열모형

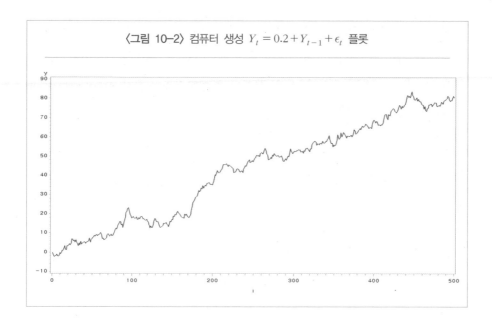

으로 생성된 데이터를 시각적 검색으로 알아내기란 여간 어렵지 않다. 왜냐하면, Y_t 플롯의 형태는 μ의 크기와 ϵ_t의 분산의 크기에 의해 다양한 형태로 나타나기 때문이다. 예를 들면, $\mu = 0.2$이고, ϵ_t는 표준정규분포, Standard Normal Distribution에서 추출한 백색잡음일 경우 〈그림 10-2〉와 같은 플롯을 얻게 된다.

주어진 시계열자료가 불안정시계열모형에 의해 생성된 것인지 아닌지를 알기 위해서는 잘 알려진 검정방법을 이용해 제대로 된 검정과정을 거쳐야 안정시계열모형으로 생성된 것인지, 불안정시계열모형으로 생성된 데이터인지를 판단할 수 있다. 불안정시계열자료인지에 대한 검정방법을 설명하기 전에, 왜 불안정시계열자료인지를 아는 것이 중요한 것인가를 이해하는 것이 우선이다. 불안정시계열자료인 경우 다음과 같은 불편한 점이 있다.

(1) 불안정시계열자료로 회귀모형을 추정할 경우 그 추정치, Estimator의 확률분포는 샘플사이즈가 무한대로 증가하더라도 정규분포, Normal Distribution이 되지 않기 때문에 평소와 같이 t 분포를 사용하면 안 된다.

(2) 불안정시계열자료에 AR이나 MA 시계열모형을 적용하여 시계열모형화 할

수 없다. 왜냐하면, 예를 들어 Y_t가 안정적 AR(1) 시계열모형인 경우 Y_t의 분산은 $\sigma_\epsilon^2/(1-\alpha^2)$이 된다. 그러나 불안정시계열모형은 $\alpha=1$인 경우이기 때문에 Y_t의 분산은 존재하지 않는다. Y_t의 분산이 존재하지 않음으로 AutoCorrelation Function, ACF가 존재하지 않고, Partial AutoCorrelation Function, PACF도 존재하지 않는다.

위 두 개의 문제점 때문에 불안정시계열자료인지 아닌지를 알아내는 것은 매우 중요하다.

불안정시계열모형을 검정하는 방법으로 잘 알려진 것은 디키-풀러(Dickey-Fuller) 검정, DF Test이다. DF Test는 다음과 같은 3가지 회귀모형을 이용한다. 3가지 모형을 이용하는 이유는 각 모형마다 95% 검정임계치, 95% Critical Value of Hypothesis Test가 다르기 때문이다.

$$Y_t = \rho Y_{t-1} + \epsilon_t \tag{10.7}$$

$$Y_t = \mu + \rho Y_{t-1} + \epsilon_t \tag{10.8}$$

$$Y_t = \mu + \gamma t + \rho Y_{t-1} + \epsilon_t \tag{10.9}$$

위 식 (10.7)은 보통의 AR(1) 모형이다. 만약 $|\rho| < 1$이라면, 안정시계열모형 AR(1)이 된다. 식 (10.8)은 AR(1) 모형에 상수항, Constant가 있는 모형이다. 식 (10.9)는 (10.8)의 AR(1) 모형에 타임트렌드, Time Trend, γt항이 추가된 모형이다. 여기서 t는 자연수, 1, 2, 3, …이다. 위 3가지 모형을 이용하여 시계열자료가 불안정인지 아닌지를 검정하는 방법은, 귀무가설 $\rho=1$을 검정하는 것이다. 3 개의 모형 모두 귀무가설 $\rho=1$을 검정하는 것인데, 3개의 모형을 각각 제시한 이유는 모형에 따라 검정통계치, Test Statistic, $\tau=n(\hat\rho-1)$의 점근적 분포, Asymptotic Distribution이 3개 모두 다르기 때문이다.

예를 들어, 우리가 많이 사용한 미국의 산업생산 데이터, 즉 ip 데이터에 Log를 씌운 logip 자료가 불안정 시계열자료인지 아닌지를 검정하기 위해 위 식 (10.8)과 (10.9)를 사용하였다고 가정하면, 다음과 같은 SAS 코딩이 필요하게 된다.

```
(1)   DATA ip;
(2)       INFILE 'C:\DATA\ip.prn';
(3)       INPUT mon ip;
(4)       logip = LOG(ip);
(5)       logip1 = LAG(logip);
(6)       ipg = DIF(logip)*1200;
(7)       ipg1 = LAG(ipg);
(8)       IF mon < 19590101 THEN DELETE;
(9)       num = _N_;
(10)  RUN;
(11)  PROC REG DATA=ip;
(12)      MODEL logip = logip1;
(13)      MODEL logip = num logip1;
(14)      MODEL ipg = ipg1;
      RUN;
```

SAS Program 10_1 설명

(1) 줄에서 필요한 ip 관련 자료, Industrial Producton을 만드는 과정이다.

(2) 줄에서 C:\DATA directory에 있는 ip.prn 파일을 불러오는 명령이다.

(3) 줄에서 ip.prn 파일에는 2개의 컬럼에 데이터가 있다. 첫 번째 컬럼에 있는 데이터에는 mon이라는 이름을 붙이고, 두 번째 컬럼에 있는 데이터에는 ip라는 이름을 붙이라는 명령이다.

(4) 줄에서는 ip 자료에 자연로그, LOG 베이스 e를 붙이는 작업을 수행한다.

(5) 줄에서는 logip의 전기값, $(t-1)$기 값에 logip1이라는 이름을 붙이는 명령이다.

(6) 줄에서는 logip 변수의 1차 차분값을 구하는 명령이며, 어떤 변수에 LOG 값을 구한 후 이 값의 1차 차분값을 구하면, 그 변수의 성장률이 되므로, ip의 성장률, 즉 ipg를 구하는 명령이다.

(7) 줄에서는 ipg의 전기값, $(t-1)$기 값에 ipg1이라는 이름을 붙이는 명령이다.

(8) 줄에서는 1959년 1월 1일 이전 데이터는 삭제하라는 명령이다. 거의 대부분의 경제학 관련 연구에서는 1959년 이전 값들은 사용하지 않는 경향이 있기 때문에 이 명령을 사용하였다.

(9) 줄에서는 자연수 1, 2, 3, …을 샘플 수만큼 생성하는 명령이다. 아래 (13) 줄에 있는 것처럼 time trend 변수를 사용할 경우에는 이 자연수가 필요하기 때문에 생성하였다.

(10) 줄에서 DATA ip; 과정이 종료되었다.

(11) 줄에서는 REGression 분석이 시작됨을 알리고 있다.

(12) 줄에는 첫 번째 회귀분석 모형을 정의하였다. 위 식 (10.8)이다. 즉, logip를 logip1에 회귀분석하는 모형이다. 즉, $logip_t = \mu + \rho\, logip_t + \epsilon_t$ 모형의 회귀분석모형을 사용하라는 명령이다.

(13) 줄에는 $logip_t = \mu + \gamma\, num_t + \rho\, logip_{t-1} + \epsilon_t$ 회귀분석모형을 사용하라는 명령이다.

(14) 줄에는 산업생산성장률인 ipg_t를 $(t-1)$기 산업생산성장률 ipg_{t-1}에 회귀분석하라는 명령이다. (12) 줄의 회귀모형과 같으나 변수는 logip가 아닌 ipg이다.

SAS Program 10_1 결과 설명

The REG Procedure

MODEL1 :   MODEL logip = logip1 ;

Dependent Variable: logip

Number of Observations Read	643
Number of Observations Used	643

Analysis of Variance

Source	DF	Sum of Squares	Mean Square	F Value	Pr > F
Model	1	118.10367	118.10367	1727487	<.0001
Error	641	0.04382	0.00006837		
Corrected Total	642	118.14749			

Root MSE	0.00827	R-Square	0.9996	
Dependent Mean	4.00402	Adj R-Sq	0.9996	
Coeff Var	0.20650			

위 SAS 결과는 MODEL logip = logip1; 위 SAS 프로그램 10_1의 (12) 줄에 있는 MODEL 명령의 결과이다. 우선, 이 회귀분석에 이용한 총 데이터 수는 n=643개이다. Analysis of Variance에 있는 Model의 DF(Degrees of Freedom)는 절편, Intercept,를 뺀 계수, Parameter의 수를 나타내며, 여기서는 계수가 한 개 있으므로 DF는 1이다. Model의 Sum of Squares와 Error의 Sum of Squares는 다음과 같이 계산된 값이다.

$$\text{Model의 Sum of Squares(SSM)} = \hat{\rho}^2 \sum_{i=1}^{n-1} y_i^2 = 118.10367$$
$$\text{Error의 Sum of Squares(SSE)} = \sum_{i=1}^{n} e_i^2 = 0.04382$$

단 $y_{t-1} = Y_{t-1} - \bar{Y}$, F Value는 $F_{1,641}$, 즉, F 검정통계치로 귀무가설은 logip1의 계수 $\rho = 0$이다. 분자 DF는 1, 분모 DF는 641이며, 이 검정통계치의 확률값, Probability Value, Pr > F는 <.0001이다. F 검정통계치의 분자 DF가 1인 경우 $\sqrt{F}$는 Student t Distribution을 갖기 때문에 $\sqrt{1727487}$ =logip1의 t Value 1314.34가 된다. 그러나 여기서 주의할 것은, 만약 logip 데이터가 불안정시계열 자료, 즉 $\rho = 1$이라면, ρ의 추정치 $\hat{\rho}$은 샘플 수가 무한히 증가하더라도 점진적, Asymptotic 정규분포를 갖지 못한다. 그러므로, 위 SAS 결과에 나오는 F 값이나 t 값들은 왜곡된 값으로 사용할 수 없는 것이다. 그러므로, F나 t 값들에 의미를 부여할 필요는 없다.

Corrected Total은 Total Sum of Squares를 지칭하며, $SSM + SSE = 118.10367$

$+0.04382 = 118.14749$이다.

Mean Square 컬럼은 Sum of Squares / DF이다. Root MSE는 $\sqrt{MSE}$ 이며, 종종 S로 표기된다. Mean Square Error (MSE)는 종종 S^2로 표기되는 오차항의 분산, σ^2, 추정치이며, 여기서 $S^2 = 0.00006837$이고, $\sqrt{MSE} = \sqrt{0.00006837} = S = 0.00827$이 된다. R-Square는

$$R^2 = \frac{\text{Model Sum of Squares}}{\text{Corrected Total}} = \frac{118.11367}{118.14749} = 0.999714$$

이며, 이것은 다음과 같이도 표현할 수 있다.

$$R^2 = 1 - \frac{\text{Error Sum of Squares}}{\text{Corrected Total}} = 1 - \frac{0.04382}{118.14749} = 0.999629$$

여기에 약간의 차이가 발생하고 있으나, 무시할 수 있는 크기라고 판단된다.

Adj. R-Sq는 Adjusted R Square를 뜻하며, 다음과 같이 계산된다.

$$\text{Adj. R-Sq} = 1 - \frac{\text{Error Sum of Squares}/(n-k)}{\text{Corrected Total}/(n-1)}$$
$$= 1 - 0.0003739 = 0.999626$$

이 된다.

Dependent Mean은 종속변수 값들의 평균값을 의미하며, 〈그림 10-3〉을 통하여 짐작할 수 있다. Coeff Var는 Coefficient Variation이며 다음과 같이 정의되어 있다.

$$\text{Coeff Var} = \frac{Root\ MSE}{Dependent\ Mean}\ \text{또는}$$
$$= \frac{Root\ MSE}{Dependent\ Mean} \times 100(\%)$$

위 값 0.20650은 %로 한 수치이다. 이 변수는 오차항의 변화량, Root MSE,을 종속변수의 평균값으로 나눈 것이며, %로 표시하기 위해 위 SAS 결과에서와 같이 100을 곱하는 경우도 있다. 이 수치가 100이 되면 데이터의 변화량이 상당히 크다고 해석할 수 있고, 0.001보다 작으면, 상당히 작다고 판단할 수 있다.

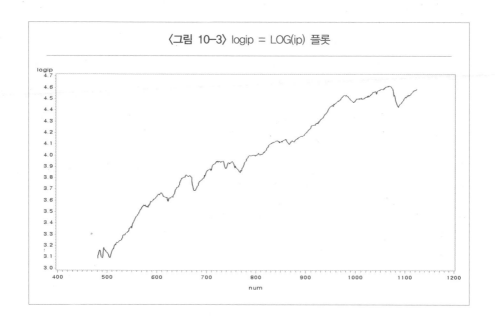

〈그림 10-3〉 logip = LOG(ip) 플롯

회귀분석의 종속변수들이 불안정시계열인지 아닌지를 검정하기 전에 해당 종속변수를 Y축, 자연수 1, 2, 3, …을 X축으로 하는 좌표에 플롯해 보는 것이 좋다. 만약 플롯에 '끈적임'이 뚜렷하고 상당하거나, 우상향하거나 우하락하는 추세가 뚜렷하다면 우선 불안정시계열을 의심해야 한다. 〈그림 10-3〉은 logip 변수를 플롯한 것이다. 그림에서 볼 수 있듯이 플롯이 우상향하고 있는 추세가 뚜렷하다고 할 수 있다. 그러므로 정식 검정 이전의 육안 검사로도 불안정시계열일 것임을 짐작할 수 있다.

정식 검정을 위해서 Dickey-Fuller (DF) 검정 방법을 사용할 수 있다. DF 검정에 사용할 수 있는 회귀모형은 3가지가 있으며, 이 3가지 회귀모형에 따라 검정임계치, Critical Values for Hypothesis Testing이 달라 **부록 Ⅲ**에도 3개의 블록으로 만들어 검정통계치를 표기하였다. 즉, 부록에 있는 $\hat{\rho}$ 블록의 검정통계치들은 위의 식 (10.7)을 다시 표기한 아래 회귀식 (10.10)을 이용하여 불안정성을 검정하였을 때 사용하는 것이며, $\hat{\rho}_\mu$ 블록에 있는 검정임계치들은 아래 식 (10.11)을 이용하여 검정하였을 때 사용해야 하는 임계치들이며, 마지막으로 $\hat{\rho}_\tau$ 블록에 있는 검정임계치들은 아래 식 (10.12)를 이용하여 검정하였을 때 사용해야 하는 임계치들이다. 즉, 위에 설명한 것을 간략하게 표기하면 다음과 같다.

$$\hat{\rho}: \qquad Y_t = \rho Y_{t-1} + \epsilon_t \tag{10.10}$$

$$\hat{\rho}_\mu: \qquad Y_t = \mu + \rho Y_{t-1} + \epsilon_t \tag{10.11}$$

$$\hat{\rho}_\tau: \qquad Y_t = \mu + \gamma t + \rho Y_{t-1} + \epsilon_t \tag{10.12}$$

즉, 식 (10.10)은 회귀모형에 절편이 0인 경우이며, 식 (10.11)은 절편이 있는 경우이고, 식 (10.12)는 절편과 함께 시차트렌드, Time Trend, γt가 있는 회귀모형을 말한다. 위 SAS Program 10_1에는 회귀모형 (10.10)은 없고, (10.11)과 (10.12)만 있다. 첫 번째 회귀모형 명령인 (12) 줄의 MODEL logip = logip1;은 위 식 (10.11)로 Y_t는 logip이고 Y_{t-1}은 logip1이다. 이 명령으로 얻어진 아래에 있는 파라미터 추정치 Parameter Estimates에서 logip1의 추정치 $\hat{\rho}_\mu = 0.99760$ 이다. 그러므로 Dickey-Fuller Table의 검정통계치, Test Statistic,은 $\tau = n(\hat{\rho}_\mu - 1)$ $= -1.5432$이고, 이 값은 부록 Ⅲ Dickey-Fuller Table에 있는 샘플 수 500개, 0.05 컬럼에 있는 검정임계치, Critical Value, -14.0보다 훨씬 커서 귀무가설 $\rho = 1$를 기각할 수 없기 때문에, logip 데이터는 불안정시계열, Non-Stationary Time Series, 데이터라고 판단할 수 있다.

logip 변수가 불안정시계열이라면, 위에서 언급한 대로 logip1 변수의 계수추정치 $\hat{\rho}_\mu$는 점진적 정규분포, Asymptotic Nomal Distribution,을 갖지 않기 때문에 아래 나타나 있는 Standard Error, t Value, Pr > | t | 값들은 사용할 수 없는 값들이다.

Parameter Estimates

Variable	DF	Parameter Estimate	Standard Error	t Value	Pr > |t|
Intercept	1	0.01194	0.00305	3.91	0.0001
logip1	1	0.99760	0.00075902	1314.34	<.0001

〈그림 10-3〉에서 볼 수 있는 바와 같이 logip 시계열 데이터는 우상향하는 트

렌드가 있을 가능성을 제시하고 있다. 그러므로 불안정시계열 검정모형에도 시차트렌드, Time Trend, 변수를 고려하는 것이 맞다는 주장을 할 수 있다. 이러한 견해를 반영하여 회귀분석한 결과가 아래 **Parameter Estimates**에 있다.

Parameter Estimates

Variable	DF	Parameter Estimate	Standard Error	t Value	Pr > |t|
Intercept	1	0.02507	0.01220	2.05	0.0403
num	1	0.00957	0.00862	1.11	0.2670
logip1	1	0.99355	0.00372	266.82	<.0001

위 결과에서 변수 num은 자연수 1, 2, 3, …으로 시차트렌드, Time Trend, 변수를 나타낸다. 위 자료에서 $\hat{\rho}_\tau = 0.99355$이며, 검정통계치는 $\tau = n(\hat{\rho}_\tau - 1) = -4.14735$이다. 이 값은 부록 Dickey-Fuller Table 마지막 $\hat{\rho}_\tau$ 블록에 있는 샘플 수 500, 유의수준 0.05 컬럼에 있는 임계치 -21.5보다 상당히 크기 때문에, 위에서와 같이 귀무가설 $\rho = 1$을 기각하지 못한다. 즉, logip 데이터는 불안정시계열데이터, Non-Stationary Time Series Data라고 판단할 수 있다. 결국 logip 데이터에 대해 2가지 모형을 이용하여 불안정시계열 검정을 실행한 결과는 모두 불안정시계열데이터라는 점을 강조하고 있다고 판단할 수 있다.

SAS Program 10_1의 (14) 줄 MODEL ipg = ipg1;은 산업생산성장률, ipg, The Growth Rate of Industrial Production에 대한 불안정시계열 여부를 검정하기 위한 회귀분석모형이다. 실제 과학적 검정을 실행하기 전에 육안검사를 위해 ipg를 〈그림 10-4〉에 플롯하였다.

〈그림 10-4〉의 ipg 플롯은 〈그림 10-3〉에 있는 logip 플롯과 상당히 다르다는 것을 알 수 있다. 우상향하는 트렌드도 없고, '끈적거림', Persistency도 훨씬 적다고 판단된다. 그러므로 ipg 데이터는 안정적 시계열일 것이라고 추측해 볼 수 있다.

과학적 귀무가설 검정은 아래 SAS 프로그램 결과를 이용하여 할 수 있다. ipg1의 계수추정치인 $\hat{\rho}_\mu = 0.36688$이고 검정통계치는 $\tau = n(\hat{\rho}_\mu - 1) = -407.096$

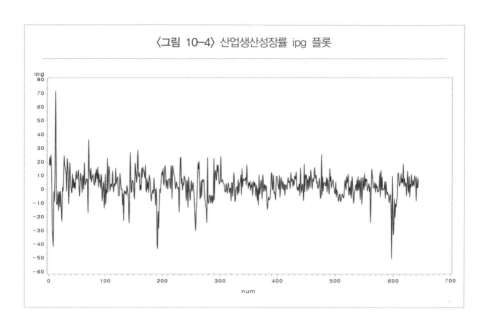

〈그림 10-4〉 산업생산성장률 ipg 플롯

이다. 이 검정통계치는 검정임계치 −14.0보다 20배 이상 큰 값으로 귀무가설인 $\rho = 1$을 강하게 기각하고 있다. 즉, 이 검정결과는 〈그림 10-4〉의 ipg 데이터는 안정적 시계열 데이터라는 것을 강조하고 있다. 그러므로, 아래 Parameter Estimates에 있는 Standard Error, t Value, Pr > | t | 등의 결과들은 믿을 수 있고 사용가능한 값들이라고 판단할 수 있다.

Parameter Estimates

Variable	DF	Parameter Estimate	Standard Error	t Value	Pr > |t|
Intercept	1	1.78994	0.38111	4.70	<.0001
ipg1	1	0.36688	0.03675	9.98	<.0001

이 책에서 회귀모형 예제의 종속변수로 여러 번 사용한 미국의 산업생산성장률 ipg는 안정적 시계열이기 때문에 회귀모형 계수추정치들은 점진적 정규분포를 갖는다. 그러므로 일반적으로 사용하는, Standard Error, t Value, Pr > | t |, F 검정 등은 모두 문제없이 사용할 수 있다.

불안정시계열데이터를 안정시계열데이터로 전환하기 위해서 변수를 1차 차분하는 경우가 많다. 대부분의 불안정시계열 변수들은 1차 차분하면 안정시계열 변수가 된다. 이때 그냥 1차 차분하는 것이 아니라 일단 Log 값으로 변환한 뒤 1차 차분하여 그 변수의 성장률로 전환시켜서 안정적시계열자료로 만든다. 우리가 ipg 데이터를 계속 사용한 이유가 여기에 있다.

부 록

부록 Ⅰ SAS University Edition 무료 다운로드

1. SAS KOREA site, http://www.mysas.co.kr 입력
2. 화면 위 SAS University Edition에 커서(Cursor) 이동
3. 소프트웨어 다운로드 클릭
4. SAS University Edition 다운로드 및 설치가이드를 따라 다운로드 진행

SAS Korea 이규현 씨의 University Edition에 대한 동영상 설명도 참고하기 바란다.

SAS를 처음 접하는 초보자를 위한 가이드

1. 우선 컴퓨터 스크린에 SAS 로고를 두번 클릭하여 SAS가 프로그램을 돌릴 수 있도록 준비한다. SAS가 준비되면 작은 팝업(Popup) 창이 뜨면서 "변경사항공지"와 "가이드 시작"이라는 2개의 메뉴가 팝업 창 오른쪽에 나타난다. 만약 SAS를 처음 접한다면, "가이드 시작"을 클릭하여 SAS 프로그램하는 방법, SAS 인터페이스, 샘플 프로그램 등에 대한 설명을 접할 수 있다. SAS를 처음 접하는 독자가 아니라면 "닫기"를 클릭하여 팝업창을 닫는다.
2. SAS 화면은 위, 아래로 나누어져 있고, 위 화면은 "로그-(제목없음)"이라고 제목이 붙어있고, 아래 화면은 "확장편집기-제목없음1"이라고 제목이 붙어있다. 아래 화면 "확장편집기(Editor)"가 SAS Program을 입력하는 화면이다. 위 "로그(Log)" 화면은 아래 "확장편집기"에 입력한 SAS Program을 실행하면서 SAS Program 한 줄 한 줄이 제대로 실행되었는지, 아니면 에러(error)가 발생하여 중도에 멈췄는지를 알려준다. 그러므로 SAS의 "로그" 창은 SAS Program을 실행했는데도 아무런 결과값이 나오지 않는 경우 Program 에러를 찾는 데 도움이 되도록 만든 창이다. SAS의 장점 중 하나는 프로그램 에러를 찾기 쉽게 "로그" 창에 에러난 곳에 붉은 색으로 표시를 해주는 것이다.

3. "확장편집기" 창에 SAS Program 입력이 완료되어 입력된 프로그램을 실행시키기 위한 준비가 완료되면 커서(cursor)를 "확장편집기"에 두고 "콘트롤(Ctrl) 키"를 누른 상태에서 "A" 키를 누르면 입력한 프로그램 전체가 음영처리(Shade)된다. 음영처리된 프로그램을 실행시키기 위해서는 화면 오른쪽 위에 메뉴 아이콘들 중 "뛰어가는 사람 아이콘"을 클릭하면 SAS Program이 실행된다.

4. SAS Program이 실행되고 프로그램에 에러가 없으면 화면은 자동적으로 "Results Viewer-SAS Output"으로 이동하고 이 창에 프로그램 실행결과가 담겨있다. 커서를 위 아래로 움직여 원하는 결과물을 볼 수 있다. 다시 "확장편집기" 창으로 이동하고자 한다면, 아래 "확장편집기" 아이콘이나, 확장편집기에 입력한 SAS Program에 프로그래머가 부여한 "프로그램 이름 아이콘"을 클릭하면 다시 "확장편집기" 창으로 이동할 수 있다. 만약, 프로그램에 에러가 있다면 "Results Viewer-SAS Output" 창은 만들어지지 않고 아무런 반응도 없게된다. 이런 경우 "로그" 아이콘을 클릭하여 "로그 창"으로 이동한 후 실행한 프로그램의 첫째 줄부터 차례대로 내려가면서 붉은 색으로 표시된 에러난 곳을 찾아야 한다. 에러를 확인하였으면 다시 "확장편집기" 창으로 가서 필요한 프로그램 교정을 한 후, Ctrl-A 키를 눌러 프로그램을 음영처리한 후, "뛰어가는 사람(running man)" 아이콘을 클릭하여 교정된 프로그램을 다시 실행시켜야 한다.

5. 프로그램을 실행할 때마다 SAS Output은 "Results Viewer" 화면 아래쪽에 덧붙여 진다. 만약 SAS Output을, 또는 그 일부를, MS Word로 만든 파일에 삽입하고자 한다면, 카피하여 삽입하고자 하는 SAS Output에 커서를 위치하고 마우스 오른쪽 버튼을 클릭하여 "copy"하고 Word 파일에 붙이면(paste) 된다.

6. "Results-Viewer" 화면 왼쪽에 세로로 된 작은 화면, "결과"가 있다. 이곳에 PROC REG 또는 PROC GPLOT 등 프로그램에서 사용한 PROC 내용들이 나열되어 있고, 이것들을 클릭하여 SAS Output의 세부내용들을 선택하여 보거나 copy할 수 있다.

1. 한국자료 다운로드

"한국은행경제통계시스템"에서 데이터를 다운받아 SAS에서 사용하기 위해서는 ecos.bok.or.kr로 가면, "주제별" 인덱스가 나오는데 화면의 18개 주제들 중에 해당되는 주제에 커서를 가져가면, 오른쪽에 세부주제가 나타나고, 그 세부주제 중에서 하나를 클릭한다. 예를 들면, "16 산업 및 고용" → 16.1 산업일반 → 16.1.2 전산업생산지수 → 항목선택에서 "전산업생산지수"를 선택하고, 아래에 선택항목 "원계열", "계절조정" 중에서 필요한 항목을 선택 → 오른쪽 화면에서 "조회"를 클릭하기 전에 검색주기는 "년" "월" "분기" 중에서 하나를 선택하고, "오름차순"을 선택한 후 → "조회"를 클릭하면 자료가 나오는데 "가로로보기" 형태로 오른쪽 "횡"으로 자료가 나열되어 있다. 이 경우 "세로로보기"를 클릭하여 데이터가 아래 "종"으로 표시되도록 선택한다.

만약 창에 뜬 자료의 시작 년, 월, 일이 실제 자료의 시작 년, 월, 일이 아니라 그 후부터 시작하면 메뉴 창에 있는 시작 "년" "월"을 수정하고, 다시 "조회"를 클릭해야 한다. 자료를 다운로드하기 위해서는 화면 오른쪽 위에 "다운로드"를 클릭하면 다운받을 파일 형태가 Excel, CSV, Text, Xml 등으로 나오는데 여기서 일단 Excel을 선택하고 Excel에서 Text 파일로 전환하는 방법을 설명하고자 한다. 이때 Text 파일로 전환이 안되면 엑셀에서 아까 저장한 Text 파일을 다시 불러들인 후 다시 Excel에서 Text 파일로 전환하는 방법을 설명하겠다.

Excel 화면에 숫자가 아닌 글자들은 모두 삭제해야 한다. 주로 4~5줄에 걸쳐 데이터 파일에 대한 설명이 있으므로 줄(row) 삭제를 이용하여 문자들을 모두 삭제해야 한다. 그리고 나서 Excel 화면 첫 번째 컬럼, A에 2016/01/01, 2016/02/01, 2016/03/01 …으로 된 년, 월, 일 표기방식을 20160101, 20160201, 20160301 …로 전환해야 한다. 우선 커서(cursor)를 A에 클릭하면 첫 번째 컬럼 전체가 음영으로 처리된다. 즉, shade 된다. 그런 후 Excel 화면 위 메뉴 중간쯤에 "일반", "숫자" 등을 지정하는 메뉴가 있는데 그 메뉴가 있는 사각형 오른쪽 맨 밑에 작은 네모가 있고 그 안에 작은 화살표가 있는 작은 사각형을 클릭하면, A 컬럼에 있는 엔트리(entry)의 형식으로 여러 가지 선택할 수 있는 것들이 펼쳐진다. 그 중에서 "일반(General)"이나 "숫자(Number)"를 선택해 보고, 그래도 A 컬럼의 표기에 전혀 변화가 없으면, "사용자 지정"을 선택한다. 그런 다음 "사용자 지정"에 있는 표기방법 중 "yyyy/mm/dd"를 선택한 후 "Backspace" 키나 "Delete" 키로 "/" 두 개를 지워 "yyyymmdd"로 만든다. 그런 다음 "확인"이나 "OK"를 클릭하면 2016/01/01, 2016/02/01, 2016/03/01 …들이 20160101, 20160201, 20160301, … 등으로 전환된다. 이런 전환이 성공적이면 파일을 Excel 파일이 아닌 "텍스트"파일로 저장해야 한다. 텍스트파일로 저장할 때, 탭(Tab)이나 스페이스(Space) 두 가지 방법으로 Excel의 컬럼을 구분할 수 있으며, 텍스트파일로 저장할 때, (탭으로 구분), 또는 (스페이스로 구분), 둘 중 하나를 선택할 수 있다. 어느 것을 선택해도 SAS에서 사용하는 데 문제가 없다.

만약, 위에 설명한 첫 번째 컬럼 표기방식 전환을 시도하였는데도 불구하고 년, 월, 일 표기가 숫자로 전환되지 않는다면, 다음과 같은 절차를 따라서 시도해 보기를 추천한다. 앞에서 설명한 데이터 "다운로드"를 클릭하기 전까지는 모두 동일한 절차를 밟아 진행한다. "다운로드"할 때, 이번에는 "Text"를 선택한다. 그러면 Text 파일로 우선 저장한다. 이때, Excel 파일에는 2012/01, 2012/02, 2012/03, … 형식으로 되어 있던 첫 번째 컬럼이 Jan-12, Fed-12, Mar-12, …, 형식으로 전환되어 저장된다. 저장한 후 그 파일을 Excel로 불러온다. Excel로 불러올 때 저장한 파일이 Excel 파일이 아니기 때문에 "불러올 파일 리스트"에는 없고, 불러올 파일 형식을 "모두(All)"로 해야 Text 파일이 보이고, 그 파일을 선택해야 한다.

Excel 화면 상단에 데이터에 대한 한국어 설명이 나오고 그 밑에 데이터가 있다. 우선, 데이터에 대한 설명은 text이기 때문에 모두 지워야 한다. 이제 위에서 설명한 대로 A 컬럼을 shade하고, Excel 화면 중간쯤에 있는 "일반(General)" "숫자(Number)" 등이 나오는 직사각형 메뉴 우측 하단 끝 모서리에 있는 작은 정사각형을 클릭하면 엔트리(entry) 형식이 나온다. 그리고 그 맨 아래쪽에 "사용자 지정(Custom)" 형식을 선택한다. "사용자 지정(Custom)" 형식 중에 나오는 yyyy-mm-dd를 선택하고, "Backspace" 키나 "Delete" 키를 사용하여 yyyymmdd

로 만든 후 "확인"을 클릭하면 첫 번째 컬럼의 Jan-12, Fed-12, Mar-12, ⋯ 등의 표기가 20120101, 20120201, 20120301, ⋯ 등으로 전환된다. 이렇게 년, 월, 일 표기가 숫자로 전환되면, 위에서 설명한 대로 텍스트파일로 저장한 다음 SAS에서 사용하면 된다.

2. 미국자료(세계자료) 다운로드

URL http://fred.stlouisfed.org로 가면 "search FRED data"가 뜨고, 이 칸에 찾고자 하는 변수의 이름을, 예를 들어 industrial production이라고, 입력하면, 첫줄에 "Industrial Production Index(INDPRO)"라는 파일이 뜬다. 이 파일을 클릭하면 이 자료의 시계열 플롯(Plot)이 나오고, 오른쪽 윗편에 "DOWNLOAD" 아이콘이 뜨고, 이를 클릭하면, 파일형태에 대한 옵션이 뜨는데 가장 위에 있는 "Excel"을 선택하면 "열기" "저장"이 뜨고, 여기서 "열기"를 선택한다. Excel 파일로 다운받은 후에 첫 번째 컬럼에 있는 연, 월, 일 인덱스 표기, 예를 들어, 1919-01-01이 제일 처음에 있는 표기인데 이는 1919년 1월 1일을 뜻하나 자료가 월별자료이기 때문에 마지막 숫자 01은 1일을 뜻하기보다 그냥 아무 의미없는 숫자이다. 월별 데이터이기 때문에 1919-01만 있어도 되지만 일을 표기하는 숫자 01이 필요없지만 편의를 위하여 쓰여져 있다. SAS는 1919-01-01을 숫자로 못 읽기 때문에 그대로 두면 에러(error)가 발생하여 프로그램을 돌릴 수 없게 된다.

1919-01-01을 숫자 19190101로 전환해야 한다. 전환방법은 우선 커서(cursor)를 첫 번째 컬럼 A에 대고 클릭하면, A 컬럼이 음영처리되며, 즉 셰이드(shade) 처리되며, Excel 화면 위쪽 메뉴(Menu) 중간쯤에 있는 일반(General), 또는 숫자(Number), 날짜(Date)가 있는 창을 클릭하던가, 그 메뉴 오른쪽 맨 하단 모서리에 작은 네모(rectangle)를 클릭하면 여러가지 엔트리(entry) 방법 등이 표시되어 있는데 그 중 맨 아래쪽에 있는 "사용자 지정" 또는 "Custom"을 선택한다. 그러면, 현재 엔트리 방법 즉, yyyy-mm-dd가 나타나고, 이것을 클릭해서 작은 창에 yyyy-mm-dd가 나타나면, 그 창에서 "－" 두 개를 "Backspace" 키나 "Delete" 키로 삭제하여 yyyymmdd가 되게 만들고 "확인" 또는 "OK"를 클

릭하면 A 컬럼 전체에 있는 1919-01-01 표기 방법이 19190101로, 숫자로 전환된다. 숫자로 전화된 후 Text 파일로 저장하면 되는데 컬럼 구분은 탭이나 스페이스로 하면 된다.

Empirical cumulative distribution of $n(\hat{\rho}-1)$ for $\rho=1$

Sample size	Probability of a Samller value							
n	0.01	0.025	0.05	0.10	0.90	0.95	0.975	0.99

$\hat{\rho}$

25	−11.9	−9.3	−7.3	−5.3	1.01	1.40	1.79	2.28
50	−12.9	−9.9	−7.7	−5.5	0.97	1.35	1.70	2.16
100	−13.3	−10.2	−7.9	−5.6	0.95	1.31	1.65	2.09
250	−13.6	−10.3	−8.0	−5.7	0.93	1.28	1.62	2.04
500	−13.7	−10.4	−8.0	−5.7	0.93	1.28	1.61	2.04
∞	−13.8	−10.5	−8.0	−5.7	0.93	1.28	1.60	2.03

$\hat{\rho}_\mu$

25	−17.2	−14.6	−12.5	−10.2	−0.76	0.01	0.65	1.40
50	−18.9	−15.7	−13.3	−10.7	−0.81	−0.07	0.53	1.22
100	−19.8	−16.3	−13.7	−11.0	−0.83	−0.10	0.47	1.14
250	−20.3	−16.6	−14.0	−11.2	−0.84	−0.12	0.43	1.14
500	−20.5	−16.8	−14.0	−11.2	−0.84	−0.13	0.42	1.06
∞	−20.7	−16.9	−14.1	−11.3	−0.85	−0.13	0.41	1.04

$\hat{\rho}_\tau$

25	−22.5	−19.9	−17.9	−15.6	−3.66	−2.51	−1.53	−0.43
50	−25.7	−22.4	−19.8	−16.8	−3.71	−2.60	−1.66	−0.65
100	−27.4	−23.6	−20.7	−17.5	−3.74	−2.62	−1.73	−0.75
250	−28.4	−24.4	−21.3	−18.0	−3.75	−2.64	−1.73	−0.82
500	−28.9	−24.8	−21.5	−18.1	−3.76	−2.65	−1.78	−0.84
∞	−29.5	−25.1	−21.8	−18.3	−3.77	−2.66	−1.79	−0.87

찾아보기(국문)

찾아보기(영문)

4차산업혁명은 모든 비즈니스 활동, 즉, 상품과 서비스의 생산, 판매, 배달 및 거래 등을 컴퓨터로 자동화하는 혁명이라고 할 수 있다. 사람의 머리와 손으로 하던 대부분의 일들을 컴퓨터로 프로그램된 기계가 생각하면서 대신하도록 만드는 혁명이다. 그래서 인반 사람들의 머리와 손은 점점 더 필요 없어지고, 컴퓨터에 명령할 수 있는 프로그래머들의 머리와 손만 점점 더 필요하게 되었다. 4차산업혁명의 또 다른 특징은 기술의 발전속도가 매우 빠르고, 그 영향은 전세계적이고, 파괴적이어서 오늘의 1등이 내일은 꼴찌가 되는 일이 비일비재할 것이라는 것이다. 그래서 잘만하면 우리나라의 "빨리! 빨리!" 문화가 찬란한 빛을 발휘할 수도 있다는 것이다. 우리 국민 모두가 새로운 세상에 빨리 잘 적응한다면 말이다.

본 저서는 컴퓨터 프로그램을 처음 접하는 독자도 큰 어려움 없이 배울 수 있는 기초적인 SAS Program부터 시작하여 실제 회사업무에 활용할 수 있는 중급의 프로그램까지 소개하였다. SAS Program은 우리나라의 많은 기업들이 사용하고 있는 컴퓨터 소프트웨어이기 때문에 수학이나 경제학에 특화된 프로그램들보다는 일자리 현장에서의 활용도는 더 높다고 할 수 있다. Computer Language도 Language이기 때문에 일주일 밤샘한다고 터득할 수 있는 것은 아니다. 자주사용하고 또 오래 사용해야 제대로 배울 수 있다. 그러므로 되도록이면 젊은 나이에 시작해서 오랫동안 배움의 열정을 이어가는 것이 중요하다. 4차산업혁명의 격동기에서 살아남고 성공하기 위해서는 유치원부터 컴퓨터 코딩에 대한 학습을 시작하고 평생학습으로 배움이 지속되어야 한다고 한다. 본 저서가 독자 여러분 모두의 역량개발에 조금이나마 도움이 되기를 바란다.

여러 가지로 부족한 원고를 기꺼이 출판해주겠다고 한 ㈜박영사 안종만 회장님과 조성호 이사님께 감사의 말씀을 드리고, 원고 한자 한자 꼼꼼하게 수정하고 다듬어 주신 전채린 과장님께도 특별한 감사의 말씀을 드린다. 본 저서를 집필하는 데 물심양면으로 지원해 주시고 격려해 주신 한국쌔스소프트웨어(유) 오병준 대표이사님과 신나진 책임님께도 깊이 감사드린다.

항상 나에게 큰 힘이 되는 내 가족 이경원, 이나영 박사, Leo Kim 박사, 이호용, Bomee Kim에게도 고마움을 전한다.

이기석

이 기 석 _ (현) 경희대학교 경제학과 교수

학력 및 주요 경력
서울대학교 공과대학 금속공학과 학사
Georgia State University MBA
University of Chicago 경제학박사
전 University of Missouri, Columbia 조교수
전 서울대학교 공과대학 동창회 수석부회장

주요 논문 및 저서
"Oil Shocks and the Macroeconomy: The Role of Price Variability," (with Shawn Ni and Ronald Ratti)
외 다수
『한 뼘 더 살기좋은 대한민국 만들기』

4차 산업혁명 나 혼자 배우는
SAS Programming

초판발행	2018년 12월 28일
지은이	이기석
펴낸이	안종만
편 집	전채린
기획/마케팅	조성호
표지디자인	조아라
제 작	우인도·고철민
펴낸곳	(주) 박영사
	서울특별시 종로구 새문안로 3길 36, 1601
	등록 1959. 3. 11. 제300-1959-1호(倫)
전 화	02)733-6771
f a x	02)736-4818
e-mail	pys@pybook.co.kr
homepage	www.pybook.co.kr
ISBN	979-11-303-0740-4 93320

정 가   19,000원